기아
브랜드 전쟁
30년

위기를 기회로 바꾼 브랜드 전략의 본질

기아
브랜드 전쟁
30년

이순남 지음

한국경제신문

저자는 기아가 글로벌 모빌리티 기업으로 성장한 과정을 현장의 숨소리가 느껴지는 서사로 담아냈습니다. 치열한 투쟁 속에서 얻은 브랜드의 가치를 이보다 명확히 보여주는 기록은 없을 것입니다. 또한 이 책의 메시지는 자동차업계를 넘어 제품 상향 평준화 시대에 직면한 모든 산업군에 유효합니다. 기술적 차별화가 힘든 오늘날, 브랜드는 생존의 필수 조건이기 때문입니다. 이 책은 단순한 성공 담론을 넘어 브랜드 정체성을 현장에 구현하는 실전 지침서(Playbook)로서, 경영자와 마케터에게 명확한 가이드라인을 제시해줄 것입니다.

−정진행 대우건설 부회장

자동차산업은 단순히 기계를 만드는 제조업을 넘어, 고객의 삶에 어떤 가치를 심어주느냐에 대한 '브랜드의 정체성' 싸움입니다. 특히 오늘날처럼 전동화와 SDV(소프트웨어 중심 자동차)로의 대전환기를 맞이한 시점에서, 과거의 발자취는 미래를 설계하는 가장 확실한 이정표입니다.

저자가 기록한 《기아 브랜드 전쟁 30년》은 그 자체로 치열한 야전교범과 같습니다. 한때 존폐 위기를 겪던 기아가 어떻게 자신만의 색깔을 찾고, 디자인경영을 통해 글로벌 시장의 게임 체인저로 거듭났는지를 담은 이

연대기는 저와 같은 상품기획자들에게 깊은 울림을 줍니다.

특히 다음의 세 가지 관점에서 이 책을 강력히 추천하고 싶습니다.

- **위기를 기회로 바꾼 브랜드 전략**: 부도 위기라는 절체절명의 순간을 딛고, '디자인'과 '품질'이라는 본질적 가치에 집중해 독보적인 위치를 선점한 과정은 모든 기업인에게 영감을 줍니다.
- **시장을 읽는 통찰력**: 세그먼트 파괴와 새로운 라이프스타일 제안이 브랜드파워로 이어지는 상품기획의 핵심 원리를 꿰뚫고 있습니다.
- **현장감 넘치는 기록**: 30년이라는 긴 시간을 관통하며 브랜드의 명암을 가감 없이 기록한 저자의 치밀한 분석력은 이 책을 단순한 이론서 이상의 가치로 만들어줍니다.

우리 KG모빌리티 역시 '쌍용자동차'라는 헤리티지를 계승하며 새로운 브랜드 전쟁의 서막을 열고 있습니다. 기아가 걸어온 30년의 투쟁과 성취의 기록은, 대한민국 자동차산업의 또 다른 가능성을 꿈꾸는 모든 이들에게 최고의 지침서가 될 것이라 확신합니다.

−조병철 KG모빌리티 상품전략실장 상무

내가 기아유럽(KME) 수석 부사장으로 유럽 시장이라는 거대한 도전에 직면했을 때, 나의 비전을 구체적인 상품 전략으로 화답해준 든든한 파트너가 바로 저자였습니다. 그는 본사 상품전략팀장과 유럽 현지 주재원을 거치며 기아의 운명을 바꾼 '씨드(Cee'd)' 론칭을 함께 이끌었습니다. 그는 단순히 동료를 넘어 기아라는 브랜드를 유럽인의 심장에 안착시킨 진정한 '브랜드 건축가'였습니다.

내 저서 《Pali Pali et les Managers Coréens(빨리빨리와 한국 경영자들)》에서 강조했듯 한국 기업의 성공 뒤에는 특유의 역동성이 있습니다. 저자는 이 '빨리빨리' 정신을 가장 창의적으로 발현한 인물입니다. 특히 '7년 보증'이라는 파격적인 전략으로 유럽 시장의 회의론을 단번에 신뢰로 바꾼 그의 열정은, 차가운 자동차에 기아만의 뜨거운 '영혼'을 불어넣는 마법과도 같았습니다.

이 책 《기아 브랜드 전쟁 30년》은 변방의 브랜드가 글로벌 주류로 올라서기까지 저자가 몸으로 부딪치며 깨달은 전략적 통찰의 집대성입니다. 전략가의 냉철함과 현장의 뜨거움이 공존하는 이 기록을 통해, 독자들은 브랜드 구축의 본질과 미래 자동차산업(SDV)을 향한 실마리를 발견할 수 있을 것입니다. 30년 전 우리가 함께 꿈꿨던 미래가 이 책 안에 고스란히 살아 숨 쉬고 있음을 확신하며 기꺼이 추천합니다.

—장 샤를 리벤스(Jean-Charles Lievens) 캡게이저(Cap Geyser) 대표

역사는 단순히 과거의 기록이 아니라, 미래를 향한 가장 정교한 지도입니다. 이 책은 회장의 리더십 아래 전 기아인들이 추진했던 공격경영, 품질경영, 디자인경영, 브랜드경영의 역사를 실무자의 시선으로 정리한 생생한 야전 보고서라고 할 수 있습니다. 이제 기아는 전 세계 전기차 시장의 표준을 제시하는 '무브먼트(Movement)'의 주역이 됐습니다. 특히 변화의 파고가 높은 지금 시대에, 기아가 보여준 '도전의 DNA'는 우리 모두에게 중요한 시사점을 던집니다.

—이형근 전 기아 부회장

성공하기 위한 많은 고민과 의사결정 과정에 초점을 맞춰 기술한 《기아 브랜드 전쟁 30년》은 경영학에서 학문적인 '마케팅'이라는 영역을 더욱 가치 있는 내용으로 승화시킬 것입니다. 한 회사가 치열한 경쟁 속에서 어떻게 성장함과 동시에 실패도 할 수 있는지를 실무 차원에서 기술했기에 자동차산업에 국한되지 않고 모든 산업에 적용할 수 있으며, 후학들과 마케팅 담당자들에게는 정말 훌륭한 '지침서'가 될 것입니다.

—윤기봉 전 기아 전무 재경사업부장

한국의 자동차 역사 속에서 기아만의 독자적인 분투와 성장을 담은 이 책이 발간된 것은 국가적으로도 큰 다행이라 생각합니다. 저자는 기아와 현대차가 현재 중국 시장에서 고전하는 이유를 브랜드 관점에서 냉정하게 파헤칩니다. 이러한 뼈아픈 성찰과 분석은 자동차산업뿐만 아니라, 세계 진출을 꿈꾸는 모든 기업이 반드시 눈여겨봐야 할 소중한 교훈입니다.

현장의 뜨거운 숨결과 전략가의 냉철한 통찰이 고스란히 녹아 있는 이 기록은 한국 자동차산업의 어제를 궁금해하는 이들은 물론 이 분야에서 미래를 꿈꾸는 청년들에게 가장 완벽한 길잡이가 돼줄 것입니다. 기꺼운 마음으로 이 책을 추천합니다.

—서춘관 전 기아 전무 국내 마케팅실장

숫자 이면의 사투, 기아 브랜드 전쟁 30년의 기록

기아자동차가 1997년 부도난 이후 현대차에 인수되기까지 걸린 시간은 2년이 채 되지 않았다. 당시 세간의 관심은 오직 하나였다.

"과연 기아가 가혹한 구조조정을 견디고 생존할 수 있을까?"

'RV(Recreational Vehicle)의 기아'라는 희망의 불씨가 조금씩 피어오르고는 있었지만, 그 누구도 기아가 오늘날 세계 최고의 영업이익률을 기록하는 우량기업으로 우뚝 설 것이라 감히 예측하지 못했다.

나는 연구소 PM으로 시작해 상품기획과장, 해외 마케팅 주재원, 해외마케팅실장을 거쳐 아프리카·중동지역본부장에 이르기까지 아시아자동차, 현대정공, 기아 등 자동차업계에서 30여 년을 보냈다. 그런 내게 기아는 꿈을 실현할 최고의 무대이자, 환호보다 중압감이 먼저 엄습하는 곳이었다. 목표는 늘 높았고, 자원은 항상 부족했으며, 우리를 둘러싼 경쟁자들은 엄청났다. 시장의 냉혹한 평가 속에서 매

순간 선택을 강요받았고 그 결과는 숫자로, 브랜드이미지로, 때로는 개인의 커리어로 고스란히 되돌아왔다. 내 지난 30년은 화려한 성공의 연속이 아니었다. 오히려 상상을 초월하는 압박을 견뎌낸 시간이 층층이 쌓여 만들어진 결정체에 가까웠다.

이 책은 기아라는 브랜드가 생존을 넘어 도약하고, 때로는 넘어지면서도 다시 성장하기 위해 치러야 했던 전쟁, 그 한복판에서의 기록이다. 현대차 인수 직후 혼란한 가운데 경영 정상화를 증명하기 위해 속도전에 몸을 던졌던 나날들, 아시아 시장 마케팅 주재원 1호로서 바닥을 다지던 순간, 유럽에서 씨드(Cee'd) 론칭을 책임지고 기아유럽의 비전을 수립하던 과정, 본사 글로벌마케팅 지휘관으로서 전략을 설계하고 강력하게 추진하던 모든 변곡점을 나는 온몸으로 통과해왔다.

한국 기업들은 세계에서 가장 짧은 시간 안에 경이로운 성장을 이뤄냈다. 그러나 경험이 축적될수록 과거의 성공 방정식이 새로운 브랜드 개념과 체계적 전략을 압도하는 현상 또한 빈번해졌다. 기아 역시 예외는 아니었다. 초기의 공격적 경영은 특유의 돌파력으로 성과를 냈으나, 곧 브랜드라는 거대한 벽에 부딪혔다. 그때마나 우리는 브랜드전략을 기본에 두고, 차별화된 상품 전략과 마케팅혁신을 통해 돌파구를 찾아야 했다. 경영자와 전략가에게 이 책은 성장의 이면을 비추는 거울이 될 것이다.

모든 글로벌 자동차 회사 CEO는 양적·질적 성장을 추구한다. 과거 제너럴모터스, 폭스바겐, 토요타는 무분별한 팽창 성장을 주도하다 그 후유증으로 고통스러운 구조조정을 거치고서야 오늘날의 위치에 섰다. 기아와 현대차 역시 '현대 속도'를 앞세워 800만 대 생산 체제를 달성했지만, 그 과정에서 예외 없이 성장통을 겪어야 했다.

이 책은 2017년부터 기아를 덮친 재고 과다와 수익성 악화라는 후유증의 원인을 가감 없이 다뤘다. 300만 대라는 외형성장에 취해 기아가 놓친 본질은 무엇인가? 또한 플랜S 전략 수립과 함께 단행된 3년간의 뼈아픈 구조조정이 어떻게 다시 V자 회복의 발판이 됐는지 입체적으로 분석했다. 정제된 보고서에는 결코 담기지 않았던 선택의 맥락, 회의실 안팎의 갈등, 그리고 숫자 이면에 숨겨진 판단의 논리를 밝혔다.

시중에는 경영자의 시각에서 쓰인 화려한 성공 스토리는 많지만, 실무자가 시장과 경쟁의 최전선에서 겪은 생생한 경험을 기록한 사례는 드물다. 이론은 명쾌하지만 실행은 늘 고통스럽다는 것을 누구보다 잘 알기에, 나는 다음 질문에 대한 실전적 해답을 찾는 데 집중했다.

- 브랜드 구현(Brand Implementation): 기아는 어떤 방식으로 브랜드 체계를 만들었고 어떻게 고객과의 모든 접점에서 기아다움을 완성하려 해왔는가? 어려움에 처해 있던 BMW, 아우디, 토요타유럽, 스바루는 어떻게 브랜드 정체성을 재정립했고 기아는 이들의 어떤 성공 경험을 벤치마킹했는가?
- 경쟁사와 차별화 및 시장 니즈 대응: 디자인과 상품기획을 확정하기까지 디자이너, 상품기획자, 연구소 PM 간 이견을 마케팅은 어떻게 설득하고 조율해 기아만의 색깔이 담긴 차를 만들어냈는가?

- **실패의 기록:** 세계 최대 시장인 중국에서 실패한 뼈아픈 원인은 무엇인가? 브랜드의 본질을 놓친 성장이 얼마나 위험한지에 대한 고통스러운 기록을 담았다.
- **신시장 개척과 유연성:** 유럽에서 씨드를 성공적으로 론칭하고, 멕시코와 인도 시장 진출 직후 성공을 거둘 수 있었던 요인은 무엇인가? 현지화된 상품 및 론칭 전략은 어떻게 진행됐는가?

지금 자동차산업은 AI 기반의 소프트웨어 중심 자동차(Software Defined Vehicle, SDV)로의 대전환이라는 거대한 파도 앞에 서 있다. 그러나 시대가 변해도 비즈니스의 본질은 변하지 않는다. 자동차산업 일선에서 성과를 책임지는 경영자와 전략 담당자, 브랜딩과 마케팅의 길을 걷는 실무자, 그리고 미래를 준비하는 학생에게 이 기록이 단순한 과거사가 아닌, 내일의 전략을 세우는 데 필요한 작은 통찰이 되기를 바란다.

평소 메모해온 기록을 바탕으로 집필했으나, 모든 순간을 다 기억해낼 수는 없었다. 이 글을 완성할 수 있도록 시기별로 기억을 소환해주신 이형근 전 기아 부회장님, 정진행 대우건설 부회장님, 그리고 영원한 동료 윤기봉 전 기아 전무, 서춘관 전 기아 전무를 비롯해 기아의 도전 시기를 함께 걸어온 선후배 및 동료 여러분께 깊은 감사를 전한다.

2026년 4월

이순남

차 례

1장

기아 브랜드의 새 출발,
위기에서 길을 찾다

"대당 광고비가 얼마야?"
한순간의 침묵이 바꾼 30년

✿✿✿

1997년 7월, 기아가 부도처리되면서 모든 것이 한순간에 멈춘 듯 했다. 개인적으로도 앞길을 고민하며 방황했다. 그러던 중 지인의 권유로 1998년 1월, 현대정공(현대모비스 전신) 수출상품기획팀 과장으로 자리를 옮겼다. 기아에서 쌓은 경력의 연장이라기보다 다시 출발선에 서는 기분이었다.

3월에는 기아 인수와 관련한 비선팀에 파견돼 정보를 수집하는 임무를 맡았다. 당시 삼성자동차, 포드, 현대차가 기아 인수전에 뛰어들었다. 최종 승자는 현대차였다. 여러모로 운도 따랐다. 겉보기에는 현대차가 기아의 전 부문을 인수한 것 같았지만, 기아의 해외영업 부문은 내가 속한 현대정공이 중심이 돼 인수했다.

당시 현대정공 회장이었던 정몽구 회장이 내린 첫 지시는 단순하지만 묵직했다.

"기아 종업원을 유지하려면 몇 대를 생산하고, 몇 대를 판매해야 하는지 구체적인 숫자를 내라."

회장에게 보고된 숫자가 어느 부서에서 어떻게 만들어진 것인지는 몰랐다. 다만 수출 담당 이사에게 떨어진 과제는 분명했다. 정해진 판매 목표를 달성할 수 있는 실행 방안을 만들어라.

나는 그 이사 밑에서 실무를 맡았다. 시장상황을 분석하고 국가별 목표와 실행전략을 세우려면 몇 주는 걸릴 터였다. 하지만 회장 보고 일정이 촉박했다. 결국 우리는 가장 단순하지만 현실적인 방법을 선택했다. 기아가 과거에 각 시장에서 올린 실적을 기준으로 판매 목표를 배분했다.

더 큰 고민은 따로 있었다. 과연 어떤 내용을 보고해야 하는가? 수출 경험도 없고, 기아의 해외시장 환경을 제대로 파악하지 못한 상태에서 전략과 실행 방안을 정리하기가 쉽지 않았다.

당시 현대차의 다른 부서들은 여의도에 있던 기아 본사로 몰려가 마치 완장을 찬 점령군처럼 행동했다. 그로 인해 기아 직원들의 반감이 컸다. 나는 그들과 다른 길을 택했다. 기아 수출팀 팀장들에게 조용히 전화를 걸었다. "이번에 이런 판매 목표가 내려왔습니다. 현실적인 달성 방안을 함께 고민해주시기 바랍니다. 가능하시면 퇴근 뒤 눈에 띄지 않게 계동 사무실로 들러 간단히 조언을 주실 수 있겠습니까?" 이렇게 해서 모은 의견과 데이터는 전략을 세우는 데 큰 밑거름이 됐다. 시장별 달성 방안을 만들고, 법인별로는 판촉비와 광고비까지 포함해 정리했다. 그리고 마침내 회장 보고의 날이 밝았다.

회의록을 정리하는 담당자와 함께 자료 작성자인 나는 회의실 한쪽 구석에 조용히 앉았다. 처음 보는 회의장 분위기는 긴장감이 팽팽했다. 임원들은 의자에 앉자마자 고개를 푹 숙이고 자료만 들여다봤다. 상무이사까지 계산기를 손에 쥐고 있는 모습을 보니 아주 치밀한 검증이 이어질 것 같았다.

그런데 상황이 전혀 다른 방향으로 흘렀다. 보고 도중, 정몽구 회장이 담당 전무에게 물었다. "어이, 미국 대당 광고비가 얼마야?" 전무는 답하지 못했다. 회장은 곧바로 이사에게 물었다. 그러나 이사 역시 굳었다. 내 심장도 잠시 멈추는 듯했다.

판촉비는 대당 기준으로 계산해 표기했지만, 광고비는 당시 관행대로 총액만 적고 대당 항목은 별도로 넣지 않았다. 목표 판매대수와 광고비 총액이 있으니 계산기를 두드리면 금방 나올 수치였지만, 극도의 긴장 속에서 두 임원은 끝내 입을 열지 못했다. 잠시 정적이 흐른 뒤, 회장의 호통이 회의실을 흔들었다. "어이, 시말서 써! 너도 써!" 땀이 등줄기를 타고 흘렀다. '내가 대당 광고비를 넣지 않은 탓에 두 윗사람이 곤란해진 건 아닐까?' 하는 자책감이 밀려왔다.

이 사건은 내 업무 습관을 완전히 바꿔놨다. 강박적으로 아주 작은 것 하나까지 파고들었다. 기아 인수 후 "쏘울 30만 대를 팔아라"와 같이 회장이 지시할 때마다, 나는 모든 숫자를 끝까지 검토했다. 직접 보고하는 위치는 아니었지만, 내 실수 하나가 또 상사를 어려움에 빠뜨릴 수 있다는 압박감이 항상 있었다. 그날의 회의실 풍경은 지금 생각해도 마치 역사드라마 〈용의 눈물〉의 한 장면 같다.

그러나 그 경험 덕분에 훗날 해외마케팅실장을 맡았을 때, 나는 전세계 법인과 대리점 마케터들에게 기아 마케팅 철학을 간단히 정리해줄 수 있었다.

"치밀한 계획과 강력한 실행력(Detailed and Strong Execution)."

인수 직후, 네 명이 감당한 30개 이상 차종

❖❖❖

1999년, 여의도 기아 사무실에서 새 명함을 받았다. 해외영업본부 수출상품팀장. 기아가 현대차에 인수된 직후였다. 낯선 얼굴, 조심스러운 시선, 침묵 속 긴장. 자리에 앉아 주변을 살피는 순간, 이곳이 더이상 예전의 기아가 아니란 사실을 체감했다. 부서 책임자 대부분이 현대정공 출신으로 교체돼 있었고, 팀원 역시 절반 이상이 처음 보는 얼굴이었다. 공기 속에 묘한 불안과 경계심이 흐르고 있었다.

인수 직후 경영진의 목표는 단순했다. 빠른 정상화. 하지만 회사라는 조직은 경영진이 바뀌었다고 바로 달라지진 않는다. 현대차와 기아는 문화 자체가 달랐다. 사무실에는 "고과를 제대로 받지 못한 직원들에게 빨간 봉투가 전달된다"라는 험한 소문까지 돌았다. 자존심에 상처를 입고 스스로 회사를 떠나는 이도 적지 않았다.

수출기획, 영업, 서비스 부서는 그나마 인력을 확보했지만, 수출상품팀의 상황은 심각했다. 열 명 이상이었던 팀에 남아 있는 인원이 고작 두 명뿐이었다. 현대정공에서 온 직원 한 명과 팀장인 나까지 포함해도 겨우 네 명이었다. 게다가 수출마케팅팀장 자리가 공석이라 그 업무까지 맡으면서 말 그대로 시련 모드에 돌입했다. "이 인원으로 어떻게 다 감당하지……." 책상 앞에서 깊은 한숨이 절로 나왔다.

당시 기아에는 30개 이상 차종이 있었다. 승용차는 물론 아시아자동차의 트럭과 버스까지 포함한 숫자다. 물론 모든 차종을 수출하는 것은 아니지만, 수출상품팀은 전부 챙겨야 했다. 네 명으로는 물리적으로 불가능했다. 상품 담당 경력자는 더더욱 찾기 어려웠다.

그래서 발상을 바꿨다. "완벽한 경험자를 찾기 어렵다면, 배우며 성장할 사람을 모으자." 유럽수출팀 에이스 두 명, 기아인터트레이드 출신 유럽 주재원, 아시아자동차에서 엔진을 개발했던 엔지니어, 국내에서 크레도스 영업을 담당했던 대리까지 불러 모았다. 그렇게 아홉 명으로 작은 전투부대를 꾸렸다.

하지만 인수 직후부터 업무 지시가 폭주했다. 중역들은 회장 보고를 위해 수십 가지 자료를 요구했다. 그리고 그 지시는 언제나 퇴근 직전에 떨어졌다. "내일 아침 7시까지 보고서를 준비해라." 그 말은 곧 새벽 2~3시까지는 일해야 한다는 뜻이었다. 형광등 아래 졸음을 쫓으며 키보드를 두드리던 어느 날 새벽, 과로로 쓰러져 응급차로 실려 간 직원도 있었다. 모두 지쳐갔지만 멈출 수는 없었다. 회사는 하루라도 빨리 정상화된 모습을 보여주길 원했고, 우리도 그 속도전에 맞춰 달릴 수밖에 없었다.

경영진은 기아의 조기 정상화를 위해 현대차 아토스를 기반으로 개발된 인도 전략 차종인 상트로(Santro), 그리고 현대정공 싼타모를 국내 시장에 기아 비스토와 카스타로 출시했다. 그러나 사양 구성, 트림 전략, 가격 책정 등 눈앞에 쌓인 업무를 처리하기도 벅차, 5월 론칭 예정인 카렌스는 손도 대지 못하고 있었다.

그러던 어느 날, 해외마케팅실장이 돌연 지시를 내렸다. "내일 아침까지 카렌스 영문 보도 자료를 준비해라." 카렌스가 기아 인수 후 해외에 '새로운 기아'를 알리는 첫 공식 홍보물이 될 예정이었다. 문제는 우리 중 누구도 그런 자료를 만들어본 적이 없다는 사실이었다.

침묵에 잠긴 회의실에서 서로 얼굴만 바라보는 동안에도 시간은 계속 흘러갔다. 그때 문득 질문이 떠올랐다.

"카렌스랑 가장 비슷한 경쟁 차가 뭐지?"

"마쓰다 프레마시(Premacy)를 벤치마킹한 걸로 알고 있습니다."

즉시 일본 마쓰다 홈페이지에 접속했다. 다행히 영문 보도 자료가 있었다. 내용을 읽어보니 카렌스의 콘셉트와 흡사했다. "시간이 없으니까 이 틀을 그대로 가져가자. 제원, 엔진, 화물실 용량만 카렌스 것으로 바꾸고, 카렌스 이름 소개와 기아가 현대차 가족이 됐다는 문구만 추가하면 돼." 새벽 2시가 넘어서야 간신히 원고가 완성됐다. 인쇄돼 나온 보도 자료를 들고 숨을 고르는데, 문득 웃음이 나왔다. 궁하면 통한다는 말을 이럴 때 쓰는구나.

다음 날 아침 보고 자리에서, 영어에 능통한 담당 임원이 표현 몇 곳을 지적했다. 하지만 내가 참고한 자료는 마쓰다의 공식 해외 홍보 문서였다. "자동차업계에서는 이렇게 씁니다." 이 한마디에 임원은 더 이상 태클을 걸지 않았다.

돌이켜보면 그 시절은 매일이 긴장의 연속이었다. 인수 후의 혼란, 불안한 직원들, 새벽까지 이어진 보고서 작업, 숨 가쁜 신차 론칭. 하지만 그 속에서도 우리는 버텨냈다. 때로는 창의적인 차용으로, 때로는 땀과 열정으로 위기를 넘겼다. 그리고 그 과정에서 스포티지, 카니발, 카렌스, 카스타가 더해지며 'RV의 기아'라는 브랜드이미지가 서서히 자라고 있었다.

IMF 위기, 그리고 공격경영의 시작

1997년 말, 아시아를 강타한 금융위기로 한국은 IMF 관리 체제에 들어갔다. 국가적으로는 위기였지만, 당시 갤로퍼를 중심으로 수출 확대를 모색하던 현대정공에게는 기회였다. 원달러환율이 급등하면서 수출 차의 가격경쟁력이 확보돼, 해외판매 전략을 공격적으로 전환할 질호의 순간을 맞은 것이다.

정몽구 회장은 즉시 해외영업 담당 임원들을 소집했다. 회의 말미, 그는 짧고 명확하게 지시를 내렸다. "즉시 지역별로 나가 거점을 마련하고, 현지에서 판매를 강화하라." 다음 날, 지명된 임원은 단 한 명도 사무실에 나타나지 않았다. 모두 비행기에 몸을 싣고 각자 맡은 곳으로 떠나 지역본부 사무실을 구축했다. 당시 업계에서는 삼성이 '철저한 계획 후 실행' 스타일이라면, 현대는 '선 행동 후 대처' 스타일이라고 말하곤 했는데, 내가 본 현장 역시 다르지 않았다.

글로벌 톱 5를 향한 세 가지 전략

기아 인수 후 정 회장의 머릿속에는 이미 현대차와 기아를 묶어 글로벌 톱 5에 오르겠다는 명확한 그림이 자리 잡은 듯했다. 이 비전을 실현하기 위해 기아의 2000년 경영 목표 세 가지가 정해졌다. 하루라도 빨리 법정관리를 벗어나고 종업원을 지킬 수 있는 공격경영, 중장기 성장을 위한 품질혁신, 미래 경쟁력 강화를 위한 기술혁신.

이 가운데 가장 빨리 효과를 낼 수 있는 분야는 공격경영을 통한 판매 확대였다. 현대정공에서 수출판매를 강화하기 위해 전략적으로 운영하던 해외지역본부 체제를 바로 적용했다. 이 제도는 기아뿐만 아니라 현대차에도 확대 적용됐다.

여기에 더해 기아는 판매법인화도 서둘렀다. 현대차 인수 전, 기아의 판매망은 미국법인과 지주회사 형태의 유럽법인, 폴란드법인과 대리점으로 이뤄져 있었다. 기아는 지주회사 형태였던 유럽법인을 실질적인 서유럽법인으로 만들고, 그 산하에 일본 종합상사가 운영하던 곳을 포함해 유럽 31개국에 있던 대리점 중 12개국의 대리점을 법인으로 만들었다. 캐나다와 호주의 대리점도 법인 체제로 만들었다. 여기에 현지에서 대리점을 관리하는 중남미지역본부, 동유럽지역본부, 아중동지역본부, 아태지역본부를 추가했다.

수출 잠재력이 높은 국가에는 지역전문가 제도도 도입했다. 선진국인 영국부터 개발도상국으로 신흥시장이었던 남아프리카공화국,

브라질, 칠레, 인도네시아, 태국, 요르단 등에 이르기까지 나라별로 한 명씩 파견해 현지 시장에 깊숙이 들어가 밀착 관리하도록 한 것이다. 지역전문가들은 단순한 보고 인력이 아니라, 현지 소비자, 딜러, 규제, 경쟁환경을 체득하며 기아의 눈과 귀가 됐다.

뉴밀레니엄 투어와 품질혁신

기아는 판매망을 빠르게 재정비하는 동시에 세계 각국의 딜러와 파트너에게 기아가 달라졌다는 메시지를 강력하게 각인시킬 필요가 있었다. 이를 위해 시행된 것이 바로 대규모 딜러 초청 행사인 뉴밀레니엄 투어였다. 백문이 불여일견이라는 기조 아래, 이들을 한국으로 초청해 공장을 직접 보여주고, 기아가 소규모 회사가 아니라는 점을 확인시켰다. 기아 브랜드에 대한 신뢰 회복을 위한 본격적인 설득 작업이었다.

정 회장은 품질이 고객 인식을 가장 빠르게 바꿀 수 있다고 믿었다. 그래서 공장을 방문하면 공장장에게 보닛을 열어보라고 했다. 당황한 공장장이 보닛을 세내로 열지 못해 그 사리에서 해임됐나는 이야기가 전설처럼 회자되기도 했다. 그만큼 품질에 대한 그의 기준은 냉정하고도 단호했다.

기아는 그의 철학 아래 전 임직원을 대상으로 식스시그마 특별 교육도 실시했다. 품질경영의 첫 상징적 조치는 양재동 사옥에 해외품질상황실을 설치한 것이다. 전 세계 고객 불만을 실시간으로 받아 즉시 개선하는 시스템으로, 고객만족도를 극대화하겠다는 의지가 담겨 있었다. 하지만 현실은 녹록지 않았다. 낮은 신차품질조사(Initial Quality Study, IQS) 점수는 기아의 브랜드이미지를 끌어내리는 가장 큰 약점이었다.

어느 날, 기아 품질 담당 이사에게서 중장기 수출상품 개발 전략과 일정을 발표해달라는 요청이 왔다. 미국 제이디파워(J. D. Power)와 컨설팅 협의를 하는 자리였다. 기아의 품질혁신 체제가 본격적으로 시작되는 순간이었다. 이 시점을 기점으로 기아는 품질 지표 개선을 위해 조직·공정·개발 프로세스 전반을 재정비해나갔다.

카니발을 11인승으로 개조한 이유

공격경영을 뒷받침할 판매망은 빠르게 정비, 강화되고 있었으나, 부도 사태 후 신차를 제대로 개발하지 못한 후유증은 컸다. 미국처럼 거대한 시장에서는 모델 라인업이 절대적으로 부족했고, 이미 출시된 차종도 판매대수가 적었다.

이제 공격경영의 최우선 과제는 모델 라인업 확대가 됐다. 이를 위해 현대차가 개발 중인 차를 배지 엔지니어링(Badge Engineering, 기존 제품에 새로운 상표를 적용하는 것)해 기아가 판매하기로 했다. 실무적으로 한계가 있다는 반대의 목소리가 있었고, 기아 공장에서 생산하지 못하는 상황에서 현대차에서 만들어 갖고 오는 가격이 추가되면서 원가가 높아지는 문제가 발생하기도 했지만, 이 전략은 흔들림 없이 추진됐다.

카니발을 밴으로 만들어라

이 과정에서 해외영업본부장은 회장으로부터 호주 같은 시장에 카니발을 많이 팔라는 지시를 받았다고 했다. 카니발을 밴으로 만들어 가격을 낮추면 더 팔 수 있을 것이란 좀 더 구체적인 내용도 포함됐다.

회장의 지시를 거역하거나 이에 미달하는 것은 곧 조직 퇴출을 의미하던 시절이었다. 하지만 그 지시 내용이 너무 황당해 나는 본부장에게 어렵다고 보고했다.

"본부장님, 호주에서 밴은 적재량이 750킬로그램이나 돼야 합니다. 카니발의 높은 가격으로는 밴으로 만든다 해도 원박스(One Box) 형태의 밴과 가격경쟁하기 어렵습니다."

더욱 당황스러웠던 것은 동석한 영업 부서와 영업 지원 부서 사람들의 태도였다. 상품기획이나 연구소 업무를 할 정도면 카니발을 밴으로 만들기 어렵다는 사실을 금방 알 텐데도 회장의 지시도 있고, 공격경영의 첨병이라는 입장에서 '뭐, 만들어주면 되는 거 아냐'라는 표정을 짓고 있었다.

단순한 말이나 보고서로는 회장을 설득할 수 없었다. 밴이 되려면 적재량이 750킬로그램 이상이 돼야 하는데, 카니발은 밴으로 개조해도 최대 적재량이 250킬로그램밖에 안 됐다. 이보다 늘릴 경우, 리어 서스펜션이 주저앉고 제동 성능이 떨어져 안전에 문제가 생긴다. 적재량 문제 외에도 현지에서 요구하는 밴의 낮은 가격 수준을 맞출 수가 없었다. 카니발을 승용 용도에서 밴으로 변경하는 것은 그리 어렵지 않다. 리어 2열, 3열 시트와 플로어 매트를 탈거하고 운전석, 조수석 뒤에 격벽을 설치하고 유리창을 패널로 바꾸면 된다. 그러나 부품 가감에 따른 원가 하락에도 불구하고, 카니발의 기본 원가가 워낙 높아 호주 밴 시장에서 가격경쟁력이 없었다.

죽을 각오로 보고서를 작성했다. 회장 보고가 어떻게 마무리 지어졌는지 모르지만, 다른 시장을 개척해 확대하라는 지시가 다시 내려왔다. 영업 전사들의 활약은 놀라웠다. 미니밴 시장이 전혀 형성돼 있지 않던 말레이시아, 인도네시아, 브라질 등 세계 구석구석에서 시장을 개척하며 카니발을 팔았다.

픽업의 나라 태국, 그리고 불가능한 미션

'픽업의 나라' 태국에도 카니발을 팔아야 했다. 토요타가 1961년에 세운 해외공장 1호가 미국이 아닌 태국일 정도로, 일본 업체들은 긴 역사와 높은 브랜드력으로 태국 시장을 지배하고 있었다. 그들은 태국 정부의 혜택을 받으며 태국 픽업 시장을 키워 유럽, 중동, 아프리카 수출 기지로 만들었다.

적재와 승용을 겸한 미니밴으로는 토요타가 일본에서 들여오는 미니밴 정도밖에 없었는데, 너무 비쌌다. 이 틈새시장에서 카니발은 경쟁자가 없어 보였다. 하지만 태국의 승용차 수입관세는 80퍼센트에 달해, 아무리 한국산 차가 저렴하다 해도 완성차로는 경쟁력을 확보할 수 없었다. 이 관세를 낮추려면 차량을 상용으로 분류해야 했고, 그러려면 카니발을 9인승에서 11인승으로 만들어야 했다.

당시 카니발은 전장이 짧은 단축형(Short Body)이었다. 연구소는 도면 검토 결과, 도저히 11인승으로 개발할 수 없다고 답변했다. 물론 내가 보기에도 그랬다. 정상적인 방법으로는 개발할 수 없어 보였다. 어떻게 해야 할지 고민하던 중 문득 미쓰비시 파제로(Pajero)와 현대정공 갤로퍼에 있던 후석 대향 시트가 생각났다. '카니발의 3열 시트를 마주 보게 만들 수는 없을까?' 플로어 금형을 새로 만들어야 하고, 시트 개발에 엄청난 돈과 시간이 필요했기에 연구소는 불가 입장을 고수했다.

그래도 나는 밑져야 본전이라며 한번 해보기로 했다. 공장에서 카니발 한 대를 빼내 개조 업체로 보내 수작업으로 대향 시트를 만들어 달라고 했다. 태국 정부가 정한 시트와 시트 사이 간격, 즉 전방 여지 규제를 만족하기 위해 여러 차례 시도했다. 시트 다리 길이를 높게 또는 낮게, 시트 쿠션 길이도 여러 차례 조정해 겨우 규제를 만족하는 방안을 찾았다.

태국 수출 전용 카니발 11인승 개조 당시 모습

태국 대리점 회장에게 샘플 차를 만들었으니 와서 체크하라고 연락했더니, 태국 공무원과 함께 한국을 찾아왔다. 공무원은 땀을 뻘뻘 흘리며 여러 번 검사한 끝에 드디어 11인승이 가능하다는 판단을 내려줬다.

그다음 문제는 생산이었다. 연구소에서 개조 도면이 나오지 않았기 때문에 당연히 공장 라인에서는 만들 수 없었다. 결국 공장 라인에서 완성차를 일단 출하시켜 개조 업체에 보냈다. 여기서 3열 시트를 탈거하고, 개조 업체에서 만든 대향 시트를 부착해 태국으로 수출했다. 수량은 많지 않았지만, 불가능하다고 여겨졌던 일이 카니발 판매 확대라는 회장의 지시 이행 과정에서 실현된 것이다.

2014년 출시된 3세대 카니발(YP)부터는 차량 전장이 커지면서 11인승으로 개조하는 일은 더 이상 없어졌다. 18년 전, 아주 원시적인 방법으로 태국 시장에 카니발을 수출하려 들인 노력이 기아 브랜드를 알리는 계기가 됐다.

"답 찾기 전에는 귀국 생각 말고!"

❖ ❖ ❖

기아를 마케팅 드리븐(Marketing Driven) 기업이라고 하면 의아하게 생각하는 사람도 있을 것이다. 하지만 최소한 현대차와 비교하면, 확실히 마케팅 중심 사고를 하는 회사라고 자신 있게 말할 수 있다.

주주라면 매년 열리는 CEO 인베스터 데이(Investor Day)에서 현대차와 기아의 발표 자료를 비교해볼 기회가 있다. 두 회사 자료의 가장 큰 차이는 목차 바로 다음 장에서 드러난다. 현대차가 생산·재무·기술 중심으로 시작하는 반면 기아는 브랜드를 한 챕터로 두고, 그 변화 내용을 설명해왔다. 한국 자동차산업이 전통적으로 제조업 문화가 강하다는 점을 고려하면, 이는 매우 상징적이다.

앞서 말했듯 정몽구 회장은 기아 인수 직후 해외지역본부 체제, 지역전문가 운영, 유럽 주요 국가 대리점의 법인화 등을 통해 판매력 강화에 집중했다. 하루라도 빨리 법정관리를 탈출하고, 현대차와 기아를 합쳐 글로벌 톱 5로 올라서야 한다는 의지가 강했다.

기아 해외지역본부장은 대부분 현대정공 출신이었다. 그들은 전 세계에 컨테이너를 팔아본 경험이 있는 실전형 베테랑이었다. 이들의 판매 방식은 단순했다. "수단과 방법을 가리지 않고 목표를 달성한다." 그렇다 보니 대리점에서 별도 사양이나 옵션을 요구하면 여과 없이 그대로 만들어달라는 요청이 쏟아졌다.

해외상품팀은 이 요구를 정리해 연구소 PM에게 개발을 요청했는데, 돌아오는 답은 대부분 같았다. "개발 일정이 맞지 않는다", "개발비가 너무 많이 든다", "다음 페이스리프트 때 반영하자"……. 해외상품팀은 판매를 늘리기 위해 요구사항을 빨리 개발해달라는 영업 현장과 개발의 어려움을 주장하는 연구소 사이에 끼여 애를 먹는 경우가 많았다.

그런데 어느 순간부터 분위기가 달라졌다. 해외지역본부장 회의에 참석한 연구소 PM들이 현장 분위기와 회장의 강한 기조를 체감하면서, 해외상품팀의 요구를 적극적으로 수용하기 시작한 것이다. 기아 출신 연구소장 역시 회장 주재 회의에서 해외영업본부에게 가해지는 압박을 직접 체감했고, 그 분위기가 연구소 전체로 전달됐다.

호주에서 찾은 돌파구

그리고 드디어 마케팅이 개발의 중심에 설 수 있는 기회가 찾아왔다. 호주에서 열린 아시아·태평양 대리점 대회 기간 중, 해외영업본부장이 직접 딜러 몇 곳을 방문하고 나서 저녁에 나를 급하게 불렀다. "프레지오와 비슷한 원박스카를 메르세데스-벤츠, 마쓰다는 잘 파는데, 왜 우리는 못 파는 거야?"

나는 솔직히 답했다. "호주 충돌 안전 규제를 충족하지 못해서 수출할 수 없습니다."

그러자 본부장은 단호하게 말했다. "다른 나라에선 힘들다는데, 호주는 기회가 있다고 하잖아. 연구소 출신이지? 방법을 찾아서 개발해. 답 찾기 전에는 귀국 생각 말고!"

다음 날 나는 메르세데스-벤츠와 마쓰다 딜러를 찾아가 프런트 프레임 구조를 조사했다. 놀랍게도 메르세데스-벤츠 MB100은 쌍용 이스타나 OEM 차량이었는데, 범퍼 양쪽에 스프링이 달려 있었다. 마쓰다 봉고(Bongo)는 프레지오와 구조가 거의 같은 대신 프런트 프레임에 Y형 보조 프레임이 추가돼 있었다.

나는 사진을 찍어 보고서에 첨부하고, 샘플 부품까지 구입해 귀국했다. 직속 상관이 현대차 출신이었기에, 왜 인원도 없는데 자꾸 일을 벌이냐고 질책당할까 두려웠다. 그러나 그의 반응은 뜻밖이었다. "흥미롭군. 현대도 프레스토를 미국에 수출할 때 스프링을 추가했어. 연구소와 잘 이야기해봐." 연구소는 그동안 신차로 개발해야 한다고 주장해왔지만, 마케팅에서 제공한 경쟁사 대응 동향과 샘플 부품을 보고는 적극적으로 개발해줬다.

마케팅이 의사결정의 중심에 서다

이런 요구가 쌓이면서, 연구소 중심이던 차량 개발 문화가 조금씩 바뀌기 시작했다. 그리고 마침내 마케팅의 의견이 개발 의사결정의 중심에 서기 시작했다.

상품위원회는 신차 개발 최종 의사결정 회의체였다. 나는 이 회의에 배석해 상품기획본부나 연구소의 질문에 해외영업본부장 대신 답하는 경우가 많았다. 연구소는 이렇게 물었다. "경쟁사와 동일 사양이면 충분한데, 왜 더 높은 성능을 요구합니까?"

그때마다 우리는 미국·독일법인에서 받은 현지 정보와 소비자 인사이트, 경쟁사 데이터, 차별화 전략 등을 근거로 제시하며 설득에 나섰다. 당시 해외마케팅실이 보유한 현장 기반 정보력은 연구소보다 훨씬 강했다. 해외 각국의 영업 현장에서 상품 담당자들이 직접 수집한 데이터는 연구소 사람들이 접근할 수 없는 시장의 생생한 목소리였다.

이런 회의 문화가 자리를 잡기 시작한 데다 2008년부터는 마케팅 출신 해외영업본부장이 부임하면서 상품과 브랜드를 동시에 전략적으로 고려하는 체계가 더욱 강화됐다. 그 결과, 기아는 현대차와 달리 마케팅이 전략과 의사결정을 주도하는 브랜드로 자리매김했다.

쏘렌토, 죽음의 문턱을 넘다

⚙⚙⚙

신차 론칭 준비로 바쁘던 시기, 나는 여러 훌륭한 리더를 가까이에서 지켜볼 수 있는 기회를 얻었다. 그들은 그저 결재만 하는 관리자가 아니었다. 시장의 요구, 고객의 욕망까지 읽어내며 자동차를 하나의 생명체처럼 이해했다. 다만 이런 탁월한 리더들과의 만남 속에서도 때때로 예상치 못한 갈등과 긴장이 찾아오곤 했다.

기아 인수 직후, 새로운 SUV 프로젝트인 코드명 BL(훗날의 쏘렌토)의 첫 품평회가 열렸다. 그날 분위기는 묘한 긴장감이 흘렀다. 바로 현대차 정몽규 부회장이 참석했기 때문이었다. 아직 기아의 주인이 누구인지 완전히 정리되지 않은 과도기였기에, 그의 등장은 현대정공 출신 모두를 당황시켰다.

품평회가 시작되자 그는 단호하게 말했다. "이 차는 세련미도 부족하고, 터프하다기보단 둔탁합니다. 이 프로젝트를 계속할 이유가 있습니까?" 그 한마디에 회의실 전체가 얼어붙었다. 디자이너, 연구소, 해외상품팀 모두 불안한 기색이 역력했다. 누구도 쏘렌토의 미래를 장담할 수 없는 순간이었다.

현대차의 기아 인수 당시, 삼촌과 조카가 기아 경영권을 둘러싸고

혼란스러웠던 시기가 있었다. 그런 상황에서 BL 프로젝트는 자칫하면 날아갈 수도 있는 운명이었다.

그런데 운명은 예상하지 못한 방향으로 흘렀다. 1999년 3월, 정세영 회장과 정몽규 부회장이 모두 현대차 경영에서 물러나면서, BL이 다시 핵심 전략 차종으로 복귀한 것이다. 쏘렌토는 그렇게 죽음의 문턱을 건너 다시 살아났다.

쏘렌토 개발을 성공으로 이끈 여러 리더 가운데, 특히 인수 후 기아 초대 사장은 강렬한 인상을 남겼다. 그는 경영 성과만 요구하는 관리자와 달랐다. 넉넉한 유머와 위트, 그리고 고객을 단번에 설득할 수 있는 감각이 있었다. 무엇보다 지프 체로키를 직접 몰고 다니며 주말마다 사냥을 떠날 정도로 아웃도어 라이프를 진심으로 즐겼다. 그의 취향과 라이프스타일은 쏘렌토라는 차의 방향성과 감성적 기초에도 자연스럽게 반영됐다.

그는 쏘렌토 디자인에 깊은 애정이 있었다. 모델 품평이 끝나고 시작 차(Prototype Car)가 나왔을 때, 그는 뒷좌석 중간 시트 디자인이 고급스럽지 못하다고 지적했다. "고객은 시트에 앉는 순간 차의 품격을 느끼는데 이 정도로는 부족하다. 폴딩 기능에도 세련미가 필요하다." 하지만 디자이너들은 그의 의도를 제대로 구현해내지 못했다.

그는 결국 직접 움직였다. 인테리어 디자이너 세 명을 불러 조용히 봉투를 건넸다. "이 돈으로 고급 백화점에 다녀오세요. '진짜 고급스러움'이 뭔지 직접 보고 경험하세요. 그리고 독일 프리미엄 브랜드 차들도 눈에 담아 오고요." 그는 보고, 만지고, 느끼는 경험이 디자이너의 시야를 넓히고, 결국 자동차 품질을 바꾼다고 믿었다. 그의 말은 단순한 지시가 아니라, 창의성을 깨우는 리더십이었다. 그가 강조한 디테일은 결국 쏘렌토 완성도에 그대로 스며들었다.

발리에서 기립박수

양산 이전, 쏘렌토는 독일과 이탈리아에서 소비자 반응 조사를 받았다. 출장을 다녀온 팀원이 말했다. "기아가 이렇게 멋진 차를 만들어줬다며 이탈리아 대리점 회장이 저 같은 대리급 직원에게 허리 숙여 인사하더군요." 모두의 눈시울이 뜨거워졌다. 이 한마디가 쏘렌토 개발 과정에서 흘린 땀, 갈등 속 흔들린 자존심, 실패에 대한 두려움을 단번에 보상해줬다. 그때부터 쏘렌토는 우리 모두에게 기아의 자존심, 기아의 재도약을 상징하는 깃발이 됐다.

이듬해, 인도네시아 발리에서 열린 세계 대리점 대회에서 쏘렌토가 처음 공개됐다. 프레젠테이션이 끝나기도 전, 각국 대리점 사장단이 자리에서 일어나 박수를 쏟아냈다. 그들의 눈빛은 기아가 돌아왔다고 말하는 듯했다. 그날 이후 각국 딜러들이 전시장, 정비센터, 시설 전반 등 기아에 다시 투자하기 시작했다. 기아의 브랜드 신뢰가 서서히 회복되고 있었다.

한 질문이 만든 미래, 모닝이 되다

⚙⚙⚙

그 후 부임한 사장은 전임자와 결이 완전히 달랐다. 현대차 해외영업 출신답게 국제 감각이 뛰어났고, 유창한 영어로 글로벌 딜러를 능숙하게 설득했다. 무엇보다 모든 문제를 논리와 분석으로 풀어내는 타입이었다. 감성과 직관으로 움직이던 앞선 리더들과 달리 이성적이고 구조적으로 사고했다.

어느 날, 사장실 호출이 왔다. 처음으로 사장을 직접 만났고, 구름 위에 있을 것만 같았던 사장실 구조도 볼 수 있었다. 잠시 주변을 둘러보던 그가 의사에 앉아사마사 조용히 질문을 던졌다. "수출상품팀장이 생각하는 기아의 브랜드 에센스는 뭐야?"

그 질문은 갑작스러웠고, 한편으로는 예리했다. 당시까지만 해도 기아 내부에서 브랜드란 단어를 진지하게 꺼내는 분위기가 거의 없었다. 기아가 법정관리를 벗어난 지 얼마 되지 않아, 회사 전체가 판매대수, 목표 달성, 비용 절감, 공급 안정화, 이 네 가지에 모든 에너지를 쏟아붓고 있었다. 브랜드란 단어는 사치처럼 느껴졌다. 그러나 그의 표정은 매우 진지했다. 뭔가를 미리 생각하고 묻는 것 같았다.

나는 잠시 생각을 정리했다. 사실상 정립된 브랜드 개념이 없는 상태였기에, 떠오르는 단어는 많지 않았다. "저희는 아직 브랜드 정체성이 확립된 단계는 아닙니다. 현 상황만 보면 경제성(Cheap Car), 실용성(Practical) 정도로 요약할 수 있을 것 같습니다."

그는 고개를 끄덕이며 받아들였다. 그러나 바로 이어진 다음 질문은 훨씬 더 본질적이었다. "그렇다면 기아 브랜드인지도를 올리는 데 가장 중요한 요소는 뭘까?"

광고를 많이 해야 한다고 답할까 생각했지만 너무 식상했다. 조사 자료를 본 기억을 되살려 대답했다. "지금 단계에서는 도로 위에서 얼마나 자주 보이느냐(Car on the Street)가 가장 중요하다고 생각합니다. 고객 눈에 자주 띄는 것이 인지도를 높이는 가장 빠르고 확실한 방법입니다."

그는 잠시 생각하더니 다시 질문을 이어갔다. "그럼 유럽에서 판매 대수를 늘리려면 어떤 차가 유리할까?"

나는 여러 차종을 떠올렸다. 수익성, 시장 환경, 브랜드인지도, 경쟁사 구도까지 고려해야 했지만 결국 결론은 하나였다. "현실적으로는 소형차가 가장 유리합니다."

그 순간, 그의 표정이 조금 밝아졌다. 그러더니 전혀 예상치 못한 질문을 던졌다. "그렇다면 비스토를 유럽에서 10만 대 이상 팔려면 어떻게 해야 하나?" 그는 이것을 묻고 싶어 여러 질문을 빙빙 돌려 했던 것이다.

말 그대로 머릿속이 하얘졌다. 나는 잠시 호흡을 고르고 조심스럽게 말했다. "지금의 비스토는 전폭이 좁고 공간 효율도 낮아 유럽 세그먼트 A(경형)와 경쟁하기는 어려워 보입니다. 실제로 시장에서 경쟁하려면 전폭을 키워야 합니다."

그는 내 말을 듣자마자 바로 전화기를 들었다. 행동 속도가 놀라울 만큼 빨랐다. "연구소장님, 해외마케팅에서 비스토 전폭을 확대해 5인승으로 만들어주면 유럽에서 10만 대를 판매할 가능성이 있다네요. 개발비, 기간, 타당성을 검토해서 다음 상품위원회에서 보고해주세요."

전화를 끊자마자 그가 웃으며 나를 바라봤다. 그 타이밍에 해외영업본부장이 사장실로 들어왔다. 사장은 장난기 어린 표정으로 말했다. "본부장님, 이 친구 말이 비스토 전폭을 늘리면 10만 대를 팔 수

1장. 기아 브랜드의 새 출발, 위기에서 길을 찾다

있답니다." 등줄기로 식은땀이 흐르며 여러 생각이 스쳤다. '내가 너무 앞서갔나? 괜히 일을 크게 만든 건 아닐까?'

그러나 해외영업본부장은 조금도 망설이지 않았다. "이 친구가 한다면 해야죠." 그 한마디가 사장실 분위기를 완전히 바꿔놨다. 그날의 결정은 이후 기아의 소형차 전략, 그리고 훗날 등장할 모닝(해외명 피칸토(Picanto)) 탄생의 출발점이 됐다.

2장

마케팅 주재원 1호,
씨드 론칭을 성공시켜라

지역본부 마케팅 주재원 1호

⚙⚙⚙

2003년 들어 현대차와 기아는 마케팅전략을 강화하기 위해 독립적으로 운영되던 두 회사의 마케팅 부서를 하나로 통합했다. 어제까지 현대차와 기아에서 각각 팀장을 하던 사람 중 한 사람은 통합된 조직에서 더 이상 팀장을 할 수 없게 됐다.

"팀장을 할 수 없으면 다른 부서로 옮겨줄 수 있다고 했다." 그 말을 들었을 때 마음이 무거웠지만, 나는 솔직하게 말했다. "괜찮습니다. 저는 차를 좋아하고, 상품기획을 사랑합니다. 좋아하는 일을 계속하고 싶습니다." 다행히 내 진심이 받아들여지면서 RV그룹장으로 일할 수 있게 됐지만, 기아 중역들 사이에서는 기아의 유능한 팀장들을 데려다 바보로 만들고 있다는 불만도 나왔다.

그러던 어느 날, 마케팅사업부장이 나를 불렀다. "이게 뭔지 알겠나?" 그가 내민 서류 표지에는 회장 도장이 찍혀 있었다. "지역본부에 마케팅 주재원 자리를 신설하겠다는 계획이야. 어렵게 회장님 승인을 얻었어." 기아 중역들의 불만을 완화하고, 동시에 글로벌마케팅 인재를 키우기 위해 마련된 묘안이었다. "지금은 난세니까, 해외에 나가 있는 것도 괜찮지 않아? 아시아나 중동 중에서 골라봐. 우선권을 줄게." 나는 잠시 생각하고 말했다. "중동은 너무 덥고 멉니다. 말레이시아 쿠알라룸푸르로 가겠습니다." 그렇게 나는 기아 지역본부 첫 마케팅 주재원이 됐다.

말레이시아행 비행기 창가 자리에 앉아 한참 동안 하늘을 바라봤던 기억이 난다. 그때 결심 하나가 강하게 피어올랐다. 그동안 나는 제품 중심의 기획에 집중해왔지만 이제는 브랜드, 고객, 시장 전체를 아우르는 마케팅을 하고 싶었다. 비로소 지금까지 가져보지 못한 목표가 분명해졌다. "대한민국 자동차업계에서 마케팅을 가장 잘하는 사람." 당시 대우자동차는 마케팅 역량이 뛰어나다고 평가받았지만 도산했고, 현대차는 인력과 예산 면에서 여전히 강했다. 언젠가 기아가 현대차보다 마케팅을 잘한다는 평가를 받는다면, 그때가 내 목표가 이뤄지는 순간이 될 것이다. 그 이후 나는 이 목표를 잊지 않으려 노력했다.

지역본부 최초 마케팅 주재원은 매뉴얼도, 역할 정의도 없는 자리였다. 본사 지침은 "현대차와 기아 업무를 5 대 5로 하라"라는 한 줄 뿐이었다. 나는 스스로 업무규칙을 만들어 역할을 정립해야 했다.

대리점 사장단과 처음 만나는 자리에서 함께 브랜드를 키우겠다며 관계의 물꼬를 텄지만, 곧 단순 점검이 아닌 실질적으로 도움이 되는 마케팅이 필요하다는 것을 깨달았다. 문제는 내가 상품 마케팅 경험만 있고, 브랜딩 전반의 경험은 부족했다는 점이었다.

현장에서 답을 찾았다. 말레이시아에서 토요타와 혼다의 신차 마케팅을 관찰하며 전체 흐름을 배웠고, 필리핀 현대차 대리점에서 닛산의 NPR(Nissan Revival Plan) 브랜드전략 자료를 접하며 결정적 전환을 맞았다. 약한 브랜드는 인센티브 의존도가 높으며, 이를 극복하기 위해서는 브랜드 아이덴티티를 명확하게 정립하고, 철저히 가이드라인대로 실행해야 한다는 것을 깨달았다. 이렇게 배우고 깨달은 마케팅 지식을 토대로 대리점을 지도하기 시작했고, 이는 마케팅과 브랜드에 대한 관점을 근본적으로 바꾸는 계기가 됐다.

아시아 지역에서의 마케팅 주재원 생활은 긴장과 흥분이 공존했다. 대리점 대부분이 기아 사업을 막 시작해, 마케팅 이해와 실행 프로세스 전반에서 개선해야 할 과제가 많았다. 그러나 일본과 유럽 사례를 벤치마킹하고 본사 전략을 현지에 맞게 재해석해 역량을 끌어올리는 과정은 보람 있었다.

당시 아시아 시장은 일본 차의 브랜드파워와 충성도가 압노적이었다. 특히 토요타에 대한 강한 로열티는 브랜드 격차를 실감하게 했다. 이런 환경에서 브랜드 위상 강화는 생존이 걸린 문제였고, 나는 광고 중심에서 벗어나 홍보(PR)를 강화해야 한다고 판단했다. 하지만 대리점들은 즉각 효과가 보이는 광고에 익숙해 홍보의 가치를 쉽게 받아들이지 않았다.

말로 설득하는 대신 광고와 기사의 기억도 차이를 체감하게 했다.

나는 먼저 대리점 사람들에게 어제 신문에 실린 광고 중 기억나는 것을 말해보라고 했다. 대부분 대답하지 못했다. 나는 다시 자동차 기사 내용은 기억나냐고 물었다. 이번에는 다들 자세히 대답했다. 나는 이를 근거로 "광고는 보지만 남지 않고, 홍보는 인식에 남는다"라고 설명했다. 《이솝 우화》 속 〈해와 바람〉에 빗대, 광고는 강요가 될 수 있고 홍보는 자연스럽게 스며든다는 점도 강조했다.

그 뒤로 대리점들의 태도가 서서히 바뀌었다. 마케팅 주재원은 부담스러운 존재가 아니라 실질적인 도움을 주는 사람이라고 여기기 시작했다. 숫자보다 중요한 방향 전환이었다. 아시아에서의 주재원 생활은 그렇게 사람과 조직의 생각을 조금씩 바꾸는 과정이었다.

"마케팅 주재원 뒤에는 대마케팅본부가 있습니다"

기아 해외마케팅 업무 차 유럽 업체 사람들을 만났을 때 가장 놀란 것은 명함에 적힌 직함이었다. "Sales and Marketing Director", 언제나 판매와 마케팅이란 두 단어가 나란히 적혀 있었다.

의미는 명확했다. 그들은 차만 파는 판매관리자가 아니었다. 판매와 브랜드, 그리고 시장 커뮤니케이션을 통합적으로 책임지는 지휘관이었다. 그들에게는 눈앞의 판매를 위한 인센티브 예산뿐 아니라 브랜드의 미래를 설계하는 광고 예산 집행권까지 있었다. 그에 비해 당시 우리 현실은 늘 마케팅 예산에 목말라 있었다. 대다수 해외지역본부 판매법인장은 당장의 판매 목표 달성에 사활을 걸 수밖에 없었다. 자연히 예산 대부분을 단기적인 할인 판촉에 쏟아부었고, 브랜드를 키우기 위한 장기투자는 늘 뒷전이었다.

현대차와 기아의 마케팅 부서가 통합될 당시, 본래 목적은 예산의 독립성을 확보하기 위함이 아니었다. 하지만 조직개편 과정에서 예기치 않게 지역본부 단위에서 마케팅 예산을 독립적으로 운영할 수 있는 길이 열렸다. 본사 마케팅본부는 나처럼 해외에 주재하는 일반 마케터에게 일정 예산을 위임했다. 나는 아시아지역본부 마케팅 주재원으로서 기아와 현대차의 주요 대리점 지원 예산을 주도적으로 운용할 수 있었다. 각 대리점의 실적, 계획, 성과를 세밀히 평가해 예산을 분배했다. 대리점당 10만~15만 달러 수준의 소규모 예산이었지만, 이는 본사의 글로벌전략을 현지에 이식시키는 가장 강력한 무기가 됐다. 하지만 이 주도적 예산 운영은 곧 영업 부대와의 갈등을 불러왔다.

당시 아시아 시장은 일본 브랜드의 절대적인 아성이었다. 토요타, 닛산, 미쓰비시는 1960년대부터 현지의 기후와 도로 상황에 맞춘 현지화 차량을 생산하며 뿌리를 내렸다. 태국에서는 픽업트럭, 인도네시아에서는 미니밴을 생산 및 판매했고, 아세안 자유무역지역(ASEAN Free Trade Area, AFTA)을 활용해 무관세로 역내에 수출하면서 시장의 70퍼센트 이상을 장악했다. 말 그대로 일본의 앞마당이었다. 반면 현대차와 기아는 조기 판매 증대를 위해 현지 맞춤형 모델 대신 글로벌 모델을 그대로 수출했다. 높은 관세와 낮은 가격경쟁력, 부족한 시장 대응력이라는 삼중고를 겪어야 했다.

현장에서는 언어와 문화의 차이로 웃지 못할 해프닝도 벌어졌다. 기아의 준중형차 슈마가 말레이시아에 수출됐을 때다. 중국계 딜러들 사이에서 미묘한 반응이 흘러나왔다. 알고 보니 찐만두를 뜻하는 중국어 '슈마이'와 발음이 비슷했던 것이다. 게다가 하위 트림 모델은 이름이 'Low Spec'의 약자와 같아 딜러들 사이에서 값싼 차라는 부정적 인식을 심어주고 있었다. 이름 하나가 브랜드이미지에 얼마나 치명적인 영향을 주는지 뼈저리게 실감한 순간이었다.

제품 설계 단계부터의 한계도 명확했다. 미국, 유럽, 한국 시장을 중심으로 차량을 개발했기에 지역 특화 모델이 전무했다. 토요타는 동남아의 열대기후와 연료 품질을 고려해 터보 사양 디젤엔진을 운영했지만, 우리는 냉각 장치인 인터쿨러가 추가돼 고비용 구조인 채로 수출할 수밖에 없었다. 이는 결국 가격경쟁력 악화로 이어졌다.

이런 척박한 환경 속에서 지역본부장들이 마주한 현실은 냉혹했다. 지역본부장 회의에서 목표 달성률이 보고됐고, 99~101퍼센트의 오차범위를 벗어난 본부장은 그 자리에서 해임되기도 했다. 당연히 현대차 지역본부장은 오직 판매대수에 집중할 수밖에 없었다. 그는 판매대수가 가장 많은 싱가포르 대리점에 마케팅 예산을 집중 지원하라고 요구했다. 싱가포르는 독특한 차량 등록세 제도 덕분에 상대적으로 진입장벽이 낮은 효자 시장이었다. 하지만 나는 반대했다.

"본부장님, 이미 잘 팔리는 곳에 예산을 쏟는 것은 미래를 위한 투자가 아닙니다. 마케팅 주재원을 파견한 본래 목적을 잊어서는 안 됩니다."

일개 차장급 주재원이 앞길을 막아서자 그는 폭발했다. 본사 마케팅실 이사에게 전화를 걸어 스피커폰을 켠 채 내 불복종을 성토하며 예산 지원을 강력히 요구했다. 팽팽한 긴장감 속에 잠시 정적이 흘렀다. 이윽고 스피커폰 너머로 본사 이사의 단호한 목소리가 들려왔다.

"마케팅 주재원 뒤에는 대(大)마케팅본부가 있습니다."

그 한마디에 전율이 일었다. 중역들 사이에서 정치적 타협이 관행이던 시대, 그는 현장의 소신 있는 판단을 존중해준 드문 리더였다. 덕분에 마케팅 예산은 숫자를 메우기 위한 수단이 아니라, 브랜드가치 정립이라는 목적에 충실하게 집행될 수 있었다.

그 시절 나는 소중한 교훈을 얻었다. 마케팅은 예산의 크기가 아니라 방향의 문제라는 것을 말이다. 누군가는 눈앞의 수치를 위해 오늘만 바라보지만, 마케터는 브랜드의 시간을 보며 내일을 준비해야 한다. 예산을 분배하는 방식 하나에도 조직의 철학이 담긴다. 그리고 그 철학은 결국 시스템이 아니라, 자신의 신념을 지키려는 사람으로부터 시작된다는 것을 나는 그 선배 임원을 통해 배웠다.

그렇게 삼 년이 흐른 어느 날, 본사에서 유럽으로 가라는 연락이 왔다. 기아유럽 마케팅부장으로 발령이 난 것이다.

프랑크푸르트의 봄, 그리고 현실

⚙ ⚙ ⚙

프랑크푸르트의 3월은 유럽의 봄이라기엔 여전히 추웠다. 말레이시아에서 몇 년을 보낸 내게는 그 바람이 뼛속까지 파고드는 듯했다. 적도의 뜨거운 태양 아래서 아시아 지역 마케팅 주재원으로 뛰어다니던 시간이 벌써 아득하게 느껴졌다.

독일은 출장으로 몇 번 와봤는데, 사무실이 다른 곳으로 이전해 있었다. 새로운 사무실은 유럽에서의 첫 전략 차 론칭 준비로 분주했다. 본사에서 파견 나온 주재원들과 현지 직원들이 긴장된 표정으로 움직이고 있었다. 나는 겉으로는 태연한 척했지만, 속에서는 긴장, 설렘, 막연한 불안이 소용돌이쳤다.

현대차그룹은 기아 인수 이후 정상화를 위한 핵심 전략으로 유럽 현지생산을 추진했다. 공장 부지는 슬로바키아 질리나로 결정됐다. 연간 생산능력은 20만 대로 계획됐으나, 건설이 진행되는 동안 30만 대로 상향 조정됐다.

첫 번째 생산 모델은 유럽에서 두 번째로 시장 규모가 큰 세그먼트 C, 즉 준중형급 시장을 겨냥한 전략 차종이었다. 유럽 고객의 라이프스타일을 반영해 3도어, 5도어, 왜건까지 세 가지 바디 타입으로 계획돼 있었다. 처음부터 4도어 세단 기반이 아닌 전용 5도어로 디자인됐기 때문에 꽤 스포티하고 다이내믹해 보였다. 그 차가 바로 씨드다.

사실 이 모델은 현대차가 디자인하고 있었는데, 기아 공장 가동 시점에 맞추기 위해 기아 모델로 전환됐다. 씨드(Cee'd)의 Cee는 Central Europe을, 'd는 European Design을 의미했다. 유럽에서 기획, 생산되고, 유럽을 위해 디자인된 차임을 내세웠다.

씨드의 첫해 판매 목표는 10만 대였다. 씨드 이전, 유럽에 출시한

쎄라토의 연간 판매실적 2.5만 대보다 네 배나 많았다. 매우 낮은 브랜드파워, 약한 판매망, 부족한 예산과 인력 등을 고려할 때 목표가 너무 높아 보였다. 유럽 12개국의 판매법인과 28개 대리점을 관할하는 기아유럽법인이 새롭게 출범됐지만, 인력과 예산 등의 문제로 모든 운영을 한국 본사가 직접 통제하다 보니 유럽 현지 시장의 특성과 소비자 요구에 신속하게 대응하기 어려운 상황이었다.

제조 기반이 강한 회사 특성상 기아도 마케팅 조직 자체가 취약했다. 충분한 인적·재정적 자원을 확보하지 못한 상태에서 창의적이고 공격적인 마케팅전략을 수립하고 실행하는 데는 명백한 한계가 있었다. 딜러 조직의 경쟁력도 매우 낮았다. 다른 브랜드에 비해 고객 서비스나 판매 경험의 질이 떨어져 시장에서 우위를 점하지 못했다.

가장 큰 문제는 따로 있었다. 본사는 판매 목표에 맞춰 물량을 밀어내는데, 기아유럽은 능력이 미치지 못해 현지 재고가 계속 늘어났다. 이 재고를 소진하고 새로운 주문을 받으려면 결국 할인 판매를 할 수밖에 없었다. 초기에는 대수가 많지 않아 큰 문제가 되지 않았지만, 점차 적자가 눈덩이처럼 불어나고 있었다.

나는 사무실 창밖으로 차가운 프랑크푸르트의 하늘을 바라봤다. 왜 본사는 씨드 론칭을 준비하는 이 시점에 나를 기아유럽 마케팅부장으로 발령했을까?

다섯 명이 감당해야 하는 유럽 마케팅

⚙⚙⚙

기아유럽에 부임하자마자 가장 먼저 마주한 것은 숫자였다. 기아의 포부와는 거리가 먼 현실의 숫자. 기아유럽 마케팅 조직은 나까지 단 다섯 명이었다.

상품·가격 그룹에 나와 현지 직원 두 명, 일반 마케팅 그룹에 현지 직원 한 명과 한국 주재원 한 명, 이것이 전부였다. 유럽 30여 개국의 법인, 대리점을 아우르는 상품·가격 전략, 홍보, 광고캠페인, 프로모션, 스폰서십을 다섯 명이 감당해야 했다.

더 충격적인 것은 브랜드 전담 인력이 단 한 명도 없다는 점이었다. 예산도 마찬가지였다. 대부분 기자단 시승회와 소규모 홍보비로만 쓰이고 있었다. 범유럽 단위의 광고캠페인 예산은 없었다. 이런 구조로 씨드 론칭을 성공시켜야 한다니, 막막했다.

부임 직후 첫 시험대가 찾아왔다. 스페인에서 열리는 쏘렌토 페이스리프트 범유럽 기자단 시승회가 코앞이었다. 마케팅 주재원이 주도해 몇 달 전에 확정해놓은 행사였다. 그는 내게 자신 있게 설명했다. "예산 절감을 위해 유럽 전문 에이전시 대신 기아스페인법인의 로컬 에이전시와 진행합니다. 경쟁사 수준의 품질을 유지하면서 비용은 절반 이하로 줄일 수 있습니다."

나름대로 명분은 있었다. 예산이 부족한 상황에서 창의적인 해결책을 찾으려 한 것이다. 심지어 새로운 시도도 있었다. 쏘렌토의 오프로드 능력을 제대로 체험시키기 위해 일반적인 도로 시승이 아니라 버스로 산악 지역까지 이동한 뒤, 그곳에서 오프로드 코스를 직접 운전하게 하는 방식이었다. "괜찮은 아이디어네요." 나는 그렇게 말했다. 그때까지만 해도.

스페인 남부의 뜨거운 햇살 아래, 독일, 프랑스, 영국, 이탈리아 등 유럽 곳곳에서 날아온 주요 언론사의 자동차 전문 기자들이 호텔 로비로 모여들었다. 이들을 모시고 온 각국 PR 매니저들도 설레는 표정으로 서 있었다.

그런데 약속된 시간에 버스가 오지 않았다. 5분이 지나고 10분이 지났다. 기자들이 웅성거리기 시작했다. 20분이 지났다. PR 매니저들이 나를 쳐다보기 시작했다. 30분이 지났다. 스페인 로컬 에이전시에 전화를 걸었다. 통화는 되는데 명확한 답변이 없었다. "곧 도착합니다. 조금만 기다려주세요." 그들도 상황을 파악하지 못하고 있었다. 등줄기에 식은땀이 흘렀다.

유럽 주요 언론에게 기본적인 행사조차 제대로 운영하지 못하는 무능한 회사로 낙인찍히는 순간이었다. 나는 결단을 내렸다. "택시로 갑시다." 각국 PR 매니저들에게 지시를 내리고, 기자 한 명, 한 명에게 다가가 사과했다. "죄송합니다. 저희 준비가 부족했습니다. 택시로 모시겠습니다." 기자들의 표정에 놀람과 실망이 뒤섞였다. 어떤 이는 손목시계를 보며 한숨을 쉬었다. 어떤 이는 동료 기자에게 뭔가 속삭였다.

행사는 큰 문제 없이 진행됐다. 쏘렌토는 오프로드 코스를 잘 소화했다. 문제는 따로 있었다. 본사 해외영업본부장이 참석해 있었던 것이다. 당시 독일에서 귀화해 유명 인사였던 이참 고문도 함께였다. 이 고문은 기자들과 이야기를 나누다가 버스 사건을 전해 듣고 즉시 본부장에게 보고했다. 보고라기보다…… 고자질에 가까웠다.

점심 식사 자리. "이 부장, 도대체 뭐 하는 거야? 왜 기본적인 준비도 안 돼 있어?" 본부장의 목소리는 차가웠다. 저녁 식사 자리에서도. "이런 식으로 행사를 운영하면 어떻게 해?" 다음 날 아침 식사 자리에서도. "유럽에서 이런 식으로 일하면 안 돼." 만날 때마다 비난이 이어졌다. 나는 아무 말도 하지 않았다.

물론 변명하고 싶었다. 막 부임했다고, 이미 계획된 행사였다고, 로컬 에이전시는 내가 선택한 게 아니라고. 하지만 변명은 의미가 없었다. 행사 실패는 사실이었다. 기자들 앞에서 우리는 무능했다. 그리고 이제 나는 기아유럽 마케팅을 책임지는 사람이었다. 나는 조용히 모든 책임을 받아들였다.

프랑크푸르트로 돌아오는 비행기 안에서 나는 창밖을 내다봤다. 구름 위로 햇빛이 눈부셨다. 하지만 내 마음속은 먹구름이 가득했다. 씨드 론칭까지 얼마 남지 않았다. 실패는 더 이상 용납되지 않았다.

판매망의 실체와 무거운 임무

✿✿✿

기아유럽에서의 일상이 어느 정도 익숙해질 무렵, 나는 우연히 유럽 판매망의 민낯을 마주했다. 영업부장과 커피를 마시는 자리였다. 그는 매일 아침 판매 일보를 확인하는데, 어느 벨기에 딜러의 판매대수가 며칠째 0대로 표시된다고 했다. "단순한 보고 누락이나 시스템 오류 아닐까요?" 나는 가볍게 물었다. "아닙니다." 그의 대답은 황당할 정도로 단순했다. "딜러를 운영하는 부부가 장기 휴가를 떠나면서 아예 쇼룸을 닫아버렸습니다."

나는 직접 확인해보기로 했다. 독일 프랑크푸르트 시내부터 시작했다. 그런데 시내에는 기아 딜러가 아예 없있다. 한참을 달려 변두리로 나가서야 겨우 하나를 찾았다. 쇼룸이 작았다. 기아 CI조차 제대로 적용돼 있지 않았다. 전시 차량도 몇 대뿐이었다. 경쟁사 딜러들에 비해 초라하기 짝이 없었다. 이 정도 규모와 태도라면, 본사에서 아무리 공격적인 목표를 세우더라도 현장에서 감당할 수 없었다.

유럽 전체가 큰 판매망으로 촘촘히 연결된 듯했지만, 실체는 예상보다 훨씬 허약했다. 강력한 브랜드인지도도 없고, 판매 인력 교육

시스템도 부족하고, 서비스 센터는 단순 정비 수준에 머무는 경우가 많았다. 본사에서 설정한 높은 판매 목표, 현지 딜러망의 취약한 체력, 브랜드파워 부족, 곳곳에서 쌓여가는 재고……, 모든 것이 맞물려 악순환을 만들고 있었다.

대안은 결국 하나뿐이었다. 더 많은 할인, 더 강한 인센티브. 그러나 이는 곧 브랜드 약화라는 또 다른 문제를 불러왔다. 브랜드 구조가 약할수록 가격인하에 의존할 수밖에 없고, 이로 인해 브랜드가치는 더 떨어졌다. 기아유럽은 그렇게 적자폭이 커져만 갔다.

당시 나는 마케팅부장이었다. 그런데 내가 맡은 과업은 부장 한 명이 감당하기에는 전략 면에서도 조직 면에서도 버거웠다. 그럼에도 불구하고 유럽 전역에서 브랜드이미지를 구축하고, 마케팅 시스템을 바로세우면서, 기아가 처음으로 유럽 자동차 시장을 겨냥해 만든 씨드를 성공적으로 론칭시켜야만 했다.

상품, 가격, 마케팅뿐만 아니라 딜러와 영업 사원의 능력까지 종합적으로 고려하지 않으면 절대 씨드 론칭을 성공시킬 수 없다는 것도 이제 분명히 알게 됐다. 씨드 론칭을 준비하는 과정에서 마케팅 주재원을 교체했다는 것 자체가 문제의 심각성과 목표와의 거리를 보여주는 방증이었다.

나는 씨드 론칭 준비 명령서를 총 20차례 각 법인과 대리점으로 보냈다. 그중 하나가 바로 영업능력 향상과 관련된 것이었다. 딜러별로 세일즈맨과 서비스 요원이 몇 명인지를 정확히 하고, 벨기에 딜러처럼 부부만 운영하는 경우는 씨드 론칭 초기에는 아르바이트 영업 사원을 고용해 고객 접점을 확대하라고 했다.

밤늦게까지 일하던 나는 사무실 창밖을 바라봤다. 프랑크푸르트의 불빛들이 깜빡이고 있었다. 문을 닫고 휴가를 떠난 벨기에 딜러, 초라한 프랑크푸르트 쇼룸, 다섯 명뿐인 마케팅 조직, 0에 가까운 광고 예산, 적자 2.5억 유로와 10만 대라는 판매 목표. 스페인에서의 실수는 시작에 불과했다. 진짜 전쟁은 이제부터였다.

잘못 설정된 씨드 가격

☼ ✿ ☼

업무 인수인계는 단출했다. 형식적으로는 트림 구성, 가격정책, 광고 제작안까지 이미 다 결정돼 있었다. 다시 의문이 들었다. "이런 상황에서 왜 나를 이곳으로 보냈을까?"

씨드의 유럽 론칭을 앞두고 가장 먼저 점검해야 할 것은 상품·가격 전략이었다. 단순한 숫자 문제가 아니었다. 브랜드 생존과 직결되는, 론칭 진략 꼭대기에 있는 중요한 일이었다.

우선 씨드의 목표 판매가격과 독일법인의 가격구조를 점검했다. 결과는 충격이었다. 목표 가격이 구형 동급 쎄라토 대비 15퍼센트 높게 설정돼 있었다. 게다가 법인은 물론 딜러들도 차를 팔수록 적자가 커지는 가격구조였다.

나는 본사 시절, 해외마케팅실 상품팀장으로서 재경본부와 수십 차례 논쟁 끝에 최종 가격을 결정했다. 그들은 목표이익률을, 나는

시장 현실과 브랜드이미지를 중시했다. "판매가 돼야 이익이 생깁니다. 가격을 높게 설정하면 서류상 이익은 좋아 보이겠지만, 판촉비를 많이 쓰기 시작하면 이익도, 브랜드도 함께 사라집니다." 나는 그렇게 현실적 논리로 밀어붙이는 스타일이었다.

당시 유럽 업체들의 가격 운영 방식은 크게 두 가지였다. 하나는 시트로엥, 피아트처럼 판매가격은 높게 설정하고, 실제 판매할 때는 할인 폭을 키웠다. 이 방식은 중고차 가격 하락을 초래해 브랜드이미지를 악화시키는 악순환의 사이클을 만들었다. 또 다른 하나는 토요타 등 일본 업체들이 채택하는 방식으로, 브랜드 위상을 고려해 시장 리더인 폭스바겐에 비해 가격도 낮게 설정하고, 할인 폭도 낮게 운영했다. 나는 본사에서 이 후자의 전략으로 30개 이상 차종의 가격을 재경본부와 함께 결정했다.

유럽은 단일시장으로 묶여 있었지만, 국가별 가격은 여전히 달랐다. 세금, 환율, 물류비, 인센티브 정책이 다르기 때문이었다. 그래서 국가별 가격 격차가 심하면 딜러가 인근 국가로 재수출하는 그레이 마켓이 생겼다. 본사도 인지하고 있는 문제였지만, 실제 현장에서는 훨씬 더 심각해 보였다.

씨드의 시장 판매가는 폭스바겐 골프와 토요타 코롤라보다 약간 낮게 설정돼 있었다. 언뜻 보면 합리적이었다. 문제는 법인·대리점과 일선 딜러의 마진이 거의 없는 구조라는 데 있었다. 공장만 높은 출고가로 이익을 챙기고, 법인과 딜러는 적자를 떠안게 돼 있었다. 이런 가격구조로는 멀티 브랜드를 판매하는 대다수 기아 딜러가 이익이 낮은 기아 차를 적극적으로 팔 리 없었다.

나는 분노 섞인 목소리로 물었다. "누가 이런 구조를 만든 겁니까?" 답변은 황당했다. "슬로바키아 공장 재경팀과 가격 협의를 몇 차례 했지만, 낮출 수가 없었습니다." 믿기 어려웠다.

더 놀라운 사실은 공장장이 회장에게 첫해부터 흑자 나는 공장으로 만들겠다고 보고했다는 것이었다. 그의 권위에 눌려 누구도 반론을 제기하지 못했다고 했다. 공장의 흑자를 위해 법인과 딜러에게 적자를 떠넘기는 구조. 이는 론칭 전략이 아니라 자멸 전략이었다.

씨드 론칭의 성공 여부는 결국 상품·가격 운영전략의 현실성에 달려 있다고 판단했다. 광고와 홍보 전략은 그다음 문제였다.

첫 번째 과제는 명확했다. 공장과의 가격 재협상. 하지만 현실은 냉정했다. 현지 인력 두 명이 달려들어도 국가별 경쟁사 가격경쟁력과 법인·딜러 마진을 모두 분석해 공장을 설득할 자료를 만들기에는 시간이 절대적으로 부족했다. 나는 본사에 한시적 지원 인력 파견을 급하게 요청했다.

가격구조를 바꾸지 못하면 씨드는 출발선에 서자마자 실패한다. 딜러들은 팔지 않을 것이고, 법인은 적자를 감당하지 못할 것이며, 브랜드는 할인의 늪에 빠질 것이다. 그리고 그 모든 책임은 결국 마케팅부장인 내게 돌아올 것이다. 시간이 없었다. 론칭이 코앞이었다.

질리나 공장과 가격 재협상

❁ ❁ ❁

가격구조를 본격적으로 재검토하기 위해 본사에서 지원받은 추가 인력과 함께 명확한 원칙을 세웠다. "판매가는 브랜드파워를 고려해 국가별로 경쟁 차 평균가격 대비 3~5퍼센트 낮게, 법인 마진은 손익분기점 수준으로, 국가별 딜러 마진은 경쟁사 평균 수준으로."

이 지침 아래 12개 법인과 대리점의 가격을 산정하는 데 시간이 걸렸지만, 검토 결과는 명확했다. 공장 출고가를 기준으로 대당 950유로를 인하해야 한다. 이 수치는 씨드를 유럽 시장에서 성공적으로 론칭하기 위한 첫 번째 필요조건이었다.

나는 긴장된 마음으로 슬로바키아 질리나 공장으로 향했다. 새로 완공된 공장은 유럽식과 한국식 감각이 공존하는 것처럼 보였다. 공장 내부는 정갈했고, 바닥에는 먼지 하나 없었다. 중앙에는 호텔 라운지를 방불케 하는 휴게 공간이 있었고, 전 공정의 자동화율은 놀랍도록 높았다.

공장장이 자랑스레 물었다. "이 부장, 공장 본 소감이 어때?" 나는 잠시 생각하다 대답했다. "지금까지 본 공장 중 최고인 듯합니다. 그런데 토요타의 태국, 인도네시아 공장과 비교하면 자동화율이 지나치게 높은 거 아닙니까? 이럴 정도면 인건비가 저렴한 슬로바키아에 공장을 세울 이유가 있었을까요?" 공장장은 순간 당황했다. "자동화율이 높아야 기계 품질이 안정된다고. 품질로 경쟁할 거야." 그의 의지는 분명했다. 하지만 나는 속으로 생각했다. 품질도 중요하지만, 가격경쟁력 없이 누가 사줄까?

가격 회의는 공장 본관 회의실에서 열렸다. 참석자는 공장장, 본사 해외공장 담당 기획실 임원, 그리고 공장 재경 담당 임원이었다. 나는 시장경쟁 상황이나 브랜드파워가 약하다는 긴 서두 없이 바로 본론으로 들어갔다. "현재 가격구조로는 법인과 딜러 모두 적자를 면할 수 없습니다. 판매 주체인 법인과 대리점, 특히 멀티 브랜드 차를 같이 파는 딜러 사장이라면 이익을 내시 못하는 브랜드 차를 적극적으로 팔 이유가 없습니다. 결국 오더가 끊기고, 라인은 멈출 것입니다." 가격 검토 가이드라인을 설명하고 단도직입적으로 말했다. "공장 출고가를 최소 950유로 인하해주십시오."

순간 정적이 흘렀다. 공장장이 내 얼굴을 뚫어지게 보더니 말했다. "점심에 잔치국수를 잘 대접했더니, 이 사람이 체했나?" 옆의 임원들도 제정신이냐며 목소리를 높였다. 나는 물러서지 않았다. "아무리

혁신적인 공장이라 해도 판매 주체가 이익을 내지 못하면, 주문을 받지 못해 라인을 멈추는 일이 많아질 것입니다. 단순한 요청이 아니라 생산과 판매가 공존하는 길을 말씀드리는 겁니다."

나는 가격인하만 요구하지 않았다. 범유럽 마케팅 예산 확대도 함께 제안했다. "지금 예산으로는 광고 제작비를 내고 나면 텔레비전에 광고를 내보낼 돈이 없습니다. 이럴 거면 광고를 왜 만드는지 모르겠습니다. 브랜드이미지가 낮은 차를 시장에 알리려면 홍보와 함께 광고도 해야 합니다." 공장장이 어이없다는 듯 웃었다. "미친놈이 왔군." 그 말이 몇 번이나 나왔다. 하지만 가격을 낮추고 마케팅 예산을 증액한다는 목표를 달성하는 것이 우선이었기 때문에 상관하지 않았다.

나는 마지막으로 말했다. "전임자들이 교체된 이유는 공장의 숫자 논리에 눌려 론칭 가격을 바로 세우지 못했기 때문이라고 보입니다. 그들과 같은 길을 걸을 생각은 없습니다. 이 문제를 해결하지 못하면 말레이시아에서 유럽까지 온 이유가 없습니다." 회의실 공기가 무겁게 가라앉았다. 누구도 쉽게 말을 잇지 못했다.

회의는 공장에서 재검토하겠다는 결론으로 겨우 마무리됐다. 결국 950유로 인하 요구는 750유로 인하로 조정됐다. 마케팅 예산 역시 일정 부분 확대됐다. 완전한 목표 달성은 아니었지만, 씨드의 성공적인 론칭에 한걸음 다가갔다. 나는 공장 내 숙소 창문을 열고 밤공기를 들이마셨다. '미친놈'이라는 말이 아직도 귓가에 쟁쟁했다. 하지만 나는 웃었다. 미친놈으로 불릴지언정 씨드는 실패할 수 없었다.

프랑크푸르트 '와스레' 현상

✿✿✿

가격 문제는 어느 정도 정리됐지만, 론칭 전략에서 강력한 한 방이 아직 없었다. 이미 작성된 마케팅 실행 계획에는 유럽 20개국을 횡단하는 테스트드라이브 행사가 있었다. 거대한 구호에 비해 실행 효과는 미미할 것 같았다.

그때 우연히 마케팅본부의 의뢰로 2005년에 JJDR 파트너스가 작성한 씨드 론칭 전략 수립을 위한 컨설팅 보고서를 접했다. 그 보고서에는 씨드 론칭을 어떻게 하면 좋겠다는 제안과 함께 기아유럽 브랜드 구현 전략이 담겨 있었다. 그런데 씨드 론칭 계획서에는 비싼 돈을 지급하며 컨설팅 받은 내용을 구체적으로 반영한 부분이 거의 없었다.

나는 현대차와 기아에서 컨설팅 프로젝트가 추진되는 것을 여러 번 봐왔다. 보스턴컨설팅, 매킨지, 인터브랜드 등 이름만으로도 신뢰를 주는 글로벌 파트너들과 함께였다. 컨설팅은 늘 같은 패턴이었다. 현상 진단을 위해 관계 부서 인터뷰가 이어졌고, 현란한 기법이 적용된 프레젠테이션 수십 장이 만들어졌다. 부서장이나 임원은 최종 보고 전에 수정에 수정을 거듭했다. 그리고 마지막 단계로 최고경영진에 보고됐다. 엄청난 돈과 시간을 들인 보고서의 최종 보고가 끝나면 다들 손뼉을 치고 수고했다는 인사를 나눴다.

문제는 언제 컨설팅했냐는 식의 분위기였다. 컨설팅 제안대로 추진하지 않고 이전 방식으로 돌아가는 일이 많았다. 다시 보고서를 꺼내

보는 사람은 문제의식을 느끼며 개선 의지가 강한 극소수뿐이었다. 일 년에 서너 번 제삿날 꺼내 세우는 병풍처럼 필요시 참조하는 사람도 있었다. 시장조사 결과도 비슷한 취급을 받는 경우가 많았다. 그래서 나는 이 현상을 일본어로 잊음, 망각을 뜻하는 '와스레(忘れ)'를 붙여 '컨설팅 와스레', '시장조사 와스레'라고 불렀다.

JJDR의 컨설팅 제안 내용도 예외 없이 훌륭했다. 그러나 정작 이를 실행할 인력과 예산이 없었다. 결국 그 훌륭한 컨설팅은 프랑크푸르트의 컴퓨터 파일 속에 묻혔다. 나는 그것을 '프랑크푸르트 와스레'라고 이름 붙였다.

매일 본사가 요구하는 보고서와 관리 문서에 치여, 누구도 이 방대한 컨설팅 자료를 다시 볼 여유가 없었다. 컨설팅의 가치는 보고서가 아니라 실행에 있는데, 그 실행은 늘 현실의 벽 앞에서 무너졌다.

JJDR 보고서는 가장 기본적인 부분인 신차 구매 프로세스, 즉 고객이 자동차를 구매하기까지의 여정부터 개선해야 한다고 제안했다. 아시아 주재 시절 본 닛산의 브랜드 구현 매뉴얼과 놀라울 만큼 흡사했다. 신차 구매 프로세스는 고객이 해당 브랜드를 아는 것부터 시작된다. 브랜드 모델이 매력적이거나 가격이 만족스러우면 구매 의향이 생기고, 그 후 영업 사원의 태도나 딜러 할인 판매, 중고차 가격 평가, 금융 패키지 이점을 판단해 최종 구매하게 된다.

인지, 흥미, 구매 의향, 판단, 최종 구매 결정이란 여정에서 기아는 출발점조차 밟지 못하고 있었다. 2004년 조사 결과를 보면, 기아의 브랜드인지도는 충격적이었다. "아는 자동차 브랜드를 떠올려보라"

라는 독일에서의 비보조 인지도(Unaided Awareness) 조사 결과, 폭스바겐이 89퍼센트, 토요타가 55퍼센트인 데 비해 기아는 12퍼센트였다. 현대차는 14퍼센트였다. 이탈리아에서는 단 2퍼센트로, 7퍼센트인 현대차보다 많이 떨어졌다. 100명 중 98명이 기아라는 이름조차 모르는 상황이었다.

이 정도 인지도라면 구매 의향률은 0에 가깝다. 실제로 독일과 영국에서는 0이 나왔다. 론칭까지 남은 단 6개월 동안 브랜드인지도를 끌어올리려면, 텔레비전 캠페인을 대대적으로 벌일 필요가 있었다. 하지만 독일, 영국, 프랑스의 광고비는 감당이 불가능한 수준이었다.

아시아에 있을 때 늘 마케팅 예산이 부족했던 대리점들에게 《이솝 우화》를 소개하며 강조했던 말이 떠올랐다. "광고는 바람, 홍보는 해." 바람이 강하게 불수록 나그네는 외투를 더 움켜잡지만, 해가 따뜻하게 비추면 나그네는 스스로 외투를 벗는다.

해가 지나가는 나그네의 외투를 벗긴 것처럼, 잠재고객들이 기아에 관심을 두고 쳐다보게 만드는 그 무엇을 찾아야 했다. 그 무엇에 맞춰 씨드 론칭 방향을 정해야 했다. 나는 다시 JJDR 보고서를 펼쳤다. 이번에는 실행을 전제로. '프랑크푸르트 와스레'를 깰 시간이었다.

'하나의 목소리, 일관된 메시지' 원칙 확립

⚙ ⚙ ⚙

기아유럽 부임 당시, 각국 법인과 대리점의 마케팅 조직과 인원은 규모의 차이는 있어도 상품, 마케팅, 홍보로 구분돼 움직이고 있었다. 그들은 각자의 방식으로, 각자의 언어로 고객과 대화했다. 그런 다양성이 유럽 시장의 매력이었지만, 기아라는 브랜드의 입장에서 보면 통일된 정체성 없이 각자 흩어진 합창단 같았다.

기아유럽 마케팅에서는 이들을 프랑크푸르트로 불러 모아 씨드 론칭 전략과 각국의 계획을 공유해왔다고 했다. 나는 이를 한 단계 끌어올려 상품, 마케팅, 홍보 이렇게 분야별로 운영위원회를 만들었다.

각국에서 발표하는 계획을 분석하니 세 가지 구조적 문제가 나타났다. 첫째, 가뜩이나 예산이 적은데, 또다시 기아유럽과 각국 법인·대리점으로 분산돼 예산을 효율적으로 집행하기 어려웠다. 둘째, 광고 및 마케팅 활동에서 중복과 낭비가 발생해 전체적인 실행 품질을 떨어뜨렸다. 셋째, 전문성이 떨어지는 광고대행사에 의존하다 보니 광고 품질과 일관성이 떨어져 효과적인 광고캠페인을 진행하는 데 어려움이 있었다.

JJDR파트너스가 지적한 그대로였다. 한마디로 정리하면, 혁신적인 돌파구를 마련할 단일화된 접근 방식이 부족했다. 모두가 한 방향을 바라보고 힘을 합치는 전략적 일관성이 필요했다.

스페인법인과의 대결

첫 번째 문제의 경우, 기아유럽의 예산을 좀 더 확보한 다음 이를 각국 법인·대리점 예산과 합해 광고효과를 제고하는 방향으로 풀어보기로 했다.

두 번째 문제는 좀 더 심각했다. 기아유럽이 주도해 현지에서 처음으로 씨드 론칭 광고를 만드는 상황에서, 스페인법인도 독자적으로 광고를 만들기로 하면서 중복 투자가 큰 문제로 떠오른 것이다.

내가 왔을 때는 이미 광고안이 확정돼 촬영만 남은 상황이었다. 솔직히 광고안은 장면전환이 빠르고 메시지가 좀 복잡하고 어려워, 좋은 평가를 받지는 못했다. 그럼에도 이 광고 제작에 많은 예산이 투입됐다.

다른 법인은 별 의견이 없는데, 유독 스페인법인만 시장 특수성을 내세우며 직접 만들어 쓰겠다고 했다. 나는 당황스러웠지만 침착하게 말했다. "지금까지는 국가별로 다양한 목소리로 고객들과 커뮤니케이션해왔지만, 씨드 론칭부터는 유럽 전역이 '하나의 목소리, 일관된 메시시(One Voice, One Message)'를 내는 것이 기아의 새로운 전략입니다." 그러면서 국가별 특성을 존중하는 의미에서 30퍼센트 정도는 로컬 마케팅을 인정하겠다고 덧붙였다.

그러나 상대는 막무가내였다. "스페인 사람들은 이 광고를 이해하기 어렵다. 우리 방식으로 다시 만들어야 한다." 나는 고집을 꺾지 않았다. 마케팅 논리가 아니라 에이전시와의 관계 때문이 아닐까 의심했기 때문이었다.

나는 다시 한 번 그들의 마케팅 예산구조를 냉정하게 분석했다. 놀랍게도 마케팅 예산의 상당 부분이 프로축구팀 아틀레티코 마드리드 스폰서십에 쓰이고 있었다. 나는 물었다. "남은 예산으로 광고를 찍으면 얼마나 광고를 내보낼 수 있습니까?" 그들은 자신 있게 답했다. "스페인은 텔레비전광고비가 독일이나 영국에 비해 대폭 싸기 때문에 문제없습니다."

자리를 바꾸자

한 나라의 광고 문제가 아니었다. 기아유럽이 각 나라 법인에 끌려다니는 조직이 될 것인가, 아니면 유럽 전체를 리드하는 조직이 될 것인가, 그 기로에 선 순간이었다. 나는 조용히 말했다. "기아의 브랜드이미지를 구축하기 위한 '하나의 목소리, 일관된 메시지' 전략은 변경할 수도 없고 타협할 수도 없습니다. 당신이 그렇게 확신한다면 내가 당신 자리에 가서 스페인 마케팅을 하겠습니다. 당신이 내 자리에 와서 유럽 전체 마케팅을 총괄하세요."

회의실이 일순 정적에 휩싸였다. 이윽고 상대는 마지못해 물러났다. 그날 이후, 기아유럽 마케팅은 처음으로 하나의 목소리, 일관된 메시지라는 원칙을 확보할 수 있었다.

세 번째 문제인 광고대행사의 전문성 역시 시간이 지나면서 해결의 실마리를 찾았다. 현대차그룹 계열 광고대행사인 이노션이 유럽시장에 진출했을 당시에는 여러 불만이 있었지만, 점차 본사와 현지법인 간 조율 창구 기능을 하며 전문성을 인정받기 시작했다.

운영위원회는 씨드 론칭을 위해 특별히 만든 모임이 아니었다. 기아유럽의 마케팅 리더십 방향을 세우는 선언이기도 했다. 하나의 목소리, 일관된 메시지. 이것이 가격 재협상에 이은, 씨드 성공의 두 번째 열쇠였다.

씨드 홍보 강화를 위한 여정

⚙⚙⚙

자동차 홍보란 단순히 보도 자료를 배포하는 행위가 아니다. 여러 브랜드 스토리를 엮어내 언론을 매개로 잠재고객의 마음에 브랜드 이미지를 새겨 넣는 작업이다. 이때 다루는 스토리는 다양하다. 브랜드 철학, 디자인 방향, 신기술 개발 배경, 성능의 진화뿐 아니라 공장의 기술력, 품질관리, 경영 성과, 사회 공헌까지. 이 모든 것이 브랜드 스토리의 재료가 된다.

그런 점에서 씨드의 홍보 소재는 기아의 그 어느 모델보다 많은 편이었다. 유럽 디자인, 최초로 유럽에서 생산한 한국 차, 기아유럽 신사옥, 유럽디자인센터 운영, 피터 슈라이어 영입, 슬로바키아 공장 준공 등 하나하나가 모두 보도 가치가 있는 소재였다.

그러나 자동차 판매 경쟁만큼 홍보전도 치열했다. 매년 유럽에서 발표되는 신차와 페이스리프트 신차는 200종이 넘었다. 모터쇼나 범유럽 테스트드라이브 행사마다 자국 기자를 많이 데려와야 하는 PR 매니저 간 경쟁도 치열했다.

특히 독일 폭스바겐, 메르세데스-벤츠, BMW의 홍보 공세는 압도적이었다. 그들은 모터쇼 프레스데이 하루 전날, 모터쇼장 밖 별도의 장소에서 수백만 유로를 투입해 그들만의 미디어 나이트 행사를 열었다. 전 세계 주요 언론을 초청, 새로운 모델뿐 아니라 브랜드 비전과 경영전략까지 선보였다. 그들의 목적은 분명했다. 언론의 중심에 자신들의 이름을 새기는 것이었다.

이 치열한 경쟁 속에서 신흥 브랜드인 기아가 설 자리는 거의 없었다. 그렇기에 우리는 전략을 달리해야 했다.

COTY 수상을 향한 여정

2006년 달성해야 할 씨드 홍보의 1차 목표는 유럽의 1, 2급 기자는 물론 유럽 올해의 차(The Car of the Year, COTY) 심사단 57명을 초청해 기아의 유럽 전략과 씨드를 직접 경험시켜 비중 있는 기사가 많이 나도록 하는 것이었다. 그리고 최종 목표는 씨드 론칭 후 2008년 초 발표되는 COTY에서 수상하는 것이었다. COTY는 단순한 상이 아니다. 수십 개 유럽 매체를 대표하는 기자들의 투표로 결정되는, 유럽 자동차산업 공신력의 상징이었다. 그리고 이는 쇼룸에서 고객에게 소구하는 무기이기도 했다.

씨드 홍보는 모델링 단계부터 기자단을 남양연구소로 초청해 디자인을 보여주는 것부터 시작했다. 물론 비공개를 원칙으로 했지만, 우리는 당신네 의견을 잘 들어서 잘 반영할 것이라는 인상을 줄 수 있도록 했다. 여기에 기아의 중장기 상품 전략도 소개하면서 그 진행

상황도 알려줬다. 시작 차를 만든 다음에 다시 초청해서는 이 차를 평가하는 기회를 제공하면서 미흡하거나 개선해야 할 부분에 대한 의견도 들었다.

유럽에서도 계속 초청 행사를 열었다. 유럽연구소와 유럽디자인센터에서 상품콘셉트와 핵심 기술을 소개했다. 막 기아로 스카우트된 피터 슈라이어를 앞세워 기아의 새로운 디자인 방향도 소개했다. 슬로바키아 공장에도 건설 단계별로 초청하면서 계속 기삿거리를 제공했다.

문제는 각국의 1, 2급 주류 기자들은 거의 참석했는데, 유럽 COTY 심사단은 행사 유형별로 많아야 5~7명 정도밖에 오지 않았다는 점이었다. 매년 수많은 신차 발표와 이벤트가 몰리면서 COTY 심사단 전원을 동시에 초청하기란 불가능에 가까웠다. 여러 단계의 초청 행사를 통해 '기아=신뢰할 수 있는 브랜드'라는 인식을 심어나갔지만, 현실의 벽은 높았다. 언론보도량은 기대에 미치지 못했고, 브랜드인지도도 여전히 낮았다.

남은 시간은 6개월. 다음 해 1월 론칭을 앞두고, 우리가 활용할 수 있는 마지막 큰 무대는 9월 파리 모터쇼와 11월 로마 범유럽 테스트 드라이브뿐이었다. 밤이 깊어질수록 불안이 커졌다. 이 정도로는 부족했다. 씨드보다 디자인과 성능이 뛰어난 차는 얼마든지 있었다. 우리만의 독특한 이야기가 필요했다. 기자뿐만 아니라 일반 고객도 관심을 가질 수 있는 이야기를 만들어야 했다.

나는 사무실 책상 앞에 앉아 지금까지의 홍보활동을 정리했다. 남양연구소, 유럽디자인센터, 슬로바키아 공장……. 모두 의미 있는 행사였지만, 그것만으로는 충분하지 않았다. 우리만의 독특한 이야기……. 나는 다시 JJDR 보고서를 펼쳤다. 그리고 구매 여정의 첫 단계를 되새겼다. "인지: 브랜드를 아는 것에서 시작한다." 브랜드인지도는 독일 12퍼센트, 이탈리아 2퍼센트. 구매 의향률은 0퍼센트. 이 숫자를 바꿀 수 있는 한 방. 해가 나그네의 외투를 벗긴 것처럼, 사람들이 기아에 자연스럽게 관심을 두게 만들 수 있는 무엇. 그것을 찾아야만 했다.

3장

7년 보증과
기아유럽 비전 2010

7년 보증 아이디어를 찾다

✿ ✿ ✿

앞서 언급했듯 당시 유럽 주요 시장에서 기아의 비보조 인지도는 참담한 수준이었고, 2005년 브랜드파워 지수는 이를 더욱 냉정하게 보여줬다. 티어 1에는 메르세데스-벤츠, BMW, 아우디, 폭스바겐이 자리했고, 그 뒤를 푸조, 시트로엥, 포드, 토요타, 혼다가 이었다. 가장 낮은 티어 3에 마쓰다, 피아트, 세아트가 있었는데, 기아는 여기에도 속하지 못했다. 브랜드파워 점수는 82.8로 조사 대상 중 최하위였다.

유럽 소비자는 기아를 "Cheap Looking, Practical, Low Maintenance", 즉 싸고 실 용적이며 유지비가 낮은 차 정도로 여겼다. 칭찬이 아니라 철저한 저가 브랜드의 낙인이었다. 반면 폭스바겐은 "Elegance, Reliability, High Resale Value", 토요타는 "Luxury, Powerful, Quality"로 인식됐다. 기아가 상대해야 할 브랜드들과의 격차는 이렇게나 컸다.

나는 JJDR파트너스의 보고서를 다시 읽었다. 기아의 브랜드 방향성으로 품질(Quality), 신뢰성(Trustworthy), 역동성(Dynamic)이 제시돼 있었다. 나는 이 중에서도 품질과 신뢰성에 집중했다. 정몽구 회장이 강조하는 품질경영 철학과도 일치했고, 이를 뒷받침하는 강력한 근거로 슬로바키아 공장의 높은 품질 수준을 제시할 수도 있었다. 그래서 이 두 요소를 씨드 론칭의 핵심 커뮤니케이션 축으로 선정했다.

첫 번째 시도는 실험적이었다. 기아 씨드, 폭스바겐 골프의 대시보드 부품을 들고 나가 도심에서 품질 블라인드 테스트를 진행했다. 시민들이 직접 만져보고 평가하는 방식이었지만, 예상보다 반응이 크지 않았고 비용 대비 효과도 미미해 더 확대하기는 어려웠다.

그 무렵 본사 해외영업본부에서는 론칭 계획서에 언급된 '유럽 20개국 횡단 테스트'를 왜 진행하지 않냐고 매일 압박해왔다. "보고서에 써놓은 대로 진행하세요." 하지만 예산을 책임지는 나로서는 이해하기 어려운 지시였다. 규모에 비해 홍보 효과는 극히 미미한 것으로 검토됐기 때문이다. 이 지시는 마치 음악을 조금 아는 국어 선생님이 오케스트라를 지휘하겠다고 나선 것처럼 보였다. 그러나 정작 나도 대안을 찾지 못해 초조하기는 마찬가지였다.

서비스 주재원의 한마디

어느 날, 서비스 담당 주재원이 내 자리로 찾아왔다. "요즘 표정이 너무 어둡습니다. 고민이 있으십니까?"

"씨드 론칭 전략 완성도를 못 올리고 있어. 서비스 측면에서 차별화할 수 있는 포인트가 없을까?"

그는 잠시 생각하다 조심스레 말했다. "보증 거리…… 아닐까요?"

나는 즉시 물었다. "브랜드별 보증기간이 어떻게 되지?"

"유럽 업체는 2년, 일본이나 한국 업체는 대부분 3년입니다."

"3년 이상은?"

"토요타벨기에가 프리우스만 5년 보증을 하는 것으로 알고 있습니다."

그 순간 번뜩였다. "그래, 바로 이거야!"

나는 법인장과 토요타유럽 출신이었던 COO와 협의했다. "보증 거리로 승부를 보겠습니다. 품질 자신감을 소비자가 직접 체감할 수 있는 메시지입니다."

모두 고개를 끄덕였지만, 현실적인 질문이 이어졌다. "몇 년으로 하는 것이 좋을까?"

5년은 임팩트가 부족했고, 10년은 비용 부담이 너무 컸다. 기간과 비용 사이에서 긴 논의 끝에 우리는 7년 보증을 선택했다. 소비자에 세는 놀라움으로, 언론에게는 뉴스로, 딜러에게는 강력한 판매 부기로 작용할 절묘한 숫자였다.

나는 다이어리 한쪽에 크게 적었다. "7 Year Warranty." 그리고 그 아래에 로고를 간단히 스케치했다. 찾았다. 우리만의 한 방. 해가 나그네의 외투를 벗긴 것처럼, 7년 보증은 유럽 소비자들이 기아를 다시 보게 만들 무기가 되리라 굳게 믿었다.

7년 보증 비용에 대해 사장을 설득하다

✿✿✿

문제는 역시 비용이었다. 기존 3년 보증에서 4년을 연장하면 대당 상당한 추가 비용이 발생한다. 이미 공장 출하 가격을 750유로 인하한 상태였기에 공장에서 더 양보할 가능성은 거의 없어 보였다. 그렇다고 씨드의 판매가격을 올릴 수도 없는 상황이었기에 새로운 해법이 절실했다.

그때 본사로 출장 간 법인장에게서 연락이 왔다. 사장이 부사장들과 함께 씨드 론칭 준비 현황을 점검하러 유럽에 온다는 소식을 알려주며 보고 준비를 철저히 하라고 지시했다. 나는 이 기회를 활용하기로 마음먹었다.

당시 주재원 업무 중에는 본사 VIP의 출장 의전도 포함돼 있었다. 공항 귀빈실에 대기하게 하고 입국 절차를 대신 처리하는 것을 시작으로 1호 차 운전, 식당 예약 및 메뉴 관리, 호텔 예약, 식사 지원까지 상세한 지시 사항이 본사에서 내려왔다. 주재원이 부족한 상황이라 나 역시 프랑크푸르트 공항 귀빈실에서 대기하라는 지시를 받았다.

그런데 일행보다 먼저 도착한 법인장이 나를 보자마자 호통쳤다. "리허설을 완벽히 하라고 했더니 왜 여기 나와 있어? 당장 들어가서 준비해!" 그만큼 그는 이번 회의에 대한 긴장감이 컸다. 이번 점검 회의는 기아유럽의 씨드 론칭 성패가 걸린 중대한 자리였다.

다음 날 회의가 시작되자 나는 준비한 전략을 자신 있게 발표했다. "현재 유럽 고객은 기아를 모릅니다. 이 상황을 가장 빠르게 바꿀 방법은 단순한 광고가 아니라, '보증'으로 보여주는 품질 자신감입니다. 7년 보증은 브랜드 인식을 전환할 핵심 무기며, 고객이 씨드를 선택하는 명확한 준거가 될 것입니다. 다만 대당 220유로라는 추가 비용이 발생하므로 공장과 본사 지원이 꼭 필요합니다."

사장은 잠시 고개를 숙인 채 생각에 잠겼다. 그리고 천천히 고개를 들어 말했다. "부사장님들, 적극적으로 지원하는 방향으로 검토해주세요." 나는 회의록 담당자가 "7년 보증 적극 지원 검토"라는 문구를 적는지 확인했다. 이 한 줄이 기아유럽 전략의 향방을 좌우할 것이기 때문이었다.

며칠 뒤, 본사를 방문 중이던 슬로바키아 공장장이 전화했다. 매우 크고 흥분된 목소리였다. "오늘 본사 부사장들과 협의했다. 재경본부를 설득해 추가 비용의 절반은 공장에서, 나머지 절반은 재경본부에서 부담하기로 했다." 잠시 멈췄다가 덧붙였다. "실패하면 모든 책임은 네가 져야 해." 판매 없이는 공장이 존재할 수 없음을 아는 그가 7년 보증 실현에 앞장서준 것을 과시하며 연락한 것이었다.

그 말을 듣는 순간, 눈앞이 환해지는 것 같았다. "정말 감사합니다. 반드시 성공시키겠습니다. 기아가 달라졌다는 걸 보여드리겠습니다." 전화를 끊고 나는 깊은숨을 내쉬었다. 질리나에서 '미친놈'이라 불렸던 그 순간이 떠올랐다. 그때의 충돌이 없었다면 지금 이 순간도 없었을 것이었다.

그날 밤 프랑크푸르트의 하늘은 유난히 맑았다. 머릿속에서 7이란 숫자가 떠나질 않았다. 가격 재협상 성공, 하나의 목소리, 일관된 메시지 확립, 그리고 7년 보증. 씨드를 성공적으로 론칭하기 위한 세 가지 열쇠를 찾았다. 이제 남은 것은 실행뿐이었다.

씨드를 본 파리 모터쇼의 놀라운 반응

☼❀☼

7년, 15만 킬로미터 보증.

기아는 슬로바키아 공장에서 생산될 유럽 전략형 모델 씨드 론칭을 앞두고 이 파격적인 조건을 강력한 무기로 활용하기로 확정했다. 방침이 정해지자마자 우리는 새로운 로고를 제작했다. 붉은 바탕에 선명하게 새겨진 흰색 글씨. 단순하지만 강렬한 그 이미지는 기아가 유럽 시장에 던지는 신뢰의 약속이자 기성 질서에 대한 도전장이었다.

이 로고가 처음 세상과 마주할 무대는 2006년 9월 파리 모터쇼였다. 기아에게 이번 모터쇼는 전시 이상의 의미가 있었다. 유럽 현지에서 생산되는 첫 전략 차 씨드의 데뷔무대이자, 전 유럽을 상대로 7년 보증

이라는 전례 없는 전략을 공식 선언하는 자리였기 때문이다.

파리 모터쇼장은 프랑크푸르트 모터쇼장보다 규모가 작았고, 기아 부스는 방문객의 발길이 뜸한 외곽에 자리했다. 하지만 우리는 규모가 아닌 메시지로 승부하고 싶었다. 현지 스태프들과 전시장을 점검하고 숙소로 돌아오니 이미 자정이 훌쩍 넘어 있었다.

몸은 천근만근이었지만 잠이 오지 않았다. 7년 보증으로 반드시 성공시키겠다고 호기롭게 공언했지만, 막상 결전의 날이 오자 거대한 두려움이 밀려왔다. '과연 우리가 이 약속을 끝까지 지켜낼 수 있을까?' 스스로에게 묻고 또 물었다.

다음 날 오전 10시, 운명의 15분간 기아 프레스 행사가 시작됐다. 씨드와 7년 보증 전략이 마침내 세상에 공개되는 순간이었다. 그러나 행사장 분위기는 예상보다 차분했다. 참석자 대다수는 한국 본사와 기아유럽 관계자, 그리고 딜러 대표들이었다. 유럽 기자들의 관심은 낮았다. 같은 시간대에 열린 폭스바겐, 푸조, 르노 등 홈그라운드 업체들의 화려한 행사로 취재진이 대거 몰린 탓이었다.

보도 자료를 뿌리고 백방으로 로비 활동을 벌였지만 반응은 미미했다. 나는 속으로 간절히 기도했다. '어느 매체든 단 한 줄이라도 좋으니, 기아가 7년 보증을 시작했다는 사실만이라도 보도되게 해주소서.'

손에 땀이 맺히고 목이 타들어가던 그때, 실시간으로 모니터링을 하던 현지 마케터가 소리쳤다. "나왔습니다! 프랑스 MSN 뉴스입니다. 제목이 '기아, 미친 7년 보증을 도입하다'입니다." 그 순간 온몸에 전율이 흘렀다. 우리가 세상에 새기고 싶었던 그 문장이 드디어 활자화된 것이다. 가슴 밑바닥에서 뜨거운 것이 울컥 치밀어 올랐다.

오후가 되자 기아 부스에 뜻밖의 인물들이 나타났다. 당시 폭스바겐그룹을 이끌던 마틴 빈터콘 회장과 임원진이었다. 그들의 표정에는 '기아가 정말 7년 보증을 한다고?'라는 강한 의구심과 경계심이 서려 있었다. 빈터콘 회장은 씨드의 도어를 직접 여닫으며 소리를 확인하고, 외판을 두드리며 강성을 점검했다. 운전석에 앉아 내부를 꼼꼼히 살피던 그가 동행한 임원에게 낮은 목소리로 말했다. "왜 우리는 이들처럼 하지 못했지?" 카리스마 넘치던 그의 얼굴에 놀라움과 긴장이 교차했다.

뒤이어 토요타와 푸조 경영진도 부스를 방문해 씨드의 마감 수준을 확인하고 돌아갔다. 기본적으로 2년, 기껏해야 3년을 보증하던 유럽 시장에서 기아의 7년 보증 선언은 업계의 상식을 뿌리째 뒤흔드는 사건이었다.

시장과 언론의 반응은 극명하게 엇갈렸다. 누군가는 '품질 자신감의 상징'이라며 찬사를 보냈지만, 다른 누군가는 '저가 브랜드의 무모한 도박'이라며 비아냥댔다. 보증 조건에 교묘한 제한이 있을 것이라는 의심과 기아가 7년이나 버틸 수 있겠냐는 조롱도 뒤따랐다.

그러나 그런 냉소는 중요하지 않았다. 적어도 그날만은 무명의 기아가 유럽 무대의 주인공이었다. 프레스 행사가 끝난 뒤, 정의선 사장은 현장에서 즉시 유럽법인장들을 소집했다. "씨드의 성공은 기아의 미래입니다. 잘한 사람에게는 상을 줄 것이고, 그렇지 못한 사람에게는 엄중히 책임을 물을 것입니다." 싸늘하게 가라앉은 회의실 공기 속에 법인장들의 얼굴에 팽팽한 긴장감이 서렸다.

모터쇼가 끝나고 프랑크푸르트로 돌아오는 비행기 안, 창밖을 보며 생각에 잠겼다. 미쳤다는 소리를 들으며 시작한 7년 보증은 이제 막 첫발을 뗐을 뿐이다. 언론과 경쟁사는 자극을 받았지만, 진짜 심판관인 고객들은 아직 우리를 지켜보고 있다.

창밖으로 구름 위를 붉게 물들인 석양이 보였다. 그 빛은 우리가 만든 로고의 붉은색과 닮아 있었다. 씨드 론칭이라는 거대한 미션의 절반을 넘어선 지금, 내 앞에는 더 큰 과제가 기다리고 있었다. 이 파격적인 마케팅 도구를 단순한 구호를 넘어 유럽 자동차 시장의 판도를 바꾸는 게임 체인저로 안착시켜야 한다. 기아의 진정한 도전은 이제부터 시작이었다.

충격적인 미스터리쇼핑 결과

론칭 준비 시간(Pre-launching)에 해야 할 일들을 정리한 실행 계획서를 매주 법인과 대리점에 내려보냈다. 동시에 서비스팀은 판매원들이 고객에게 정확히 설명할 수 있도록 보증 범위, 조건, 적용 모델을 정리한 〈7년 보증 완벽 가이드북〉을 배포했다.

이 시점에서 언론은 기아의 7년 보증을 지속적으로 다루기 시작했고, 일부 고객이 딜러에게 상세한 내용을 문의한다는 보고도 올라왔다. 그러나 나는 여전히 걱정이 앞섰다. "과연 현장의 영업 사원들이

7년 보증 내용을 제대로 설명하고 있을까?"

이 의문을 해결하기 위해 미스터리쇼핑을 하기로 했다. 고객의 관점에서 딜러에게 질문하는 시나리오를 직접 만들었다. "기아가 7년 보증을 한다던데 자세히 설명해주세요." "이 보증은 모든 차종에 해당합니까?" "언제부터 적용되나요?" 이 세 가지는 고객이 가장 궁금해할 핵심 내용이자, 영업 사원의 응대 수준을 평가하는 기준이기도 했다.

조사 대상은 독일, 영국, 프랑스, 스페인, 이탈리아, 이렇게 다섯 개 주요 시장으로 정했다. 전문 리서치 회사를 쓰지 않고, 완벽하게 언어를 구사하는 해당국 출신 기아 직원들이 직접 고객으로 가장해 조사에 나섰다. 결과는 단 하루 만에 취합됐다.

보고서를 펼친 순간, 말문이 막혔다. 거의 모든 딜러가 7년 보증을 제대로 설명하지 못하고 있었다. 그동안의 준비가 한순간에 무너지는 듯했다. 충격이었다. 나는 곧장 기아유럽법인장에게 달려갔다. "단순한 교육 미비가 아닙니다. 우리가 외친 7년 보증이 현장에서 '지켜지지 않는 약속'이 되고 있습니다." 그는 즉시 결단을 내렸다. 유럽 각국 책임자들을 프랑크푸르트로 소집한 것이다. 회의실에 팽팽한 긴장감이 돌았다. 그는 단호하게 말했다. "일주일 후 재조사에서 개선되지 않으면 책임을 묻고 귀국시키겠다."

그 말이 현장에 불을 지폈다. 불과 일주일 만에 변화가 일어났다. 특히 프랑스법인의 대응이 인상적이었다. 그들은 〈7년 보증 완벽 가이드북〉을 세련된 책자 형태로 제작해 전국 딜러망에 배포했고, 매장 입구에 "7 Years of Confidence(7년의 확신)"라는 홍보문도 내걸었다. 나는 이 사례를 유럽의 모든 법인에 공유했고, 이후 각 법인은 판매원 교육을 철저히 시행했다.

씨드 론칭 직전, 스페인 바르셀로나에서 열린 범유럽 딜러 대회에는 무려 2,000명이 참석했다. 행사의 중심 메시지는 단 하나였다. "7년 보증은 우리 브랜드의 심장이다." 이어 로마에서 열린 범유럽 기자단 시승회, 그리고 각국의 로컬 시승회에서도 '7년 보증'이란 말이 귀에 못이 박히도록 반복됐다. 기아의 신뢰 메시지가 유럽 전역으로 점점 퍼져나가고 있었다.

노력의 결실은 2007년 영국에서 맺혔다. 영국의 권위 있는 자동차 전문지 〈오토카(Autocar)〉가 기아의 7년 보증 정책을 "유럽 자동차산업의 주요 혁신(A major innovation in the European motor industry)"이라고 평가하며 올해의 아이디어(Idea of the Year) 상을 수여한 것이다. 심사단은 이렇게 적었다. "기아의 7년 보증은 단순한 광고나 과시가 아니라, 고객관리에 대한 기업의 장기적인 헌신이다(The Kia 7-year warranty is not a gimmick, but a long-term corporate commitment to customer care)."

시장에서도 반응이 왔다. 씨드 구매 고객을 대상으로 한 '구입 결정요인 조사'에서 7년 보증이 35퍼센트 이상의 비중으로 1위를 차지했다. 보증이 곧 구매 이유가 된 것이다. 7년 보증은 단순히 판매 증가를 이끈 전략이 아니었다. 기아를 신뢰 기반 브랜드로 바꿔놓은 전환점이었다고 나는 확신한다.

파리 시내에서 멈춰버린 씨드

✿ ✿ ✿

2006년 11월부터 유럽 각국에서 본격적인 론칭 행사를 잇따라 열고, 딜러와 언론 앞에 씨드를 공식적으로 선보이며 가격과 상품 전략을 알렸다. 슬로바키아 공장은 각국 행사에 인도할 선행 양산차 생산에 총력을 기울였다.

그러던 어느 날, 믿기 어려운 소식이 들려왔다. "선행 양산차 한 대에서 화재가 발생했습니다." 몸이 굳어버렸다. 7년 보증을 선언하며 품질 자신감을 외친 것이 엊그제다. 이 사실이 언론에 노출되면, 우리가 땀으로 쌓아 올린 신뢰의 성벽이 한순간에 무너질 수 있었다. "언론에 알려졌습니까?" 내가 다급히 묻자, 주변 직원이 대답했다. "다행히 외부 노출은 막았습니다."

공장 측에서는 곧 원인을 규명하고 대책을 마련하겠다고 했지만, 가슴속 불안감은 쉽게 가라앉지 않았다. 품질 문제의 파고는 마케팅보다 훨씬 크고 깊기 때문이다. 며칠 뒤, 체코 딜러 행사에서 시승 중이던 씨드 두 대가 도로 한복판에서 멈춰 섰다는 보고가 들어왔다. 조용한 중부유럽 시장이라 언론 노출 우려는 그리 크지 않았으나, 다음 소식은 상황을 완전히 바꿔놨다.

파리 중심부에서 시승차 한 대가 멈춰 섰다는 보고가 들어왔다. 파리는 유럽 언론의 심장부였다. 만약 여기서 사건이 터지면, 그 파장이 얼마나 클지는 상상할 수도 없었다. 그런데 이어진 보고가 그 긴장 속에서도 나를 울컥하게 했다. 프랑스의 한 딜러 사장이 도로 가장자리에 차를 세우고, 자신의 외투를 벗어 차량 앞의 기아 엠블럼을 가려줬다는 것이었다.

순간 눈시울이 뜨거워졌다. 그동안 수없이 강조해온 브랜드 관리가 드디어 현장에서 행동으로 실천되는 순간이었다. 서비스팀의 긴급 조사 결과, 조립 부주의로 발전기(Alternator)를 고정하는 볼트가 풀려서 생긴 고장이었다. 문제는 즉시 공장으로 피드백됐고 빠르게 개선 조치가 이뤄졌다.

안도하는 것도 잠시 다른 문제가 불거졌다. 출장 중인 기아유럽법인장에게 이 건을 가볍게 보고했는데, 정의선 사장에게까지 그대로 전달돼버린 것이다. 사장은 즉시 품질본부에 전화해 씨드 품질에 좀 더 신경 써달라고 요청한 듯했다. 이 전화 한 통이 품질본부의 자존심에 깊은 상처를 남겼다. 왜 마케팅이 품질 문제를 사장에게 보고하느냐며 공장과 품질본부가 나를 문제의 보고자로 낙인찍어버렸다. 그날 이후 나는 품질본부에게 공공의 적이 됐다.

하지만 역설적으로 이 사건은 7년 보증을 뒷받침하는 품질 체계를 강화하는 강력한 촉매가 됐다. 씨드는 훗날 유럽 COTY 후보에 올랐는데, 그 배경에는 바로 이 시기에 강화된 품질관리가 있었다. 또한 씨드의 품질은 유럽에서 기아의 브랜드 에센스인 품질과 신뢰를 확립하는 핵심 기반이 됐다.

영업 부문 역시 전례 없는 속도로 판매망을 다듬고 교육을 완료했다. 2007년 1월, 드디어 씨드가 유럽에서 론칭됐다. 7년 보증이라는 강력한 무기에도 불구하고, 낮은 인지도를 단숨에 극복하기는 어려위 초년도 판매는 아쉽게 목표에 미달했다. 그러나 기아유럽 구성원들의 표정은 이전과 달랐다. "이제 기아는 할 수 있다." 유럽 진출 이래 한 번도 느껴보지 못한 새로운 자신감이 조직을 감싸고 있었다.

2008년, 3도어와 왜건 모델이 라인업에 추가되며 7년 보증이 고객의 명확한 구매 기준으로 자리 잡기 시작했다. 그리고 마침내 기아차 중 유럽 최초로 10만 대 판매 목표를 달성했다. 그 순간 나는 생각했다. 위기는 브랜드를 시험하지만, 그 위기를 넘긴 브랜드만이 진짜 신뢰를 얻는다고. 그렇게 나는 씨드를 성공적으로 론칭하라는 미션을 완수했다.

유럽 COTY 도전과 그 영광

⚙ ⚙ ⚙

현재 현대차와 기아는 유럽 COTY를 비롯한 세계적인 자동차상을 휩쓸며 글로벌 브랜드로 확고히 자리 잡았다. 이 모든 성공은 2007년, 씨드가 처음으로 유럽 COTY에 도전한 데서 비롯됐다고 해도 과언이 아니다.

씨드의 높은 판매 목표를 달성하기 위해서는 모델 인지도를 빠르게 끌어올릴 수 있는 강력한 홍보 전략이 필요했고, 그 대표적인 목표로 COTY 수상을 설정했다. 이 담대한 목표는 기아유럽 COO의 경험에서 시작됐다. 그는 토요타유럽 근무 시절, 프랑스 현지 공장에서 생산한 야리스로 2000년 COTY 수상을 이끈 적이 있었다. 그의 성공 사례가 씨드에도 그대로 적용됐다.

유럽 COTY는 매년 초 후보 차량을 40~50대 선정하는 것으로 시작된다. 이후 심사 위원들이 본격적으로 평가하기 시작하며, 가장 중요한 과정은 9월에 덴마크 북단 타니스(Tannis)에서 열리는 타니스 테스트다. 이 테스트를 통해 예닐곱 대가 최종 후보 명단에 오른다. 마지막으로 심사 위원 57명 전원이 점수를 매겨 올해의 차를 선정한다.

2007년 씨드의 COTY 도전을 앞두고, 우리는 실제 평가가 어떻게 이뤄지는지 사전에 파악할 필요가 있었다. 그래서 2006년 9월, 기아 유럽 COO, 남양연구소 옵티마(Optima, K5의 해외명) PM과 함께 한국 업체 최초로 타니스 테스트를 참관했다.

타니스 테스트는 1978년부터 이어져온 역사 깊은 행사로, 당시에는 북유럽 6개국의 심사 위원들이 주관했다. 기아는 옵티마, 카렌스, 카니발 등 신차를 평가에 제공했다. 심사 위원들은 다양한 도로 환경에서 승차감, 핸들링, 주행 성능 등을 세밀하게 평가했다. 특히 신달(Sindal) 공항 폐쇄활주로에서는 극한 주행 성능과 안전 기능을 검증했다. 엘그 테스트(갑삭스러운 상애물 회피 테스트) 때는 타이어 고무가 거의 보이지 않을 정도로 차량을 혹독하게 몰아붙이는 모습을 직접 확인할 수 있었다. 나는 심사 위원인 기자가 운전하는 테스트 차량에 함께 타 지금까지 경험하지 못한 수준의 가혹한 평가 기준을 생생하게 체험하기도 했다.

평가 중간에는 기자들과 질의응답이 이뤄졌다. 나는 옵티마 관련 세션에 남양연구소 PM과 함께 패널로 참석했다. 만찬 시간에는 사전

에 분석해놓은 기자 성향을 바탕으로 적극적인 네트워킹과 로비 활동을 이어갔다.

행사 마지막 날, 주최 측이 참가 차량을 해변으로 옮겨달라고 요청했다. 업체 관계자들은 안내된 위치에 차량을 세웠고, 사진 촬영 후 행사가 종료됐다. 당시에는 알지 못했지만, 나중에 확인해보니 해변에 차량이 배치된 위치는 바로 최종 후보 명단 결과를 시사하는 상징적인 자리였다.

2007년, 드디어 씨드가 공식적으로 타니스 테스트에 참여하게 됐다. 출장을 앞둔 내게 기아유럽법인장은 반드시 최종 후보 명단에 들어야 한다며 몇 번이나 강조했다. 나는 지난 경험을 떠올리며 만나는 기자마다 씨드의 품질 경쟁력과 7년 보증 프로그램의 가치를 집중적으로 설명했다. 마지막 날, 해변으로 차량을 이동하라는 안내 방송이

나오자 긴장감이 최고조에 달했다. 씨드는 앞줄은 아니었지만, 두 번째 줄 중앙에 자리하는 것을 보고 "걱정하지 마십시오. 최종 후보 명단에 들 것 같습니다"라고 보고할 수 있었다. 그리고 예측대로 씨드는 한국 차 최초로 COTY 최종 후보 명단에 진입했다.

그러나 최종 후보 명단에 올랐다고 해서 안심할 수는 없었다. 분석 결과, 일부 COTY 심사 위원들은 씨드를 아직 실제로 테스트해보지 못한 상태였다. 나는 각국 PR 매니저들에게 기자들 집 앞까지 차를 가져가서라도 테스트를 받도록 하라고 독려했다. 이런 노력에도 불구하고 최종 결과에서 씨드는 7개 모델 중 4위를 기록했다.

하지만 이는 패배가 아니었다. 디자인이나 성능보다 7년 보증에 대한 긍정적 평가가 큰 힘을 발휘한 것으로 분석됐다. 당시 씨드는 성능 면에서 유럽 차나 일본 차에 비해 아직 부족한 점이 있었고, 피아트 등 일부 업체는 헬리콥터까지 동원하며 압도적인 홍보를 펼쳤다. 또한 프랑스, 영국 심사 위원들의 평가가 지나치게 박했던 것도 한계였다.

이 노선은 한국 차가 유럽에서 인정받기 위한 중요한 첫걸음이었다. 그로부터 약 10년이 지나 기아의 노력은 결실을 보기 시작했다. 2018년 스팅어 4위, 2019년 씨드 3위, 그리고 드디어 2022년에 EV6가 한국 차 최초로 유럽 COTY를 수상했으니까 말이다. EV6가 수상했다는 것은 프랑스나 영국 기자들까지 기아의 기술력과 디자인을 인정했다는 의미였다.

이 놀라운 변화는 2007년 타니스의 바람에 맞서 도전에 나선 씨드의 용기로부터 시작됐다. 나는 지금도 가끔 그날의 타니스 해변을 떠올린다. 차가운 바람이 불어오는 북해의 해변에서 두 번째 줄 중앙에 서 있던 씨드. 씨드를 성공적으로 론칭하라는 미션은 결국 기아라는 브랜드가 유럽에서 진짜 신뢰를 얻기 위한 여정의 출발점이었다.

새로운 법인장과 브랜드전략 수립

씨드가 본격적으로 유럽에 론칭되던 2006년 말, 기아유럽법인장이 1년 만에 교체됐다. 떠나는 법인장은 과거 아시아지역본부에서도 함께 일했고, 새로 부임하는 법인장은 중국법인을 경영했는데 본사에 있을 때는 나를 주재원으로 파견했던 분이었다. 세상은 참 좁고, 인연은 돌고 도는 듯 보였다.

새로운 법인장은 현대차그룹에서 자타가 공인하는 최고의 브랜드 및 마케팅 경험자였다. 이전까지는 주도적으로 일할 수 있었지만, 그의 권위 앞에서는 답답할 수도 있겠다는 걱정이 지레 앞섰다.

그는 기아가 처음 유러피언 디자인으로 개발한 씨드를 유럽 생산과 7년 보증으로 소구하면서 론칭한 점을 높게 평가해줬다. 그러고는 기아유럽 신사옥 이전 시점에 맞춰 미래 성장을 위한 기아유럽 비전을 선포할 필요가 있다고 했다.

2010년까지 기아유럽 성장전략이 될 기아유럽 비전 2010을 구체화하기 위해서는 현재 가장 문제가 되는 브랜드전략부터 수립해야

했다. 브랜드전략은 전사적으로 추진돼야 하므로 당연히 본사에서 주도해야 한다. 하지만 당시 본사는 가장 기본적인 것만 준비하고 구체적인 실행은 거의 없었다. 법인장은 본사 어디와 전화하고 나서 말했다. "이 부장, 우리가 먼저 하지. 언제 할 수 있지?" "해야죠" 하고 대답했지만 막막했다. 이 순간에 기아유럽뿐만 아니라 기아 전체의 브랜드 구현이 시작된다고는 생각하지 못했다.

신임 법인장의 브랜드 철학과 리더십이 기아의 오늘을 만드는 데 결정적인 역할을 했다는 사실을 부정하는 사람은 없을 것이다. 그가 본사로 돌아와 해외영업본부장을 거쳐 사장, 부회장으로 재임하는 동안, 유럽에서 먼저 시작한 이 브랜드전략 방향이 기아 경영의 근본이 됐다. 내가 유럽에서 마케팅 주재원 생활을 마치고 귀국해 해외마케팅실에서 그를 보좌하며 8년 동안 기아 브랜드 업무를 일관되게 추진할 수 있었던 것도 그의 이해와 지원 덕분이었다.

사실 자동차업계에서 마케팅과 브랜드 업무를 담당하는 사람 중에서도 이 영역을 체계적으로 공부한 사람이 많지 않다. 나 역시 그렇다. 대학에서 항공공학을 전공하고 PM과 상품기획 업무를 해오면서 브랜드와 일반 마케팅을 전문적으로 배울 기회가 없었다.

브랜드가 처음 현실적인 개념으로 다가온 것은 아시아지역본부 마케팅 주재원 시절이었다. 토요타와 혼다가 아세안 시장에서 전략 차종을 론칭하는 과정을 눈앞에서 보고 벤치마킹할 수 있었고, 이는 훗날 유럽에서 씨드 론칭 전략을 수립할 때 큰 자산이 됐다. 브랜드 역시 마찬가지였다. 비록 미지의 영역이었지만, 제대로 벤치마킹하고 공부하면 도전할 수 있다고 확신했다.

기아유럽 비전 2010 수립은 브랜드전략을 통해 성공한 BMW, 아우디, 토요타유럽이 추진했던 내용을 벤치마킹하는 것부터 시작했다. BMW의 브랜드 성공 스토리는 잘 알려져 있었다. 차량 콘셉트, 기술 철학, 브랜드 슬로건, 타깃 고객, 고객에게 전달하려는 가치까지 훌륭하게 정리돼 있었다. 그러나 가장 중요한 '어떻게', 즉 어떤 조직과 어떤 프로세스로 브랜드전략을 구체적으로 실행했는지에 대한 정보는 접하기 어려웠다.

반면 아우디와 토요타유럽은 목표 설정, 브랜드전략 추진의 기본 전제, 구체적인 실행 도구인 가이드라인 작성, 그리고 전 부서와 대리점까지 효율적으로 업무를 수행하게 하는 프로세스까지 벤치마킹할 수 있었다.

나는 책상 앞에 앉아 노트를 펼쳤다. 'Kia Europe Vision 2010'이라고 적었다. 씨드 론칭을 성공시키는 것도 벅찼는데, 이제는 기아유럽 전체의 브랜드전략 수립이라는 과제를 안았다. 하지만 이상하게도 두렵지 않았다. 오히려 설렜다.

한국에서 브랜드 구현이 어려운 이유

✿✿✿

30년 넘게 자동차업계에서 일하면서 브랜드전략을 전사적으로 강력하게 추진하는 일만큼 어려운 영역은 없었다. BMW는 노이에 클라세(Neue Klasse) 성공 이후 브랜드전략을 일관되게 추진하는 것의 필요성을 절감하며 전략을 수립했다. 아우디, 토요타유럽, 스바루는 경영위기라는 절박한 상황을 돌파하기 위한 방편으로 브랜드전략을 선택했다. 이 네 브랜드의 공통점은 분명했다. 강력한 리더, 명확한 목표, 그리고 전사적 실행. 브랜드전략은 결코 마케팅 부서의 업무가 아니다. 회사의 모든 기능이 하나로 움직일 때만 성공할 수 있다.

한국은 세계에서 가장 짧은 기간에 산업화를 이뤄낸 나라다. 수많은 위기, 실패, 성공이 뒤섞인 역동의 과정에서 최고경영자의 직관과 결단이 기업 성장의 핵심 동력이 됐다. 문제는 이 경험이 쌓이면서, 경영진 사이에서 해봐서 안다는 인식이 생소한 브랜드 개념을 누르는 현상이 생겼다는 것이다. 브랜드를 전략적으로 기획하고 체계적으로 운영하기보다 경험과 직감에 의존하는 데 더 익숙했다.

이는 글로벌 브랜드 경쟁에서 한국 제조업이 가진 큰 구조적 약점이 됐다. 중국 자동차 시장이 초고속으로 성장하던 시기, 기아는 시장 확대의 순풍을 타고 실적이 급성장했다. 당시 중국법인 책임자는 이 성과를 자기 능력이라고 해석했고, 조금이라도 불편한 조언이나 장기 브랜드전략 제시에는 귀를 닫기 시작했다.

브랜드전략을 제안하면 돌아오는 답은 "그런 건 필요 없다. 너나 잘해"였다. 브랜드의 중요성이 제기될 틈이 없었다. 성공은 배움을 멈추게 하고, 급성장은 장기 전략을 무의미하게 만들기도 한다. 중국 시장에서 이런 착시현상이 얼마나 치명적인 결과를 초래했는지는 나중을 보면 알 수 있다.

한국 자동차산업은 일본과 미국 기술을 적극적으로 도입하며 성장했다. 이 과정에서 연구소 엔지니어와 생산기술자는 자연스럽게 성능, 품질, 원가를 중심으로 사고하게 됐다. 이들은 브랜드란 개념을 이해하지 못했다. "독일 차 분해해보니 별거 아니다." "성능 좋고 품질 좋으면 당연히 잘 팔리는 거 아냐." 이런 생각이 강했다. 상품회의에서는 늘 같은 논쟁이 반복됐다. "왜 사양, 성능이 좋은데 가격을 낮춰야 하나?" "영업력이 문제다." 브랜드나 마케팅 담당자는 기술적 지식에서 연구소를 이길 수 없었고, 결국 회의의 결론은 기술 부문으로 기울었다. 결과적으로 제품은 강해졌으나 브랜드는 성장하지 못하는 구조가 고착됐다.

영업 조직은 언제나 월별, 연도별 판매 목표가 우선이다. 브랜드전략은 단기 실적을 직접적으로 끌어올리지 못하기 때문에 후순위로 밀리거나 무시당할 수밖에 없었다. 판매가 부진하면 광고 예산이 판매 인센티브로 전용됐다. 브랜드 캠페인은 여유 있을 때나 하는 것이라는 취급을 받았다. 잘 팔리면 영업 덕이고 안 팔리면 마케팅 탓이라는 인식이 강했다.

판매 부진 원인으로 항상 빠지지 않고 거론되는 것이 약한 브랜드인데도, 정작 브랜드를 어떻게 키워야 하는지는 아무도 몰랐다. 한국 기업은 브랜드 관련 컨설팅은 받지만, 실제로 활용하는 경우는 매우 적었다. 브랜드의 핵심 정체성(Core Identity), 제품 정체성(Product Identity), 디자인 정체성(Design Identity)이 존재하지만, 모델 품평장에서는 브랜드가 아니라 경영자의 취향이 우선되는 경우도 있었다. 브랜드 파워가 강한 기업이 철저하게 가이드라인을 준수하는 것과 대조적이었다. 아우디나 토요타유럽처럼 5년짜리 브랜드 회복·재건 프로젝트를 세운 뒤 전사적으로 밀어붙이는 방식은 한국 기업에서 거의 불가능했다. 판매실적이 떨어지면 즉각 책임자를 교체하는 문화 때문에 전략이 연속성을 유지할 수 없기 때문이었다.

현대자그룹 중국 사업이 사드 사태로 붕괴된 이후, 장기 전략을 실행하지 못하는 한국 기업의 구조적 한계가 극명하게 드러났다. 지금까지 서술한 문제를 개선하지 못한 채 5년이라는 황금의 회복 기간을 완전히 날려버렸다.

또 한국 기업의 경우, 브랜드 주체가 누구인지도 불명확하다. 아우디, BMW, 토요타유럽의 브랜드 구현 성공 사례를 보면, 브랜드는 마케팅 부서 업무가 아니라 CEO 직속의 전사 거버넌스로 운영되면서 모든 사업 부문에 브랜드 KPI가 반영됐다. 반면 한국 기업에서 브랜드는 실체가 없는 개념이 되고, 결과적으로 누구도 책임지지 않는 무주공산이 되는 경우도 있었다.

BMW, 아우디, 토요타유럽의 성공 사례를 벤치마킹하면서 내내 이 점을 뼈저리게 느꼈다. 그들이 할 수 있었던 것을 우리가 할 수 있을까? 기아는 이런 문제를 극복하고자 2010년 이후 브랜드 전담 부서를 만들어 운영했지만 초기 운영은 매우 어려웠다.

토요타유럽보다 유리한 출발선에 있었지만

아우디와 토요타유럽의 성공 경험을 살펴보니, 기아유럽이 이들보다 몇 가지 유리한 출발 환경에 놓여 있었는데도 이를 잘 활용하지 못해 아쉬웠다. 아우디와 토요타유럽은 브랜드전략을 추진할 때 새로운 핵심 제품을 확보하기 위해 2년 이상을 기다려야 했다. 그런데 기아는 2006년 한 해 동안 신제품을 여섯 종이나 론칭했지만, 어느 차종에도 브랜드전략을 실행하지 못했다. 브랜드전략을 추진해야 한다는 것도 몰랐다. 오직 씨드의 성공적인 론칭에 올인하는 분위기였다.

아우디와 토요타유럽은 독립적인 대리점(Distributors) 체제로, 유통 채널 통제에 어려움을 겪었다. 반면 기아는 12개 주요 시장을 자회사(Subsidiaries) 체제로 직접 통제했기 때문에 하나의 표준 원칙에 따라 브랜드전략을 일관성 있고 신속하게 실행하는 데 엄청나게 유리했다.

토요타유럽은 브랜드전략을 추진한 결과, 목표한 티어 2 브랜드 그룹에 들어갔다. 반면 기아는 티어 3에도 들어가지 못하고, 브랜드 파워 지수가 현대차보다 낮은 82.8로 가장 낮았다. 시장에서 기아 브랜드가 소비자에게 주는 힘과 매력이 매우 낮았음을 의미했다. 특히 친밀도(Affinity)가 부족했고, 브랜드 성과나 인지도도 기대에 미치지 못했다. 상품 측면은 전 부문에서 가장 열세한 데다 특히 엔진성능, 내구성, 신뢰성에서 업계 평균과 큰 차이를 보였다. 광고를 포함한 커뮤니케이션, 딜러 네트워크, 애프터 세일즈 역량도 크게 미흡했다.

아우디와 토요타유럽처럼 기아유럽 역시 판매 목표를 달성하기 위해 판매 인센티브를 과도하게 책정했다. 이는 브랜드가치를 떨어뜨리고 적자를 낳는 근본적인 문제가 되고 있었다.

단기적인 인센티브 지출 등으로 인해 장기적인 브랜드구축과 효율적인 마케팅 활동에 투입할 인적·재정적 자원이 충분하지 않았다. 이는 마케팅 경험 부족과 조직력 약화라는 공통의 문제로 이어졌다. 기

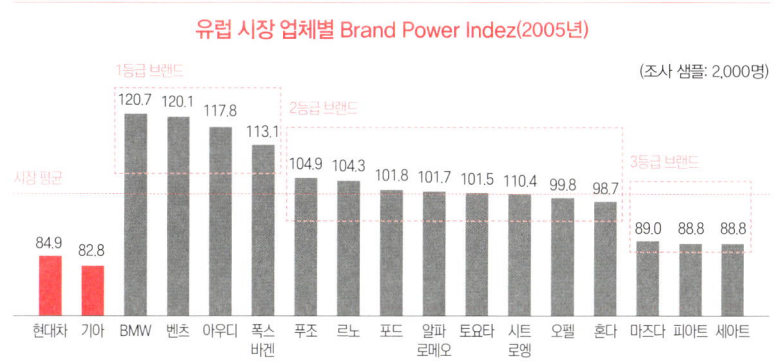

유럽 시장 업체별 Brand Power Indez(2005년)

1등급 브랜드

2등급 브랜드

3등급 브랜드

시장 평균

(조사 샘플: 2,000명)

현대차	기아	BMW	벤츠	아우디	폭스바겐	푸조	르노	포드	알파로메오	토요타	시트로엥	오펠	혼다	마즈다	피아트	세아트
84.9	82.8	120.7	120.1	117.8	113.1	104.9	104.3	101.8	101.7	101.5	110.4	99.8	98.7	89.0	88.8	88.8

아유럽이 안고 있는 문제점은 아우디, 토요타유럽이 처했던 상황과 비슷했으나 브랜드파워 지수는 가장 낮은 상태였다.

아는 것과 실행하는 것

경쟁사들이 브랜드전략을 어떻게 추진해 성공했는지를 아는 것과 이를 기아에 맞게 실행하는 것은 다른 일이었다. 기아유럽 혼자서 할 수 있는 일이 아니었지만, 씨드 론칭 때 '하나의 목소리, 일관된 메시지'를 운영한 경험이 그래도 큰 자산이 됐다.

기아의 브랜드전략 체계는 마케팅본부에서 2004년 중반 이미 수립했지만, 실행력은 제로에 가까웠다. 실제 현장에서는 '더 파워 투 서프라이즈(The Power to Surprise, 세상을 놀라게 하는 힘)'라는 브랜드 슬로건이 각종 행사를 알리는 배너에 쓰이는 정도였다. 브랜드 에센스는 '즐겁고 활력을 주는(Exciting & Enabling)'으로 정의돼 있었으나, 이를 뒷받침하는 핵심 정체성이 뭔지 정확히 아는 사람은 거의 없었다.

브랜드는 상품에서 시작된다

나는 아시아와 유럽에서의 신차 론칭 경험, 그리고 경쟁 브랜드 벤치마킹 결과를 토대로 기아유럽의 브랜드전략을 다시 고민했다. 조사 자료에 따르면 소비자는 상품(66퍼센트)과 마케팅·영업(34퍼센트)을 통해 브랜드를 인식하는 것으로 나타났다. 결국 브랜드는 상품에서 시작된다는 기본 원칙을 확인할 수 있었다.

기아유럽 브랜드전략은 가장 근본적인 질문에서 출발했다. "고객에게 우리가 팔려고 하는 차의 어떤 핵심 가치를 어떻게 전달할 것인가?" 이것부터 명확히 하는 것이 중요하다고 판단했다.

기아유럽 비전 2010을 그리다

2007년 9월, 기아유럽은 프랑크푸르트 시내에 있는 신사옥으로 이전했다. 앞서 기아유럽법인장은 이날 행사에 참가한 유럽 지역 법인 및 대리점 사장단에게 발표할 기아유럽 비전 2010을 준비하도록 한 것이었다. 비전이라고 했지만, 발표의 핵심은 2010년 기아유럽 판매 대수와 브랜드파워 지수를 끌어올려 티어 2에 진입한다는 목표였다.

2006년부터 씨드 론칭을 준비하는 과정에서, 아우디나 토요타유럽처럼 제대로는 아니어도 어느 정도 브랜드 구현을 한 경험이 있었기에 발표 내용이 생소하지는 않았다. 기아유럽 마케팅이 주도해 론칭 전략 수립을 위한 운영위원회를 운영하고, 인센티브 예산을 마케팅 예산으로 배분하는 깃의 딩위싱, 신자 론칭을 통한 브랜드이미지 구축 방법은 이해가 됐다.

비전의 중점은 브랜드인지도를 올리고 브랜드파워를 향상하기 위해 기아다움, 즉 기아 브랜드의 성격을 명확히 규정하는 데 있었다. 유럽 소비자가 기아를 떠올릴 때의 주요 속성은 다음과 같았다.

• Cheap Looking: 저렴해 보임

- Urbane: 세련되지 않음, 촌스러움
- Practicality: 실용성(그러나 '저렴한' 실용성의 뉘앙스 포함)
- Low Maintenance: 유지비가 낮음→단순함═저가 브랜드 이미지

이런 인식은 기아의 낮은 브랜드파워를 설명해주는 지표였고, 폭스바겐, 토요타와 동등하게 경쟁하기 위해서는 반드시 이미지를 끌어올려야 했다.

신뢰, 역동성, 재미

우리는 기아의 가치를 신뢰(Trustworthy), 역동성(Dynamic), 재미(Fun)로 정했다. 품질 논란이 있었던 과거의 약점을 보완하고, 향후 브랜드 기반을 구축하기 위한 선택이었다. 특히 씨드 론칭 시 도입한 유럽 디자인과 7년 보증을 뒷받침하는 데 가장 적합하다고 판단했다. 신차 개발 계획은 향후 5년까지 포함됐기에 현재의 전략 모델, 바로 내년부터 론칭 예정인 모델, 그리고 5년 후 론칭할 핵심 모델까지에 이미지 견인이라는 임무를 부여했다.

유러피언 디자인으로 유럽에서 생산한 씨드에는 브랜드에 기본적인 품질과 신뢰성을 각인시켜 토요타, 폭스바겐과 같은 프리미엄·고품질 영역으로 이미지를 견인하는 사명을 부여했다. 이를 뒷받침하기 위해 론칭부터 유럽 최초로 7년 보증을 도입했다.

스포티지와 쏘렌토에는 씨드와 달리 재미와 운전자 중심의 역동성을 강조해야 한다는 의견도 있었다. 하지만 기아가 단순히 실용적

인 차가 아니라 품질에서 감성적 만족을 주는 차를 만든다는 의미로 신뢰성 이미지를 부여했다.

카니발과 카렌스는 패밀리카라는 실용성을 넘어 쾌적한 운전과 좋은 애프터서비스를 강조하며 재미 이미지를 구축하는 역할을 해왔다. 여기에 유럽 시장에서 많이 팔리는 볼륨 모델이 된 피칸토(Picanto, 모닝의 해외명)와 2006년에 발표된 쏘울 콘셉트 카에도 재미 이미지로 젊은 층에게 어필하는 역할을 부여했다.

유럽 시장에서 역동적 가치를 전달할 차를 정하는 것이 제일 어려웠다. 역동적 가치는 외관이 매우 스포티해야 하고, 운전자가 역동성을 느껴야 하기 때문이었다. 당시 한국 차들은 독일 도로에서 라이드 핸들링(승차감과 조종성) 성능이 특히 열세한 상황이었다. 단기간에 이를 개선해 유럽 차들과 동등하거나 그보다 뛰어나게 만들 수는 없었다. 피터 슈라이어가 아우디에서 이런 콘셉트의 차를 디자인했던 점을 평가해 차기 옵티마부터 디자인과 성능 면에서 역동적 가치를 실현한다는 계획을 세웠다.

세 가지 질문

새로운 브랜드가치를 선언하는 것에 그쳐서는 안 됐다. 다음 세 가지 질문을 통해 전략의 타당성과 실행력을 검증했다.

① 새 브랜드가치가 기아의 현실과 미래 비전을 정확히 반영하는가? 유럽 고객의 니즈와 일치하는가?

② 시장에서 경쟁사와 기아를 명확히 구분 짓고, 장기적으로 기아만의 고유 포지션을 만들 수 있는가?
③ 가장 중요한 질문이었다. 새로운 브랜드가치가 가격 프리미엄을 형성하고, 인센티브 의존도를 낮출 만큼 강력한가?

이 질문에 그렇다고 답할 수 없다면, 기아유럽이 겪고 있는 수익성 악화 문제는 절대 해결될 수 없었다. 이 모든 전략적 이동을 통해 궁극적으로 달성하고자 하는 브랜드가치는 신뢰성, 역동성, 재미로 확정했다.

또한 타깃 이미지는 이미 정해져 있던 '영 엣 하트(Young at Heart)'로 확정했다. 실제 나이가 아니라 품질, 스타일, 디자인 감각을 중시하며 브랜드 배지보다 가치와 실질을 중시하는 고객을 의미한다.

이렇게 정한 브랜드가치는 디자인 방향성, 커뮤니케이션 전략, 광고, 상품기획 등 모든 영역에서 등대 역할을 하도록 했다. 정몽구 회장의 품질경영 철학, 피터 슈라이어를 채용해 새로 시작하는 기아 디자인, 기아유럽 브랜드전략은 '기아유럽 비전 2010'이라는 이름으로 신사옥 이전 행사에서 공식 발표됐다.

CI 개발의 긴 여정

그러나 브랜드 추진에서 출발점이 되는 CI 개발은 매우 어려웠다. 국내 영업본부에서는 CI 교체가 가장 시급하다고 여겨 BMW를 흉내 낸 것을 잠시 쓰기도 했지만 수출 시장에서는 적용하지 않았다.

CI는 해외마케팅팀에서 개발하고 있었는데, 새로 채용된 피터 슈라이어가 여기에 개입하면서 복잡한 상황을 맞았다. 그는 잘 알고 있던 독일의 슈피커만 파트너스(Spiekermann Partners, 지금의Edenspiekermann)란 업체를 소개했다. 이곳에 10억 원을 주고 작업을 의뢰했지만 제시받은 안들은 채택되지 못했다. 해외마케팅팀은 다시 이전에 손을 잡았던 미국의 랜도(Landor)라는 업체에 연락했다. 그 결과, 현재의 CI와 거의 비슷한 안이 도출됐는데, 이번에는 생산기술 출신 부회장이 보류시켰다. 그는 기아가 아직 심벌을 쓸 때가 아니라고 판단했다.

CI를 변경하면 전 세계의 쇼룸부터 시작해 차와 부품 등 전 커뮤니케이션 영역에 새로 투자해야 한다. 당시 기아는 상황이 어려웠기에 이를 지원할 충분한 자금이 없었다. 피터 슈라이어는 기존 타원형 로고를 디지털 환경에 맞게 개선하는 수준으로 마무리했고, 2020년 플랜S 발표 후 새로운 CI 적용까지 긴 시간이 걸렸다.

2012년 30만 대의 벽을 넘다

기아유럽은 공격경영의 기치 아래 2005년까지 급성장했다. 하지만 시장에 맞지 않는 카니발, 쏘렌토, 오피러스 등을 무리하게 밀어내면서 2006년 적자가 2.5억 유로가 됐다. 2007년, 위기 속에서 기아유럽은 전략 차종인 씨드를 출시했다. 유럽 고객의 취향과 주행 환경을 정면으로 겨냥한 이 모델은 일반적인 신차가 아닌, 기아가 유럽 시장에서 로컬 브랜드로 살아남겠다는 선언에 가까웠다.

특히 파격적인 7년 보증을 전면에 내세워 1년 이상 강력하게 추진한 사전마케팅이 적중했다. 씨드는 출시 첫해에만 7만 2,000대를 판매하며 성공적으로 데뷔했다. 그러나 이 성과가 기아유럽의 정상화를 의미하지는 않았다. 여전히 해결해야 할 구조적 과제가 산적해 있었다.

체질 개선과 풀(Pull) 전략으로의 전환

2007년 새로 부임한 기아유럽법인장은 당장의 실적보다 기아유럽의 장기적 생존 구조를 우선시했다. 그는 본사와 슬로바키아 공장의 과도한 판매 압력을 단계적으로 줄이는 체질 개선에 착수했다. 과거 밀어내기 판매의 상징과도 같았던 쏘렌토와 카니발의 판매 목표를 시장의 실제 수요 수준에 맞춰 하향 조정했다. 무리한 물량 확대 대신 브랜드 신뢰를 회복하는 정공법을 택한 것이다. 이는 단기 실적에는 부담이 됐지만, 유럽 시장에서 기아가 싸게 파는 브랜드로 고착되는 것을 막기 위한 불가피한 선택이었다.

이 전략적 전환기 속에서 씨드는 2008년 연간 판매 11만 대를 돌파하며 최다 판매 기록을 세웠다. 그러나 리먼사태가 발생한 데다 유럽 판매의 중심이었던 피칸토의 부진이 겹치며 2009년까지 쉽지 않은 시간을 견뎌야 했다. 기아는 이 국면을 라인업 확장과 브랜드 구현으로 돌파했다. 그 중심에는 기아유럽법인장을 역임해 현장 상황을 누구보다 잘 알았던 해외영업본부장이 있었다. 그는 본사 차원에서 밀어내기식 판매를 고객이 찾아오게 만드는 풀 판매 전략으로 전환하도록 강력히 지휘했다.

2008년, 막 태동하던 소형 CUV(Crossover Utility Vehicle) 시장에 쏘울을 투입했고, 2009년에는 소형 MPV(Multi Purpose Vehicle) 시장을 겨냥한 벤가(Venga)를 추가했다. 이 두 모델은 밀어내기 판매의 대명사였던 쏘렌토, 카니발의 판매 축소분을 어느 정도 보완했다. 이어 피터 슈라이어가 주도한 혁신적인 디자인의 신차들이 레드닷, iF 디자인 어워드 등을 연이어 수상하는 가운데 디자인과 상품력이 강화된 스포티지(SL)와 리오(UB)가 론칭됐다. 다시 성장의 길이 열린 것이다. 이 두 모델이 판매를 견인하면서, 기아는 유럽 시장에서 수요가 가장 집중된 핵심 세그먼트에서 경쟁력을 확보했다. 이렇게 상품력과 디자인 완성도가 높은 라인업이 완성됐고, 기아유럽은 마침내 연간 30만 대라는 마의 벽을 넘어설 수 있었다.

판매 신장의 또 다른 핵심 동력은 씨드 론칭 과정에서 체화된 브랜드 구현 시스템이었다. 기아유럽은 미국이나 중국과 날리 법인과 대리점 인원으로 이뤄진 상품위원회와 마케팅위원회를 적극적으로 운영했다. 이 조직들은 신차 론칭을 단발성 이벤트가 아니라 체계적인 프로젝트로 준비했고, 이는 조직 전체의 마케팅 역량을 끌어올리는 결과로 이어졌다.

또한 씨드와 스포티지를 전략 모델로 삼아, 유로 2008과 2010년 남아프리카공화국 월드컵 등 대형 스포츠 이벤트를 적극 활용했다. 단기 판매 촉진이 아니라 브랜드인지도 자체를 끌어올리기 위한 투자였다.

그 결과, 2010년 기준 비보조 인지도 조사에서 분명한 변화가 나타났다. 2004년 대비 전체 인지도가 크게 올라간 것이다. 다만 국가별로는 뚜렷한 온도차가 존재했다.

독일 시장에서는 인지도 상승은 미미했지만 현대차를 앞섰다. 현지 법인의 마케팅 역량 문제도 있었지만, 무엇보다 자국 브랜드 충성도가 극히 높은 보수적 시장에서 기존 이미지를 바꾸기가 얼마나 어려운지를 보여주는 사례였다. 반면 영국 시장에서는 인지도가 크게 상승했다. 영국법인은 7년 보증을 가장 효과적으로 홍보했고, 2007년 영국 자동차 전문지 〈오토카〉로부터 올해의 아이디어 상을 수상하며 유럽 자동차산업의 주요 혁신이라는 평가를 받았다.

기아유럽은 데이터에 기반해 과감한 결정을 내렸다. 씨드 구매 고객의 35퍼센트 이상이 7년 보증 때문에 구매를 결정했다는 조사 결

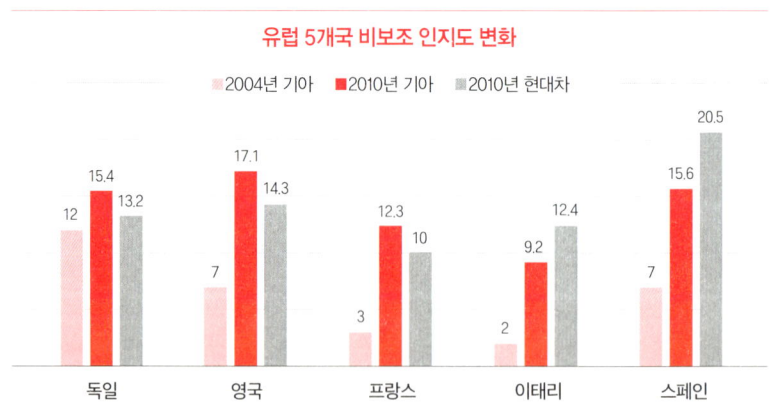

유럽 5개국 비보조 인지도 변화

■ 2004년 기아　■ 2010년 기아　■ 2010년 현대차

	독일	영국	프랑스	이태리	스페인
2004년 기아	12	7	3	2	7
2010년 기아	15.4	17.1	12.3	9.2	15.6
2010년 현대차	13.2	14.3	10	12.4	20.5

과를 바탕으로, 2012년부터 이 정책을 전 차종으로 확대하는 승부수를 던진 것이다.

4장

1차 위기에 빠진 기아,
비전 2010으로 극복

2005년부터 발생한 기아 위기

5년간의 해외 주재원 생활을 마치고 2008년 3월, 이사대우가 돼 기아 해외영업본부 해외마케팅실장으로 돌아왔다. 지금까지 사원의 관점에서 한정된 지역과 시장에서 마케팅을 해왔다면, 지금부터는 브랜드와 해외 상품, 가격, 그리고 홍보, 광고 등 마케팅전략을 책임지고 전사적인 시각에서 주도적으로 추진할 수 있게 됐다. 하지만 서울에 도착한 순간, 나는 전혀 다른 현실과 마주했다.

기아는 인수 이듬해인 2000년에 흑자전환에 성공하고, 약 15개월 만에 법정관리를 졸업했다. 이 성과가 평가돼 2001년 정몽구 회장은 한국인 최초로 미국 자동차 명예의 전당으로부터 올해의 자동차산업 공헌상을 수상했다.

그런데 2003년 6.3퍼센트까지 올라갔던 영업이익률이 2004년부터 급격하게 떨어졌고, 2006, 2007년 연속으로 영업 적자를 기록하면서

2008년 봄 기아는 매우 어려운 상태에 놓여 있었다. 전사적으로 강도 높은 비용 및 원가 절감 노력과 함께 한 대라도 더 팔아야 하는 판매 확대 운동이 펼쳐졌다.

당시 얼마나 어려웠는지를 보여주는 사례가 있다. 요즘 현대차, 기아는 모든 임원에게 차를 제공하지만, 당시에는 부사장 이상만 제공했다. 막 임원이 된 사람은 서둘러 30퍼센트 할인된 금액으로 사야만 했다. 게다가 국내시장 판매 부진을 돌파하기 위해 영업 사원뿐 아니라 전 부문, 전 사원과 임원에게 매월 판매 목표가 주어졌다. 혈연, 지연, 학연을 총동원해 기아 차를 살 것을 권유해야 했다. 매달 열리는 확대간부회의에서는 각 부서와 임원의 판매실적이 발표됐다.

본사로 돌아와 얼마 안 됐을 때 사장 호출을 받은 적도 있다. 사장이 "OO항공의 누구를 아느냐"라고 물었다. "예, 같은 과 다녔습니다"라고 대답하자, "그 친구가 구매본부장이니 공항에서 쓰이는 버스를 팔고 오라"라는 황당한 지시가 떨어졌다. 버스판매부의 영업력만으로는 성사시킬 수 없는 상황이었기에, 학연 관계까지 조사할 정도로 수단과 방법을 가리지 않고 있었다.

기아는 왜 이렇게 어려워졌을까? 2005년 국내외를 합한 전체 판매 대수는 100만 대를 넘어섰지만, 국내시장은 2003년 판매실적을 회복하지 못했다. 수출은 늘었지만, 현지에 재고가 쌓이고 있었다. 높은 판매 목표를 달성하기 위해 당연히 밀어내기 판매가 이루어졌다.

2001년 이후 기아의 글로벌 판매 목표는 한 번도 달성된 적이 없음에도 매번 전년 실적 대비 평균 20퍼센트 이상 증가하는 방식으로 높게 설정됐다. 현지 법인장과 실무자는 목표가 비현실적임을 누구보다 잘 알았지만, 목표를 낮추자는 말은 금기였다. 실제로 2007년 목표 달성률은 82퍼센트까지 떨어졌다.

밀어내기는 미국 및 캐나다 법인, 유럽의 12개 법인, 호주 및 뉴질랜드 법인과 인수인도조건(Documents against Acceptance, D/A)이라는 일종의 외상거래를 통해 이뤄졌다. 2007년 말이 되자, 주요 법인의 재고 월수는 미국이 5.4개월, 카니발의 유럽 저수지 역할을 하던 스페인이 7.5개월, 그리고 독일 5.9개월, 호주 6개월로 부담이 커졌다. 차종별 재고 월수는 오피러스가 14.8개월로 가장 많았고, 그다음으로 쏘렌토 7.2개월, 카니발 6.7개월 순이었다. 판매 신장을 위해 할인 폭을 키운 데다 원화강세까지 겹친 탓이었다.

여기에 2002년 생산을 시작한 중국 공장이 현대차와 달리 2007년까지 이익을 내지 못하는 삼중고가 겹치면서 기아는 2006, 2007년 연속해 영업 적자를 냈다. 새로운 기아에서 1999년부터 2007년까지 9년간 사장이 여섯 명 바뀌었다. 뿐만 아니라 판매를 책임지는 영업본부장, 해외지역본부장도 목표를 달성하지 못하면 해임, 교체됐다. 카리스마 경영은 위기 초기에 조직의 방향성을 제시하는 데 효과적이었다. 그러나 목표 중심, 단기 실적 중심 마인드가 굳어지면서, 기아는 브랜드 기반 성장을 위한 타이밍을 반복적으로 놓쳤다.

같은 시기에 구조조정을 추진했던 닛산은 3년 단위로 명확한 목표와 전략을 새로 설정했지만, 기아는 오랫동안 공격경영이라는 구호를 반복했다. 기아는 높은 목표를 달성하기 위한 구체적 전략을 다

갖추지 못한 상태에서 무조건 앞으로만 나가고 있었다.

상품 투입 전략에서 차이가 난 기아중국

✿✿✿

기아와 현대차는 2002년 거의 같은 시점에 중국에서 생산을 시작했다. 그런데 기아는 초기 상품 투입 전략에 혼선을 빚으면서 현대차와 판매량이 크게 벌어졌다. 결국 2007년까지 이어진 만성 적자는 기아 위기의 한 원인이 됐다.

기아는 중국 위에다그룹(Yueda)과 프라이드 해치백을 반조립(Complete Knock Down, CKD) 방식으로 생산하고 있었는데, 당시 해치백은 객차(한국의 상용차)로 분류돼 판매대수 증대에 한계가 있었다. 현대차도 우한완통자동차(Wuhan Wantong)와 그레이스 승합차를 CKD 방식으로 조립하고 있었다. 캐나다 공장 설비를 활용해 인도에서 생산

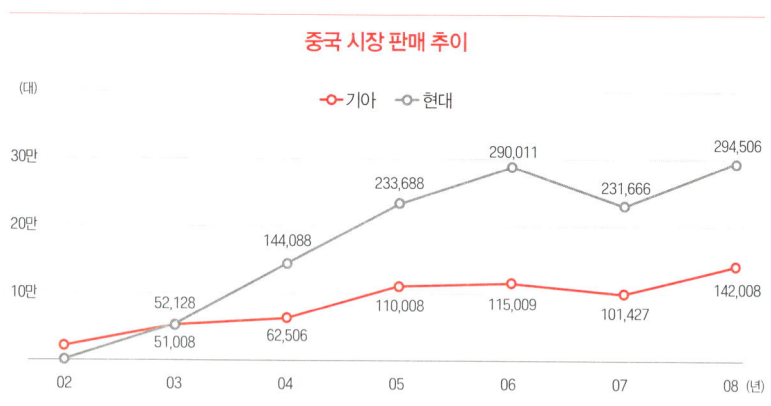

중국 시장 판매 추이

을 시작한 것이 불과 1998년이기 때문에 현대차 경영진들은 중국 현지생산을 크게 생각하지 않았다. 그러나 정몽구 회장의 생각은 달랐다. 13억 인구를 가진 큰 시장에서 승부를 대비하지 않으면 나중이 없다는 생각을 굳혔다.

기아 인수 후 중국 사업을 검토하던 현대차는 기아의 파트너사였던 위에다그룹을 활용하기로 했다. 위에다그룹 50퍼센트, 기아와 현대차가 각각 25퍼센트씩 투자하는 위에다현대기아를 만드는 동시에 승용차 생산 면허를 따려 노력했다. 한편 베이징자동차(BAIC Motor)는 라이벌 의식이 있던 상하이자동차(SAIC Motor)가 앞서가고 있었기 때문에 서둘러 합작투자 파트너를 찾고 있었다. 메르세데스-벤츠, 미쓰비시자동차 등과 가능성을 협의했다 거절당했을 때 현대차를 만났다. 서로가 운 좋게 만난 것이다. 당시 외국 업체는 중국 회사 두 군데와 합작투자를 할 수 없었기 때문에 현대차는 기아와 위에다의 합작에서 빠졌다. 기아는 둥펑자동차(Dongfeng Motor Corporation)를 끌어들여 둥펑위에다기아(DYK, 둥펑 25퍼센트, 위에다 25퍼센트, 기아 50퍼센트)라는 브랜드로 승용차를 생산할 수 있는 면허를 확보했다.

합작투자 후 현지생산은 현대 속도라 불릴 만큼 빠르게 개시됐다. 1999년 일찌감치 시작한 GM과 혼다를 제외하면 토요타, 포드의 첫 생산 차와 함께 2002년에 기아는 구형 액센트를, 현대차는 EF쏘나타를 생산했다.

이때 기아는 모델 투입 전략이 경쟁사와 확연히 달랐다. 중국에 진출한 대다수 업체가 상급 차에서 하급 차 순으로 투입했다. GM과 혼다는 브랜드구축을 우선적으로 고려했다. 상위 계층, 기업, 정부 관용차 시장을 겨냥해 세그먼트 D의 고급 중형을 가장 먼저 투입하고, 차차 하급 차종으로 전개한 것이다. 현대차도 이와 비슷하게 세그먼트 D의 EF쏘나타를 먼저 투입하고, 1년 뒤 세그먼트 C인 엘란트라XD를 추가했다. 이어 SUV 투싼과 세그먼트 B인 액센트를 추가하면서 브랜드이미지 구축과 판매량의 균형을 맞추는 전략을 추진했다.

그런데 기아는 경쟁사와 달리 바로 투입할 적절한 차가 없어 세그먼트 B인 구형 액센트를 천리마라는 이름으로 론칭했다. 2004년 아테네올림픽 육상 110미터 허들에서 아시아인 최초로 금메달을 딴 중국의 국민 영웅 류시앙 선수를 천리마 마케팅에 매우 극적으로 활용해 6만 대까지 팔면서 성공했다.

문제는 두 번째 투입 차에서 발생했다. 중국 공장 책임자는 비공식 수입업자들이 한국에서 카니발을 들여와 파는 것을 보고, 중국인들의 소득이 증가하면 미니밴 수요가 증가하리란 전망 아래 카니발을 투입하겠다는 계획을 제출했다. 관련 부서에서는 미니밴 시장규모가 작고 카니발의 원가로는 경쟁력 있는 차를 만들 수 없다고 강력하게 반대했지만, 그는 이를 물리치고 직접 회장에게 보고해 승인받아버렸다.

2004년 7월, 카니발이 옵티마보다 두 달 앞서 베이징에서 발표됐다. 예상대로 판매는 부진했다. 미국 시장을 겨냥해 3.5리터 V6 엔진, 5단 자동 트랜스미션을 탑재한 카니발을 거의 그대로 생산했기 때문에 우선 중국 사용 조건에 맞지 않았다. 당시 고급 미니밴 용도는 VIP

수송, 기업용 차량으로 특화됐는데, 카니발은 관광 수송용 등으로 판매해야 했다. 그러자 높은 가격뿐 아니라 제동 성능에도 열세가 나타나면서 고객 불만이 많았다.

판매 부진은 두 차례에 걸쳐 공급받아둔 엔진과 트랜스미션 재고 부담으로 이어졌다. 카니발에 탑재된 엔진은 미쓰비시 엔진을 기본으로 한 시그마 엔진이었다. 그런데 이 시기에 현대차는 시그마 엔진을 단산하고, 독자 개발한 람다 엔진 생산을 준비하고 있었다. 기아중국은 마지막 오더로 생산된 엔진 1만 5,000대를 통관시켰고, 본사는 이미 매출 인식까지 끝낸 상태였다.

판매 부진과 재고 부담은 두 달 뒤에 발표된 옵티마와 2005년에 발표된 쎄라토 론칭에도 영향을 미치며 기아중국의 발목을 잡았다. 기아중국은 전략 부재, 일관성 결여, 브랜드 포지셔닝 무시, 조직 내 견제 시스템 붕괴의 상징이 됐다.

재고의 덫에 갇힌 기아미국

2006년부터 2008년 2월까지, 불과 이 년 남짓한 시간 동안 기아미국법인장은 세 번이나 교체됐다. 이는 당시 기아미국의 상황이 얼마나 심각했는지를 단적으로 보여준다. 동시에 회장의 공격경영에 누구도 이의를 제기할 수 없는 경직된 문화가 강화되고 있음을 의미했다.

법인장들이 연달아 경질된 이유는 단순했다. 판매 부진과 과도한 재고. 이 시기를 상징하는 잊히지 않는 두 장면이 있다.

첫 번째 장면은 어느 날 걸려온 전화 한 통에서 시작된다. 해외영업본부장이 추가 주문을 지시하기 위해 미국법인장에게 직접 전화를 걸었다. 하지만 법인장은 끝내 전화를 받지 않았다. 이미 감당할 수 없을 정도로 불어난 재고 때문에 도저히 추가 주문을 수용할 수 없었기 때문이다. 본사에서는 이를 명백한 항명으로 간주했고, 그는 불과 며칠 뒤 해임됐다. 이 사건 이후 조직 전체에 짙은 공포가 퍼졌고, 누구도 본사의 지시에 불편한 진실을 말할 수 없게 됐다.

두 번째 장면은 새로 부임한 COO의 사례다. 그는 부임 첫날부터 재고 처리 없이는 어떤 정상적인 판매 활동도 불가능하다는 현실을 정확히 파악했다. 그는 구체적인 인센티브 예산안을 수립하고, 본사에 보고하고자 서울로 향했다. 그러나 본사는 이 보고를 목표 달성을 포기하겠다는 항복 선언으로 받아들였다. 결국 그 역시 부임 3개월 만에 짐을 싸야 했다.

당시 기아의 품질은 개선되고 있었으나, 여전히 업계 평균을 간신히 따라잡는 수준이었다. 낮은 브랜드이미지를 무시하고 과도하게 세운 판매 목표가 상황을 악화시켰다. 그 중심에는 오피러스(수출명 아만티(Amanti))의 비극이 있었다.

본래 오피러스는 에쿠스와 그랜저 사이를 메우는 하이오너(High Owner) 전략 모델로 기획됐다. 국내시장에서 독일 프리미엄 브랜드와 렉서스를 방어하는 보조적인 역할로, 연간 판매 목표 3만 3,000대 중 3만 대가 국내 물량이었다. 미국 수출은 고려된 적도 없으며, 실제로 오른쪽 핸들 사양이나 수동변속기조차 개발되지 않았다.

그런데 회장의 한마디가 모든 판도를 뒤흔들었다. "미국에도 팔아라. 그리고 다른 수출 시장에도 더 늘려라."

시장 논리와 제품 기획 원칙보다 지시가 우선이었던 당시 문화가 적나라하게 드러난 결정이었다. 기아미국은 오피러스가 '회장의 차'라는 이유만으로 마케팅 자원을 집중해야 했다. 경쟁 모델을 토요타 아발론으로 설정하고, 가격을 5,000달러나 낮추는 파격 공세를 펼쳤다. 첫해 판매량은 2만 대까지 치솟았으나, 이는 판매 실력이 아닌 막대한 인센티브로 밀어낸 허상의 숫자였다.

시간이 흐르자 본질이 드러나기 시작했다. 가격을 내리고 마케팅을 강화해도 판매량은 곤두박질쳤다. 고급 세단 고객들은 단순히 가격이 싸다고 움직이지 않았다. 그들은 브랜드가 주는 지위(status)를 원했지만, 오피러스는 이를 충족시키지 못했다.

결국 기아는 브랜드이미지가 낮은 브랜드가 빠지기 쉬운 전형적인 악순환에 갇히고 말았다. 조급해진 경영진이 미국 시장에 있지도 않던 중형 미니밴 시상에 카렌스(수출명 론도(Rondo))를 억지로 론칭하며 승부수를 던진 것이다. 미국 소비자에게 중형 미니밴 세그먼트는 존재하지 않는다는 시장조사 결과는 무시됐다. 결과는 예상대로였다. 연간 판매량은 3만 대를 넘지 못했고, 또 하나의 실패 사례로 남았다.

당시 조직 구성원 모두 알고 있었다. 목표가 비현실적이라는 것을, 제품이 시장과 맞지 않는다는 것을, 그리고 브랜드이미지가 가장 큰 장벽이라는 것을 말이다. 그러나 누구도 최고경영자에게 "노"라고 말할 수 없었다. 조직문화는 이미 지시 중심 구조로 고착됐고, 비판적 의견은 무능으로 해석됐다. 이런 왜곡된 구조 속에서 현실을 직시한 전략은 설 자리가 없었다. 오직 결정된 목표를 향해 달려가던 기아는 뼈아픈 대가를 치르며 위기의 시간을 견뎌내야 했다.

기아 비전 2010, 브랜드 구현 과제

2008년은 기아가 글로벌 기업으로 도약하기 위해 비전과 전략을 재정비하는 해였다. 새로 부임한 해외영업본부장은 2008년 5월 19일, 중국 베이징에서 전 세계 대리점 사장단과 해외 법인장 등 총 233명이 참석하는 대규모 대리점 대회를 개최했다. 기아의 새로운 출발을 알리는 중요한 이정표였다.

이튿날 오전 콘퍼런스에서는 기아 비전 2010과 이를 위한 핵심 달성 전략이 발표됐다. 새로 발족한 브랜드경영팀은 기아 브랜드의 위상과 시스템, 로드맵을 처음으로 소개했으며, 피터 슈라이어 부사장은 기아의 디자인 전략을 대외적으로 공개했다. 이어 쏘울과 쎄라토(TD)가 베일을 벗으며 대미를 장식했다.

브랜드가치 향상을 위해 유로 2008과 2010년 남아프리카공화국 월드컵 후원을 확정 지은 데다 2010년 개시를 목표로 하는 미국 현지 생산 계획을 추진함에 따라 해외마케팅실의 역할이 그 어느 때보다 막중한 시기였다. 나는 이 행사를 주관하는 입장에서 마케팅전략을 직접 수립하며, 비전 달성을 위해 기아가 직면한 고질적인 문제들을 구체화하는 작업에 착수했다.

첫 번째 문제는 낮은 브랜드인지도와 실행력 부재였다. 2004년 브랜드 방향성을 '즐겁고 활력을 주는'으로 설정하고 슬로건 '더 파워 투 서프라이즈'를 내걸었으나, 이는 전사적인 실행으로 이어지지 못한 채 단순한 구호에 머물러 있었다. 브랜드 철학이 현장의 마케팅 활동으로 녹아들지 못한 것이 가장 큰 문제였다.

두 번째 문제는 브랜드 정체성 구축 실패였다. 기아유럽에서 공들여 설정한 브랜드가치(신뢰, 역동성, 즐거움)가 정작 차량 디자인에 제대로 반영되지 않았고, 현대차와의 차별화 방향성 또한 모호했다. CI 변경 작업은 표류 중이었으며, 쇼룸 가이드라인 역시 예산 부족으로 현장에서 일관성 있게 구현되지 못하고 있었다.

세 번째 문제는 마케팅 예산의 절대적인 부족과 비효율적인 배분이었다. 법인 예산의 80퍼센트 이상이 가격할인용 인센티브로 소진되면서 순수 브랜드 광고 예산이 턱없이 부족한 실정이었다. 신차 론칭보다 판촉광고가 우선시됐고, 급변하는 미디어 환경에 대응하지 못한 채 비용이 많이 드는 전통매체에만 의존하는 경향이 짙었다.

네 번째 문제는 글로벌 일관성 부재였다. 해외 법인들은 본사가 시장상황을 모른다며 독자적으로 광고를 제작하곤 했다. 또한 예산이 분기별 판매 상황에 따라 임기응변으로 집행되면서 전략 모델에 대한 지속적인 커뮤니케이션이 불가능했다. 커뮤니케이션 메시지 역시 지역의 특수성만 강조해 본사의 글로벌 방향성과 괴리됐다.

다섯 번째 문제는 비효율적인 스폰서십 활용이었다. 스페인법인은 아틀레티코 마드리드를 후원하는 데 전체 예산의 40퍼센트 이상을 투입하고 다른 마케팅 활동을 위축시켰으나, 그 효과는 수치로 입증하지 못했다. 호주 오픈 후원 역시 시차나 낮은 관심도를 핑계로 현지 연계 마케팅이 미흡했다. 전체적으로 스폰서십의 잠재력을 브랜드로 연결하지 못하는 상황이었다.

여섯 번째 문제는 체계적인 신차 론칭 전략의 부재였다. 기아의 사전마케팅은 여전히 전통적인 홍보 방식에 의존하고 있었다. 론칭 21개월 전부터 치밀하게 준비하는 아우디와 같은 선진 사례와 비교했을 때, 기아는 잠재고객을 대상으로 브랜드인지도와 이미지를 제고할 수 있는 장기적이고 통합적인 브랜드 구현 전략을 구축하지 못한 상태였다.

티어 3 탈출을 위한 전략 수립

✿✿✿

이런 현상과 과제를 해결해 2010년까지 도달해야 할 목표는 명확했다. 브랜드파워 지수 조사에서 티어 3을 벗어나 티어 2로 올라가는 것이었다. 전 세계 시장을 대상으로 기아다움이라는 브랜드 정체성을 구축하는 기나긴 여정을 시작했다.

그동안 브랜드가 제대로 구현되지 못한 원인은 세 가지였다. 첫째,

브랜드 구현을 전사적으로 강력하게 추진할 전문조직이 없었다. 둘째, 앞장서서 이행해야 할 영업본부가 브랜드의 중요성을 알면서도 매년 판매를 우선시했다. 셋째, 전사적으로 영업 적자가 발생하고 있었기에 재경본부가 브랜드 예산을 할당할 여유가 없었다.

이런 상황은 당장 개선될 기미가 전혀 보이지 않았다. 그러나 새로 임명된 해외영업본부장은 달랐다. 상품, 마케팅, 영업을 두루 경험한 그는 의지가 강력했고, 해외마케팅실이 실행 주체가 되기를 원했다.

브랜드가치의 재확인

티어 2로 진입하기 위한 핵심 전략은 두 가지였다. 브랜드가치를 재확인해 강력하게 추진하고, 마케팅을 혁신하는 것이었다.

2004년에 책정된 브랜드 에센스와 브랜드 슬로건, 타깃 고객은 변경하지 않았다. 브랜드가치 또한 기아유럽에서 정했던 '신뢰, 역동성, 즐거움'으로 확정했다. 이는 브랜드를 전사적으로 추진하는 마케팅사업본부가 2011년 새로운 기아 브랜드 커뮤니케이션 시스템을 도입할 때까지 유지됐다.

차종별로 고객에게 전달해야 할 이미지를 재정립했다. 쏘렌토와 카니발에는 신뢰, TF옵티마에는 역동성, 쏘울에는 즐거움의 이미지를 부여했다. 새로 개발되는 차 디자인에도 이 기준이 적용되도록 철저히 관리했다. 이 부분은 디자인경영과 스팅어의 상품콘셉트 결정과정에서 좀 더 자세히 설명하겠다.

두 번째는 마케팅혁신으로, 제품 포트폴리오전략을 도입했다. 단순히 제품을 분류하기 위함이 아니었다. 제한된 자원을 가장 효과적인 제품에 집중시키기 위해서였다. 기업 자원을 효율적으로 배분하고, 수익성과 성장성을 극대화하며, 리스크를 관리하기 위한 전략적 의사결정의 기준을 만드는 것이었다.

기아 전 차종을 네 영역으로 구분했다. 실버불릿은 브랜드이미지 제고와 시장 돌파를 위한 상징적 모델로 쏘울을 선정했고, 나중에 스팅어도 포함시켰다. 전략 모델은 브랜드와 중장기 성장을 위한 핵심 역할을 하는 모델로 미국과 유럽의 주력 생산 차를 설정했다. 미국에서는 옵티마와 쏘렌토, 유럽에서는 씨드와 스포티지가 해당했다. 캐시카우는 안정적인 수익에 이바지하는 모델로 모하비, 카니발, 쏘렌토가 선정됐다. 시장진입 및 고객 저변확대 등 시장 방어(Eco/Entry)를 위한 모델로는 모닝, 리오(Rio, 프라이드의 해외명), 카렌스를 분류했다.

이 전략에 따라 광고 예산 배분 가이드라인을 만들었다. 한정된 예산으로 브랜드인지도를 향상하기 위해 실버불릿과 전략 모델에 속하는 차에 각각 전체 광고 예산의 30퍼센트 이상을 배분하도록 했다. 이 원칙에 따라 유로 2008이나 2010년 남아프리카공화국 월드컵을 후원할 때 경기장 A보드에 쏘울, 스포티지, 씨드를 노출시키기로 결정하기도 했다.

마케팅혁신을 위한 주요 전략 목표로 효율적인 광고 예산 운영 기준을 마련하고, 신차 론칭 전략에 사전마케팅을 도입하는 한편 디지털 마케팅 리더십을 설정했다. 해외 법인과 대리점 마케터를 대상으로 한 마케팅 콘퍼런스에서 기아 마케팅의 업무 철학을 '치밀한 계획과 강력한 실행력'으로 정하고, 2010년 비전을 함께 달성하고자 다짐했다.

마케팅 이노베이션 추진 방향

✿ ✿ ✿

마케팅 이노베이션이라는 용어가 다소 거창하게 들릴 수 있다. 그러나 내게 이 개념은 새로운 기법을 도입하는 문제가 아니었다. 마케팅의 방향을 명확히 바꾸고, 그 방향으로 화력을 집중하는 실행력을 의미했다.

기아의 브랜드인지도 증대는 늘 중요한 과제였다. 그럼에도 그동안 이 과제를 해결하는 방식은 크게 달라지지 않았다. 나는 이 문제에 집착하다시피 하며 데이터를 들여다보던 중 중요한 사실을 발견했다. 개별 모델 인지도의 합과 해당 브랜드의 전체 인지도가 매우 밀접한 관계라는 점이었다. 즉 브랜드인지도는 추상적인 개념이 아

니라, 시장에서 차들이 만들어내는 고객 인식의 총합이었다.

유럽 시장은 특히 가혹했다. 매년 신차가 페이스리프트 모델을 포함해 230~240종이나 쏟아져 나왔다. 이런 환경에서 과거와 같은 방식으로 단기간에 신차 인지도를 끌어올리기란 사실상 불가능했다. 신차는 출시되는 순간 정글 한가운데 던져지며, 준비 없는 론칭은 곧 이미지 소멸을 의미했다.

그래서 표준을 정했다. 혁신적인 홍보를 포함한 사전마케팅을 최소 론칭 10개월 전부터 시작한다는 원칙이었다. 아우디처럼 론칭 21개월 전부터 준비하는 것도 검토했지만, 당시에는 뭘 어떻게 준비해야 할지 명확하지 않았다. 현실적인 선택은 10개월이었다.

이 기간 동안 충분히 예열해 론칭 시점에 모멘텀을 극대화하고, 신차의 정글 속에서 확실한 존재감을 확보하고자 했다. 이 사전마케팅 기간의 핵심 목표는 세 가지였다. 고객 데이터베이스를 새로 구축하고, 사전 테스트드라이브 예약과 사전 계약을 확보하는 것이었다. 단

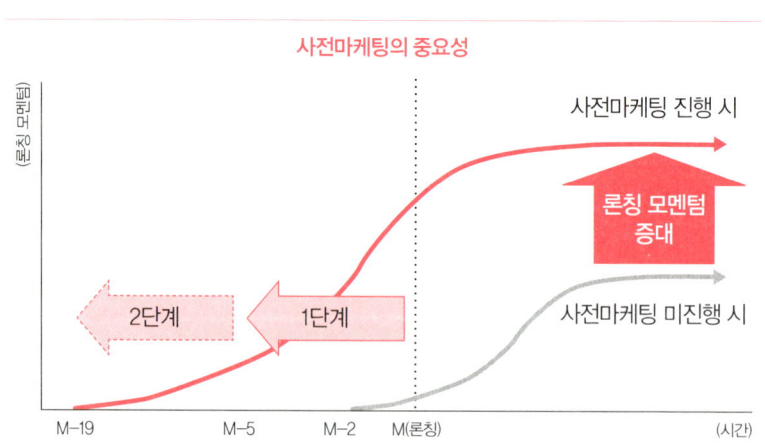

사전마케팅의 중요성

(론칭 모멘텀)

사전마케팅 진행 시

론칭 모멘텀 증대

2단계   1단계

사전마케팅 미진행 시

M-19   M-5   M-2   M(론칭)   (시간)

순한 인지도 향상이 아니라, 실제 행동으로 이어지는 준비된 관심을 만드는 데 초점을 맞췄다.

인센티브에서 마케팅으로

다음 과제는 커뮤니케이션 효율이었다. 제품 포트폴리오전략 아래에서 실버불릿과 전략 모델에 광고 예산을 집중적으로 배정하라는 가이드라인을 세웠지만, 늘 예산이 부족했다. 사업 계획을 수립할 때마다 나는 재경본부에 브랜드 전용 예산 편성을 요구했지만, 돌아오는 답변은 늘 같았다. "인센티브 예산에서 가져와 쓰세요."

그러나 앞서 살펴본 아우디와 토요타유럽의 브랜드 구현에는 공통된 전제가 있었다. 바로 인센티브 중심에서 마케팅 중심으로의 전환이었다. 이들의 성공 경험과 유럽 씨드 론칭 당시의 경험을 바탕으로, 나는 각 법인의 마케팅 예산 비중을 최소 30퍼센트 이상으로 확대하라는 가이드라인을 설정했다. 그러나 판매를 책임지는 현지 법인장들이 인센티브 축소에 강하게 반대했고, 결국 타협이 필요했다. 그 타협안이 바로 '전통매체에서 디지털매체로' 원칙이었다.

전통매체에서 디지털매체로

많은 사람이 텔레비전에서 멀어지는 상황에서도 텔레비전광고는 여전히 비쌌다. 한편으로 미디어 환경은 유튜브, 페이스북 같은 새로운 플랫폼이 등장하며 빠르게 변하고 있었다. 나는 상대적으로 비용효율이 높은 소셜미디어 활용 비중을 적극적으로 확대하도록 유도했다.

전통적인 텔레비전, 신문, 옥외 광고는 막대한 비용이 들지만, 효과 측정은 GRP(Gross Rating Points)와 같은 개념을 이해해야 할 정도로 전문가 영역에 머물러 있었다. 반면 디지털매체 광고는 누구나 비교적 쉽게, 그리고 빠르게 효과를 확인할 수 있었다. 페이스북 마케팅을 진행하면 소비자 댓글과 함께 5점 만점의 평점이 그대로 드러났다.

본사에서는 전 세계 주요 법인과 대리점의 SNS 마케팅 성과를 평가해 1위부터 50위까지 순위를 발표하며 경쟁을 유도했다. 측정하지 않으면 관리할 수 없다는 원칙에 따라, 비용 대비 효과를 철저히 분석하고 개선하도록 했다.

또한 디지털미디어는 전통매체 광고에 비해 홍보 성격이 강해, 기아가 타깃으로 삼은 '영 엣 하트' 고객층과의 커뮤니케이션에 훨씬 유리했다. 기아는 업계 최고 수준을 목표로 디지털마케팅을 전략적으로 추진했다.

3C 전략

'전통매체에서 디지털매체로' 원칙을 기반으로 광고효과를 극대화하기 위해 3C 전략을 도입했다. 첫 번째 C는 Concentration, 집중이었다. 예산이 한정된 상황에서 모든 차종에 분산 집행하는 대신 가장 전략적인 차종과 가장 효율적인 미디어에 집중하도록 했다. 핵심 타깃과 채널에 자원을 몰아 메시지 도달 효과를 극대화했다.

두 번째 C는 Continuity, 지속성이었다. 광고 메시지를 충분한 기간 동안 중단 없이 노출해 소비자에게 각인시키는 것이 목적이었다. 일

회성 캠페인이 아닌 장기적인 인지도 유지에 전통매체보다는 디지털매체가 훨씬 효과적이었다.

마지막 C는 Consistency, 일관성이었다. 모든 마케팅 접점에서 동일한 핵심 가치와 브랜드이미지를 전달함으로써 소비자가 기아를 하나의 명확하고 통일된 이미지로 인식하도록 했다. 기아미국이 추진한 쏘울 햄스터 광고 시리즈는 이 3C 전략을 가장 강력하게 구현한 대표적인 성공 사례다.

디자인경영, 브랜드를 다시 설계하다

글로벌 경쟁이 심화하고 기술격차가 줄어들수록 디자인은 단순한 조형을 넘어 브랜드를 정의하는 핵심 경영 자산으로 이동했다. 기아가 이 변화를 가장 극적으로 경험한 사례가 됐다.

2006년, 아우디 출신의 피터 슈라이어가 기아의 최고디자인책임자(Chief Design Officer, CDO)로 합류했다. 그냥 유능한 디자이너 한 명을 영입한 것이 아니었다. 기아가 처음으로 디자인을 경영의 중심에 놓겠다는 선언과도 같았다.

슈라이어 합류 이전의 기아는 성장 중인 회사였지만 디자인 측면에서는 명확한 정체성이 없었다. 모델마다 디자인 방향이 달랐고, 외관 콘셉트도 지역별 전략에 따라 바뀌었다. 글로벌 기자들은 기아를 이렇게 표현하곤 했다. "여러 회사의 차에 같은 로고만 붙여놓은 브

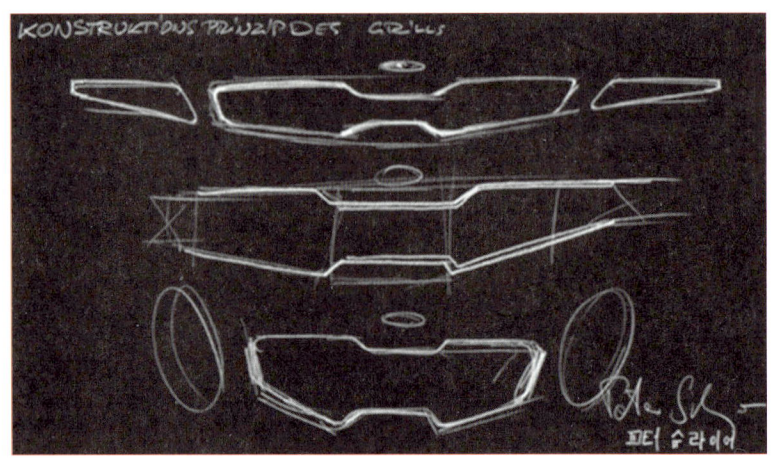

피터 슈라이어의 타이거 노즈 그릴 스케치

랜드 같다." 이 비판은 아프지만 정확했다. 당시 기아에는 브랜드의 얼굴이 없었다. 디자인은 있었지만, 디자인을 관통하는 언어는 부재했다. 다시 말해 디자인이 제품을 설명하지 못했고, 브랜드를 대변하지도 못했다.

나는 프랑크푸르트 신사옥에서 근무하던 시절, 슈라이어와 교류하기 시작했다. 이후 10년이 넘는 시간 동안 브랜드전략 회의, 신차 모델 품평회, 주요 모터쇼, 기자단 시승회까지 수많은 현장을 함께했다. 그 과정에서 나는 한 가지를 분명히 느꼈다. 그는 잘 그리는 디자이너가 아니라, 브랜드를 구조적으로 이해하는 경영자형 디자이너였다.

패밀리 룩이 없다

슈라이어는 2006년 4월에 처음 한국을 방문했을 때 어느 저녁 식사에 초대됐다. 식당으로 가는 길에 "뭘 보고 어떤 느낌을 받았느냐"라는 질문을 받자, 그는 망설임 없이 이렇게 답했다고 한다. "기아 차에는 패밀리 룩이 없습니다." 디자인 평가가 아니었다. 브랜드경영에 대한 진단이었다. 패밀리 룩이 없다는 것은 단순히 앞모습이 다르다는 의미가 아니라, 회사가 자신을 어떻게 정의하는지에 대한 답이 없다는 뜻이었다.

슈라이어는 이 문제를 차 한 대의 문제가 아니라, 브랜드 시스템의 문제로 바라봤다. 그리고 해결책 역시 디자인의 한 요소가 아니라, 디자인경영 전체를 재설계하는 데 있다고 판단했다. 2007년 프랑크푸르트 모터쇼에서 공개된 콘셉트 카 '키(Kee)'는 그 변화의 출발점이었다. 이후 기아 디자인을 상징하게 되는 타이거 노즈 그릴이 적용된 이 차를 그는 '기아의 얼굴을 바꿀 신호탄'으로 규정했다.

이때까지 기아의 라디에이터그릴은 모델마다 제각각이었다. 타이거 노즈의 등장은 전면부 디자인에 통일성을 부여했고, 동시에 브랜드의 시각적 정체성을 만들어냈다. 그저 디자인 요소가 아니라, 기아라는 브랜드가 시장과 소통하는 새로운 언어였다. 이듬해 이 디자인이 양산차인 옵티마 페이스리프트 모델에 실제로 적용되면서, 기아는 비로소 어디서 봐도 기아임을 알아볼 수 있는 브랜드가 됐다. 이 순간부터 디자인은 개별 모델의 문제가 아닌 브랜드 전체의 문제가 됐다.

대중은 흔히 타이거 노즈를 피터 슈라이어 개인의 천재성에서 비롯된 결과로 이해한다. 물론 그의 역할이 결정적이었다. 그러나 보다 정확히 말하면, 아이디어의 출발점은 새로운 CI 개발 과정에서 독일 업체가 제안한 타이거 이미지를 연상시키는 안이었다.

중요한 점은 시안의 무엇이 브랜드의 미래가 될 수 있는지를 알아본 안목이었다. 그리고 그것을 단발성 아이디어로 끝내지 않고, 전 차급, 전 지역에 적용할 수 있는 디자인 시스템으로 발전시킨 실행력이었다. 슈라이어의 진짜 공헌은 형태를 만든 것이 아니라, 형태가 반복될 수 있는 구조를 만든 데 있다. 디자인을 개인의 감각이 아닌, 조직과 프로세스의 산물로 바꿔놓은 것이다.

이후 기아는 디자인을 더 이상 마케팅 부서의 하위 기능으로 취급하지 않았다. 디자인은 상품기획, 브랜드전략, 마케팅커뮤니케이션과 긴밀하게 연결됐고, 최고경영진의 핵심 의사결정 테이블에 올라갔다. 결국 디자인경영이란 디자인을 통해 브랜드의 정체성을 정의하고, 일관된 언어로 모든 제품과 커뮤니케이션을 관통하며, 단기 유행이 아닌 장기 경쟁력을 구축하는 경영방식이었다.

피터 슈라이어가 합류하면서 기아는 이 사실을 깨달았다. 그리고 디자인 혁신을 넘어서서 자신을 다시 설계했다. 기아는 이제 가격 대비 괜찮은 차를 만드는 회사가 아니라, 자신만의 얼굴과 이야기를 가진 브랜드로 인식되기 시작했다. 디자인경영은 그렇게 기아의 두 번째 탄생을 이끌었다.

브랜드가치를 디자인으로

❀✿❀

기아의 새로운 얼굴을 만드는 것과 더불어 중요한 과제가 또 하나 있었다. 바로 기아의 핵심 브랜드가치인 신뢰, 역동성, 즐거움을 어떻게 구체적인 디자인 언어로 풀어낼 것인가 하는 문제였다. 그냥 멋있는 차를 만드는 차원의 문제가 아니었다. 브랜드가 추구하는 철학을 소비자가 한눈에 느낄 수 있도록 시각화해야 했다.

쉬운 과제는 아니었지만 나는 크게 우려하지 않았다. 피터 슈라이어는 이미 아우디TT라는 걸작을 통해 브랜드의 본질을 형태로 구현해낸 적이 있는 디자이너였기 때문이다. 그는 디자인은 설명이 아니라 설득이라는 사실을 누구보다 잘 알았다. 그의 손길이 처음부터 끝까지 관통한 첫 번째 차량은 2010년에 론칭한 TF옵티마였다.

개발 초기, 프랑크푸르트스튜디오에서 클레이 모델링을 처음 마주했을 때 나는 한마디를 내뱉었다. "와우." 그 이상도 그 이하도 아닌

TF옵티마(국내명 K5)

순수한 감탄이었다. 설명이 필요 없는 디자인이었다. 이 차는 우리가 브랜드가치로 내세운 역동성을 가장 완벽하게 시각화한 첫 번째 결과물이었다. TF옵티마는 그 자체로 성공했을 뿐 아니라 이후 기아 디자인의 방향성을 명확히 규정했으며, 훗날 기아 디자인의 정점으로 평가받는 스팅어를 탄생시키는 원동력이 됐다.

브랜드가치는 신차 디자인에서 가장 먼저 구현돼야 한다. 다행히 기아의 신차 디자인 확정 프로세스는 글로벌 완성차 업체들 사이에서도 비교적 체계적이면서도 독특했다. 특정 최고경영자나 수석 디자이너가 독단적으로 결정하는 대신 경영 의사결정 시스템을 통해 조직 전체가 검증했다.

통상적으로 남양디자인센터, 미국 LA스튜디오, 독일 프랑크푸르트스튜디오에서 각각 독립적으로 디자인 시안을 준비했다. 이 시안들 중 최종 후보를 셋으로 추린 다음 세 단계에 걸쳐 엄격한 품평 절차를 진행했다. 1단계 품평은 실무진의 몫으로, 해외상품팀장을 비롯한 현지 법인 담당자들과 연구소 PM들이 현실적이고 냉정한 평가를 내렸다. 서로 다른 지역의 디자이너들이 자신이 속한 스튜디오의 시안이 살아남을지 숨죽여 지켜보는 긴장의 관문이었다. 이어지는 2단계는 본사 관련 부서 임원들이 참여하는 중역 품평이었다. 이 단계에서는 '역동적인가', '신뢰감을 주는가', '보는 순간 즐거움이 느껴지는가'라는 질문이 반복해서 던져졌다. 미흡하다고 판단하면 디자인팀에 직설적이고 과감하게 수정을 요청했다. 디자인을 감각의 영역에서 경영 논리의 영역으로 끌어올리는 장치였다. 마지막 3

단계는 부회장단과 피터 슈라이어가 최종 확정하는 자리였다. 하지만 이미 2차 평가 결과를 토대로 심도 있게 논의된 경우가 많았다.

8년 동안 기아의 모델들을 평가하다 보니 때로는 피터 슈라이어가 강력하게 지지하던 디자인이 탈락하는 일도 있었다. 2016년에 론칭한 리오 모델 평가 때 피터 슈라이어는 프랑크푸르트스튜디오의 안을 지지했지만, 해외마케팅실에서는 해당 모델이 스포티한 이미지가 부족하다며 강하게 반대했다. 반대로 부회장의 정책적 결단으로 슈라이어의 안이 최종 확정되는 일도 있었다.

이 과정은 디자인경영이 결코 안일한 합의만으로 이뤄지는 시스템이 아니라는 사실을 보여준다. 충돌과 논쟁, 그리고 최고경영자의 결단이 함께 작동할 때 비로소 완성됐다. 단순히 미적 판단의 문제가 아니라 브랜드가치에 대한 끊임없는 선택의 연속이었다. 뭘 강조하고 뭘 포기할 것인가, 그리고 그 선택을 조직 전체가 어떻게 받아들이고 실행할 것인가의 문제였다. 기아는 피터 슈라이어와 함께 이 어려운 질문에 답하기 시작했고, 그 과정에서 비로소 자기 얼굴을 가진 브랜드로 성장해나갔다.

가속화되는 품질경영

기아의 글로벌 도약 뒤에는 품질이라는 토대가 있었다. 현대차는 1989년, 캐나다 퀘벡주 브로몽(Bromont)에 한국 최초로 해외 자동차 공장을 설립하며 북미 시장에 본격적으로 도전했다. 초기에는 쏘나타를 주당 2,000대를 생산해내며 기대를 모으기도 했다. 하지만 차종 선택의 오류와 낮은 품질 완성도로 인해 불과 4년 만에 공장 문을 닫고 말았다.

이 쓰라린 실패는 회사 전체에 지울 수 없는 메시지를 남겼다. '품질은 기업의 운명을 결정하는 알파와 오메가'라는 인식이 전사적으로 확산된 것이다. 1999년 정몽구 회장이 기아를 인수했을 때 던진 가장 강력한 메시지도 "세계 톱 10이 되려면 품질이 모든 것의 시작이 돼야 한다"였다.

당시 기아의 품질은 마감이 미흡한 정도가 아니었다. 파워트레인의 완성도, 주행 감성, 그리고 시트, 공조, 디스플레이 등 고객 접점에서의 사용성까지 모든 요소가 파편화돼 하나의 시스템으로 연결되지 못했다. 기아는 차를 만드는 법은 알았지만, 품질을 시스템으로 만드는 법에는 익숙하지 않았다. 이에 따라 품질본부는 2002년에 제이디파워와 품질 컨설팅을 시작하며 품질을 감각이 아닌 지표와 프로세스로 관리하는 체계를 배우기 시작했다.

소하리에 있던 연구소도 각 부문에서 전문 인력을 차출해 IQS TFT를 구성하고, 무려 2년 동안 초기 설계 단계부터 품질을 확보하는 시스템을 재구축했다. 이들은 '왜 문제가 반복되는가', '설계 단계에서 막을 수는 없었는가'를 끊임없이 자문하며 품질을 사후 대응이 아닌 내재화된 설계 요소로 정착시켰다.

이 과정에서 글로벌 업체들과 비교해도 매우 독특한 운영 방식이 도입됐다. 포드나 폭스바겐 같은 경쟁사들은 양산 도면이 확정되면 일정과 비용 때문에 설계변경을 사실상 불가능하다고 여겼다. 그러나 기아는 선행 양산(Pilot Production) 공정에서 문제가 발견되면 일정을 늦추는 한이 있더라도 과감하게 도면을 수정했다. 개발 효율보다 품질을 우선시하는 이 유연한 시스템은 기아만의 강력한 품질 기반이 됐다.

품질관리는 생산에서 끝나지 않았다. 전 세계 어느 지역에서든 고객이 불만을 제기하면 24시간 이내에 본사로 접수되도록 시스템화됐다. 본사의 해외품질상황실은 접수된 이슈를 실시간으로 분류해 연구소와 구매본부로 즉시 피드백했고, 개선될 때까지 추적 관리했다.

현장의 목소리를 중시하는 방침은 연 2회 열리는 해외 법인장 회의에서도 여실히 드러났다. 해외 법인장은 판매 목표 달성 방안을 발표하면서 반드시 자신이 맡은 시장의 핵심 품질 이슈 두 가지를 보고해야 했다. 품질본부는 그 자리에서 개선 상황을 직접 설명했다. 이로써 품질은 본사만의 숙제가 아니라 전 세계 법인장이 책임지는 공동 과제가 됐다.

이런 노력은 숫자로 증명됐다. 제이디파워 IQS 지표에서 기아는 2005년부터 2008년 사이 믿기 어려울 만큼 도약했다. 비록 당시에도 업계 평균을 밑도는 수준이었으나, 브로몽의 실패를 딛고 구축한 이 견고한 시스템은 훗날 기아가 북미와 유럽에서 품질 상위권 브랜드로 우뚝 서는 뼈대가 됐다.

디자인경영이 기아의 얼굴을 만들었다면, 품질경영은 그 얼굴을 계속 유지시키는 뼈대였다. 이 두 축이 함께 작동했기에 기아는 비로소 글로벌 무대에서 신뢰받는 브랜드로 자리 잡을 수 있었다.

5장

|

리먼사태 앞에서
운명을 달리한 차들

모닝과 모하비의 엇갈린 운명

✿ ✿ ✿

기아가 기존 라인업에 머물지 않고 지속적으로 신차를 개발한 배경에는 분명한 전략적 이유가 있었다. 차종을 늘리기 위해서가 아니라, 시장변화에 대응하고 브랜드 성장을 구조적으로 설계하기 위한 경영 판단이었다.

기아의 신차 개발 전략은 크게 네 가지 유형으로 구분할 수 있었다. 첫 번째는 새롭게 형성되는 세그먼트에 늦지 않게 진입해 성장을 도모하기 위한 전략이었다. 특히 유럽 시장에서는 1990년대 이후 자동차 시장의 지형을 바꿀 만큼 중요한 세그먼트가 잇따라 등장했다. 흥미로운 점은 기술력과 브랜드파워로 명성이 높은 독일 업체들이 아닌 프랑스 업체들이 이 신시장 개척에 주도적인 역할을 했다는 사실이다. 1984년 프랑스 르노는 강판 대신 강화플라스틱을 활용한 대형 미니밴 에스파스(Espace)를 발표했고, 이후 중형 미니밴 세닉(Scenic), 소형 CUV 캡처(Captur)를 통해 새로운 세그먼트를 창출했다. 기아는 이 변화를 자세히 관찰하며 1999년 컴팩트 MPV 카렌스, 2009년 소형 MPV 벤가, 2017년 소형 CUV 스토닉을 차례로 개발하며 대응했다. 이 모델들은 기아가 시장변화에 뒤처지지 않는 브랜드로 남는 데 중요한 역할을 했다.

두 번째는 기존 고객이 차량을 교체할 때 다시 기아를 선택하게 하기 위한 상급 모델 추가 전략이었다. 차를 바꾸는 고객은 더 크고 고급스러운 차를 원하는 경향이 있으며, 이때 적절한 상급 모델이 없으면 경쟁 브랜드로 갈아타버린다. 이를 막기 위해 상급 모델을 전략적으로 추가했다. 쏘렌토를 타던 고객이 한 단계 위의 SUV를 찾을 경우를 대비해 2008년 플래그십 SUV 모하비를 개발했고, 2019년에는 대중성과 고급스러움을 겸비한 텔루라이드를 선보였다. 이 전략은 기존 고객 이탈 방지와 브랜드 충성도 강화라는 측면에서 신규 고객 확보만큼이나 중요했다.

세 번째는 특정 국가나 지역의 법규 또는 세제 혜택을 겨냥한 전략이었다. 가령 모닝과 레이는 한국 경차 규격에 맞춰 개발됐다. 인도 시장에서는 전장 4미터 미만 차량에 세금 혜택을 부여하는 법규(Sub-4 Meter Rule)에 대응해 소넷(Sonet)과 시로스(Syros)를 개발했다. 이 모델들은 상품성은 물론 제도와 시장구조를 정확히 이해한 결과물이었으며, 규격을 어떻게 설정하느냐에 따라 가격경쟁력이 완전히 달라질 수 있음을 보여줬다.

마지막은 매우 특별한 유형으로, 디자이너가 제안한 콘셉트 카가 시장 반응을 이끌며 곧바로 상품기획으로 이어진 디자이너 주도형 방식이었다. 쏘울, 스팅어가 바로 이 개발 방식의 산물이다. 철저한 시장분석의 결과라기보다 브랜드의 미래 이미지를 선행 제시한 결과물이었다. 리스크는 컸지만, 성공할 경우 브랜드 전체의 이미지를 끌어올리는 강력한 힘을 발휘한다.

모닝의 비상과 모하비의 시련

2008년은 기아에게 매우 중요한 해였다. 모하비와 쏘울이라는 신차가 추가됐고, 포르테(Forte, K3의 해외명)의 풀 모델 체인지도 이뤄졌다. 그런데 8월에 리먼사태로 촉발된 금융위기가 이들 차종의 운명을 극명하게 갈라놨다.

모닝은 한국 출시 당시, 제원상 경차에 가까웠으나 법규상 소형차로 분류돼 판매에 어려움을 겪었다. 그러다 2008년 1월, 숙원이던 경차 규격 확대가 이뤄지면서 경차로 재분류됐다. 이 제도 변화가 결정적인 전환점이 됐다. 모닝은 전년 대비 200퍼센트 증가한 8만 4,000대가 판매되며 단숨에 기아의 내표 효자 보넬로 떠올랐다.

그런데 미국 시장은 정반대 방향으로 움직였다. 유가가 갤런당 4달러까지 치솟으면서 소비자들이 대형 SUV 대신 저연비 승용차로 빠르게 이동했다. 이런 상황에서 정면으로 위기를 맞은 차량이 바로 기아의 플래그십 SUV인 보레고(Borrego, 모하비의 해외명)였다. 기아의 최고 기술력을 집약한 프레임 타입 대형 SUV였으나, 2008년 7월 론칭 직후 고유가와 금융위기라는 이중고를 맞았다. 결과는 냉혹했다. 월 1,000

대도 판매하지 못했고, 결국 기아미국 역사상 최단기간인 2년 만에 판매가 중지되는 불운을 겪었다.

흥미로운 점은 금융위기 당시 GM, 포드, 토요타 등은 판매량이 2007년 대비 큰 폭으로 감소한 것에 비해 승용차 중심 라인업을 갖춘 혼다, 현대차, 기아는 상대적으로 적게 감소했다는 사실이다. 위기 상황에서 저연비 승용차가 포트폴리오의 버팀목 역할을 했기 때문이다. 이는 상품 포트폴리오가 위기 상황에서 기업의 생존을 좌우하는 방패가 될 수 있음을 보여준다. 기아는 이 경험을 통해 신차 개발이 개별 모델의 성공 여부를 넘어, 브랜드 전체의 리스크를 어떻게 분산하고 관리하느냐의 문제라는 사실을 더욱 분명히 깨달았다.

브랜드 방향을 확인한 쏘울 콘셉트 카

❁ ❁ ❁

상품전략본부와 해외마케팅실은 콘셉트 카를 디자인 실력을 뽐내기 위한 쇼카라고 받아들이는 편이었다. 그래서 콘셉트 카를 토대로 본격적인 상품기획을 할 의지가 그리 없었다. 그런데 2006년 쏘울 콘셉트 카 발표 후 미국 언론의 반응을 보고는 그때까지와는 다르게 접근하게 됐다.

쏘울 콘셉트 카는 그때까지의 기아 차 이미지와는 확연히 대비되는 놀라움과 신선함으로 주목을 받았다. 언론은 가성비(Value) 중심이던 기아가 파격적이고 개성 있는 디자인으로 젊고 활동적인 라이프

스타일을 겨냥하며 이미지 전환을 시도하고 있다는 신호로 받아들 였다. 특히 실용성 및 내부 공간 활용성에 대한 기대감이 높았다.

반면 부정적인 평가도 있었다. 스타일은 과감하지만 디자인 요소 중 일부는 과장됐다며 실현 가능성에 의문을 달았고, 시장 수용성에 도 신중한 태도를 보였다. 일부 언론과 소비자는 이 디자인을 "못생 겼다", "어색하다", "바퀴 달린 상자 같다"라고 혹평했다. 특히 보수적 인 소비자들에게 외면받는 요인이 될 것이라고 예상했다. 일부 비평 가들은 쏘울을 크라이슬러 PT크루저처럼 과하게 개성을 강조한 차 로 보고, 시간이 지나면 유행에 뒤떨어지고 사람들에게 쉽게 미움받 을 수 있다고 우려했다.

기아는 부정적인 평가보다 "젊은 세대가 좋아할 재미있는 디자인, 개성을 표현할 수 있는 요소(fun & funky)를 갖췄다"라는 평가에 집중 했다. 또 겉보기에는 작지만 높은 전고와 박스형 구조 덕분에 실내 공간이 넉넉하고 적재 능력도 실용적이라며, '도심형 러너(Urban Run-about)'로서 민첩성과 기능성을 동시에 갖춘 모델로 평가되는 부분에도 집중했다.

기아는 브랜드이미지를 바꾸고 견인하는 역할을 할 수 있다고 판단해 본격적으로 상품기획에 착수했다. 하지만 콘셉트가 비슷한 차가 없었기 때문에 몇 대를 팔 수 있을지 판매 계획을 세우는 데 어려움이 많았다. 특히 해외마케팅실에서 판매 물량이 많을 것으로 선정한 미국법인에서 제시해온 물량이 생각보다 적었다.

미국법인은 토요타가 별도로 론칭한 브랜드인 사이언(SCION)의 xB 판매실적을 근거로 들었다. 2006년에 6만 대를 판매하긴 했지만, 토요타와 브랜드가 달라 막대한 예산을 투입해 대대적으로 마케팅을 벌였다는 점을 강조했다. 이런 의견을 계기로 사이언과 xB의 마케팅을 좀 더 벤치마킹했고, 쏘울 론칭 전략을 수립하는 데도 도움이 됐다. 이렇듯 쏘울은 철저한 시장분석의 결과물이라기보다 브랜드의 미래 이미지를 선행 제시한 혁신적인 도전의 산물이었다.

사이언 xB를 벤치마킹하며 얻은 교훈

✿ ✿ ✿

토요타는 1989년 렉서스 브랜드를 성공적으로 론칭한 이후 2000년대 초반 또 다른 전략적 기로에 섰다. 내부에서는 새로운 브랜드를 추가할 필요가 있는지, 아니면 현재의 토요타 브랜드만으로 충분한

지를 놓고 치열한 토론이 이어졌다. 새로운 브랜드 도입을 반대하는 측은 토요타가 1970~1980년대에 베이비부머 세대에게 큰 지지를 얻으며 성장해왔다는 점을 강조했다. 이미 확고한 브랜드 자산이 있는데 굳이 확장할 필요가 있겠냐는 논리였다. 하지만 토요타 자체 조사와 업계 애널리스트들의 분석 결과는 경고등을 켜고 있었다. 토요타 차량을 구매하는 고객의 자녀 세대가 토요타를 꽤 촌스럽다고 느끼고 있다는 사실이 밝혀진 것이다.

당시 토요타 고객의 평균 연령은 41.1세로 GM, 포드, 크라이슬러보다 젊은 편이었지만, 토요타는 미래의 주역인 Y세대(밀레니얼)에게 어필하기 위해 특단의 조치가 필요하다고 판단했다. 이런 변화를 강하게 주장한 인물이 바로 당시 CEO였던 조 후지오 사장이었다. 그는 시장을 직감적으로 완벽히 이해하거나 젊은 층의 취향을 다 알 수는 없다는 점을 인정하면서도, "토요타가 15~24세 젊은 층의 마음을 사로잡을 수 있다면, 향후 수년에 걸쳐 그들이 토요타 차를 살 기회가 커질 것"이라고 역설했다.

토요타는 타깃 고객층을 다시 철저히 조사했다. 데이터를 통해 그들의 삶이 명확하게 드러났다. 6개월 동안 7회 이상 영화를 관람했고, 일주일에 30시간은 음악을 들었으며, 7~10시간 정도 스포츠를 즐겼다. 주 3회 외식을 하고, 반년에 한 번은 미술관을 찾는 이도 있었다. 한 가지 흥미로운 특징은 야외 활동 시 색상이 화려한 재킷을 즐겨 입으면서도, 정작 자동차 색상만큼은 밝은색을 선호하지 않는다는 점이었다.

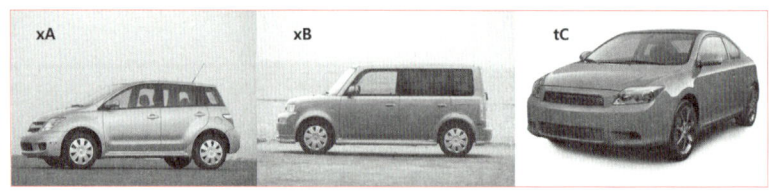

이 시장조사 결과를 바탕으로 토요타는 일본 시장을 위해 개발된 모델인 xA(일본명 이스트(Ist)), xB(일본명 bB), 그리고 tC를 라인업으로 구축했다. 그리고 연간 10만 대 판매라는 목표를 설정하고 본격적인 공략에 나섰다.

젊은 층을 지향하는 새 브랜드 사이언의 성공적인 론칭과 출시를 책임진 인물은 현재 포드의 CEO인 짐 팔리였다. 그는 2003년 6월 캘리포니아를 시작으로 xB를 먼저 선보였고, 2004년부터 판매 지역을 미 전역으로 확대했다.

가격정책 역시 파격적이었다. 사이언은 고객이 차량 구매 후 다양한 액세서리로 자신만의 개성을 표현할 수 있도록 기본 트림 가격을 매우 낮게 책정했다. 미국 시장의 평균 차량 가격이 2만 5,000달러였는데, xB는 1만 3,800달러밖에 되지 않았다.

당시 캘리포니아 젊은이 사이에서는 자기가 좋아하는 부품을 달고 튜닝하는 것이 유행했다. 토요타는 이에 맞춰 휠캡, 계기판 조명 색상, 시트커버 등을 취향에 맞게 선택할 수 있도록 했다. 토요타 딜러들 또한 사이언 전용 전시 공간을 마련하기 위해 12만 5,000달러를 투자했다. 아울러 고객이 선택한 사양을 발송 센터에서 장착해 7일 이내에 인도하는 효율적인 시스템도 구축했다.

마케팅전략에서도 대규모 텔레비전광고 같은 전통매체는 배제했다. 대신 젊은 세대의 라이프스타일을 반영해 클럽 등을 거점으로 삼아 철저한 타깃 마케팅을 전개했다. 감각적이고 세련된 인상을 지향하며 도회적인 이미지와 패션성을 추구한 결과, 2006년 브랜드 전체 실적이 목표한 10만 대를 훌쩍 넘어선 17만 대를 기록했다.

사이언의 사례는 쏘울의 상품 전략과 마케팅 방향을 수립하는 데 수많은 인사이트를 줬다. 하지만 당시 내가 마주한 기아미국의 경영 상황은 2006년 기아유럽보다 훨씬 어려웠다. 사이언 xB 론칭 당시의 마케팅 예산과는 비교조차 할 수 없는 수준이었음에도, 판매 목표는 xB만큼 높게 잡혀 있었다.

잔존가치를 고려한 쏘울 가격결정

☼ ✿ ☼

쏘울 가격 전략은 사이언 xB를 참고하는 선에서 그치지 않았다. 기아의 미국 시장 전략을 근본적으로 뒤바꾸는 결정적인 계기가 됐다. 2006년 당시 기아미국은 매주 판매 점검 회의를 열고, 판매 부진 원인을 집요하게 분석했다. 신차의 상품성부터 브랜드인지도, 딜러의 역량까지 전방위적으로 논의가 오갔으나 결론은 언제나 하나로 수렴됐다. 진짜 문제는 바로 중고차 잔존가치(Residual Value)였다.

당시 기아미국법인장은 이 사안을 그저 영업 현안으로 치부하지 않았다. 그는 잔존가치를 플릿(fleet, 법인, 렌터카 업체를 대상으로 한 대량 판매) 담당자의 관리 영역에서 분리, 상품팀이 직접 책임지는 구조로 업무를 과감히 재편했다. 잔존가치는 판매 이후에 관리하는 결과 지표가 아니라, 상품기획 단계에서부터 설계해야 하는 핵심 전략 요소라는 명확한 판단이 있었기에 가능한 일이었다.

이런 인식 전환을 바탕으로 2006년 7월부터 미국의 잔존가치 전문 기관인 ALG(Automotive Lease Guide)와 본격적인 컨설팅을 시작했다. 이 과정을 통해 기아미국은 처음으로 잔존가치를 중심에 둔 사고 체계를 학습했다. 적정가격 설정부터 사양 구성 범위, 마케팅 메시지와 판매 목표의 연결 고리까지, 모든 경영 요소가 잔존가치라는 하나의 `축을 중심으로 구조화되기 시작했다.

현장에서 얻은 확신과 가격인하 결단

컨설팅 결과는 야심작 쏘울에 처음으로 적용될 예정이었다. 하지만 타이밍이 좋지 않았다. 이미 본사로부터 미국 판매가격이 통보된 이후였기 때문이다. 통상적인 절차대로라면 가격은 이미 확정돼 되돌릴 수 없었다. 그런데 2008년 11월, LA 오토쇼에서 예상치 못한 전환점이 찾아왔다.

공교롭게도 당시 오토쇼 기아 부스 바로 옆에 닛산 큐브가 전시돼 있었다. 두 차량은 박스형 디자인이라는 공통점 때문에 자연스레 비교 대상이 됐다. 그런데 현장 반응이 무척 인상적이었다. 쏘울을 살피던 관람객들이 던진 질문은 엔진출력이나 적재 공간 같은 제원이 아니었다. 그들이 궁금해한 것은 단 하나였다. "얼마인가(How much)?"

현장에 있던 기아미국 상품 담당 주재원은 가격만 제대로 설정되면 반드시 성공하겠다는 확신을 얻었다. 단순한 직감이 아니라, 이미 ALG 컨설팅 보고서를 통해 수치로 확인한 결론과 정확히 일치하는 판단이었다. 그는 즉시 ALG의 공식 보고서를 근거로 재경본부에 가격인하를 요청했다. 그러나 돌아온 답변은 단호했다. 이미 회장 보고까지 끝난 사안이라는 것이었다.

일반적인 경우라면 논의를 끝낼 지점이었지만, 그는 물러서지 않았다. 그는 과거 기아유럽에서 씨드 가격을 재검토했던 사례를 들어 끈질기게 설득했다. 결국 재경본부는 두 가지 조건을 전제로 가격인하를 수용했다. 첫째는 인센티브 예산을 줄일 것, 둘째는 론칭 6개월 후 가격을 원복할 것이었다.

이렇게 기아미국은 쏘울 기본 모델(1.6리터, 5단 수동변속기) 가격을 1만 3,300달러로 낮추는 데 성공했다. 경쟁 모델인 닛산 큐브보다 690달러 낮은 수준으로, 시장에서 충분히 승산이 있었다. 이 전략적 선택은 적중했다. 쏘울은 론칭 첫해인 2009년, 신빌 주자였던 사이언 xB와 동기 모델인 닛산 큐브를 모두 뛰어넘는 경이로운 성과를 기록했다.

다만 쏘울의 성공을 오직 가격경쟁력만으로 설명할 수는 없다. 가격이 고객의 마음을 여는 열쇠였다면, 고객을 전시장 안으로 끌어들인 힘은 또 다른 축인 마케팅혁신에 있었다.

회장의 쏘울 판매 확대 지시

✿ ✿ ✿

어느 날, 그룹 회장이 기아 해외영업본부장을 호출했다. "쏘울, 그 거 아주 좋은 차지. 연간 판매 계획이 몇 대나 되지?"라는 회장의 질 문에 그는 "10만 대로 잡혀 있습니다"라고 답했다. 이 대답이 끝나기 가 무섭게 불호령 같은 지시가 떨어졌다. "누구 코에 붙이겠나? 연간 30만 대. 30만 대까지 확대할 방안을 보고해."

도대체 누가, 언제, 어떤 경로로 회장에게 장밋빛 전망을 심어줬는 지는 알 길이 없었다. 그러나 한 가지는 분명했다. 회장은 이미 30만 대 판매로 의지를 굳힌 상태였다. 본부장이 사색이 돼 나를 찾았다. "이게 말이 됩니까? 안 되는 거 뻔히 아시잖습니까?" 나 역시 반박했 지만, 회장의 지시를 거역할 명분은 없었다. 그 숫자는 토론의 대상 이 아니라, 이미 전제로 주어진 절대적인 조건이었다.

자동차산업에서 판매 목표 수정은 숫자만 고쳐 쓴다고 끝나는 것 이 아니다. 생산 체계 전체를 다시 설계해야 한다. 공장을 증설하고 인력을 충원해야 하며, 수천 개에 이르는 부품을 만드는 협력사들의 생산능력까지 연쇄적으로 영향을 받는다. 만약 시장이 그 물량을 흡 수하지 못하면, 재고 부담은 곧바로 공장과 협력사의 생존 위기로 이 어진다. 생산기술 부문은 이미 발 빠르게 움직이며 라인 조정 가능성 과 투자 비용 검토를 마무리해가고 있었다.

하지만 진짜 문제는 시장이었다. 쏘울이 속한 박스카 세그먼트는 선진국과 신흥국 어디에서도 검증된 시장이 아니었다. 참고할 만한 벤치마크조차 마땅치 않았다. 유일한 비교 대상인 토요타 사이언의 xB조차 미국 시장에서 연간 6만 대를 정점으로 하락세에 접어든 상태였다. 냉정히 말해 30만 대라는 숫자는 현실과 동떨어진 목표였다.

방법은 하나뿐이었다. 우리는 머리를 싸매고 최대 잠재시장인 미국 물량을 대폭 확대하는 한편 중국 현지생산 가능성까지 포함해 가용한 모든 시나리오를 검토했다. 말 그대로 '영혼까지 끌어모아' 보고서를 만들었다. 그렇게 도출된 최종 목표가 20만 대였다. 회장의 지시보다 10만 대나 적었지만, 그 이상은 도저히 책임질 수 없는 마지노선이었다. 해외영업본부장은 목숨을 걸고 이 수정안을 보고했고, 다행히 가까스로 승인을 받아냈다. 회장의 요구와 시장 현실 사이에서 간신히 찾은 불안한 균형점이었다.

이제 공은 우리에게 넘어왔다. 목표 달성의 열쇠는 전체 물량의 상당 부분을 책임져야 하는 기아미국에 있었다. 가격은 이미 기아미국의 요구를 반영해 전략적으로 설정된 상태였으므로, 남은 과제는 공격적인 커뮤니케이션뿐이었다. 우리는 다행히 회장의 지시가 내려오기 전부터 사이언의 사례를 분석하며 사선마케팅 전략을 준비해두고 있었다. 핵심은 론칭 모멘텀의 극대화였다. 차가 시장에 나오기 전부터 입소문을 만들고 인지도를 폭발시키지 않으면 답이 없었다.

그 시작은 2008년 10월 파리 모터쇼였다. 우리는 쏘울 양산형 모델과 함께 버너(Burner), 디바(Diva), 서처(Searcher), 이렇게 콘셉트 카 세 종을 동시에 공개했다. 일반적인 신차 발표가 아닌 하나의 세계관을 보여주기 위한 무대였다. 이 전략은 효과가 있었다. 미디어와 관람객이 즉각 반응했고, 쏘울은 단숨에 '이상한 차'에서 '궁금한 차'로 탈바꿈됐다.

하지만 곧바로 물리적인 장벽에 부딪혔다. 미국 시장 론칭 전, 잠재고객에게 콘셉트 카가 아닌 실제 쏘울을 보여줄 수 없었던 것이다. '국내용 양산 → 2개월 후 유럽 시장용 양산 → 다시 2개월 후 미국 시장용 양산'이라는 기아 특유의 엄격한 신차 양산 프로세스가 발목을 잡고 있었다. 사전 붐 업 없이 무려 6개월을 손발이 묶인 채 기다려야 하는 상황은 쏘울 전략 전체를 무력화시킬 수 있을 만큼 치명적이었다. 우리는 결단을 내렸다. 내수용으로 생산된 디젤엔진 탑재 쏘울 500대를 미국으로 실어 보내기로 한 것이다.

이 500대는 미국 인증을 받지 못해 도로를 달릴 수 없었다. 시승은 불가능했고 오직 전시용으로만 활용할 수 있었다. 딜러 쇼룸과 대형 쇼핑몰에 배치해 고객이 직접 보고 느끼게 하는 것이 유일한 목적이었다. 행사가 끝나면 전량을 한국으로 반송해야 했다. 차량 가격의 30퍼센트에 달하는 이용료와 왕복 물류비와 부대 비용을 감안하면 그야말로 도박에 가까운 결정이었다.

이 모든 결단에도 불구하고 최전선에 있는 기아미국의 반응은 냉담했다. 그들은 무리한 목표 설정이 어떤 비극을 낳는지 이미 겪어봤다. 늘어난 판매 목표에 대한 반발은 쉽게 가라앉지 않았고, 쏘울을 둘러싼 기대와 불안이 팽팽하게 맞섰다.

햄스터, 기아의 영혼을 깨우다

❀✿❀

2009년 4월, 해외영업본부장이 기아미국을 방문해 상향된 판매 목표 달성을 위한 대책 회의를 소집했다. 새로 설정된 목표를 어떻게 현실화할지 항목별로 점검했다. 상품 전략 측면에서는 토요타 사이언의 성공 사례를 벤치마킹해, 매년 스페셜 에디션 모델을 투입함으로써 신선함을 유지한다는 방침을 확정했다.

기아미국은 이미 2008년 10월부터 광고대행사 데이비드앤드골리앗(David & Goliath)과 함께 쏘울만의 독창적인 광고 아이디어를 준비하고 있었다. 텔레비전, 전미 극장, 디지털 채널을 동시에 공략해 단기간에 인지도를 폭발시키는 데 기존에 배정된 론칭 예산인 2,000만 달러로는 턱없이 부족하다고 주장했다. 치열한 논의 끝에 론칭 예산을 6,000만 달러로 세 배 확대했다. 쏘울을 기아 브랜드 체질 개선의 전면에 세우겠다는 강력한 선언과 다름없었다.

쏘울 커뮤니케이션의 중심에는 다소 엉뚱해 보이지만 강력한 상징성을 지닌 햄스터라는 캐릭터가 있다. 당시에는 자동차 광고와 전혀 어울리지 않는 선택처럼 보였으나, 바로 그 이질감이 전략의 출발점이었다. 쏘울은 출시 전부터 기존 자동차 마케팅 공식을 철저히 부정했다. 핵심 타깃인 Y세대는 제원표나 텔레비전광고보다 소셜미디어, 음악, 축제 같은 문화적 경험에 민감하게 반응했기 때문이다.

기아는 페이스북과 유튜브를 중심으로 한 소셜미디어 바이럴마케팅에 예산을 집중했다. 연비나 마력 같은 기계적 수치를 나열하는 대신 쏘울의 개성과 태도를 공유하도록 유도했다. 차를 설명하는 것이 아니라, 차를 경험하고 이야기하게 만드는 전략이었다. 대표적인 시도가 미국 최대 락·펑크 축제인 반스 워프드 투어(Vans Warped Tour) 후원이었다. 젊은 층의 놀이 문화에 쏘울을 하나의 소품처럼 배치하기 위해 축제 현장에 쏘울 라운지를 설치했다. 전시 이상의 의미가 있었다.

차의 전체 모습을 성급히 드러내는 대신 "A New Way to Roll(새로운 방식의 드라이빙)"이라는 슬로건 아래 독특한 실루엣과 감성을 앞세워 호기심을 자극했다. 2009년 공개된 첫 햄스터 광고는 MTV 비디오 뮤직 어워드와 전미 1만 개 극장을 통해 젊은 층에게 강렬하게 노출됐다. 올해의 자동차 광고상을 수상할 만큼 화제가 됐으나, 이는 거대한 서막의 시작일 뿐이었다.

기아는 신차 론칭 이듬해에 유지 광고를 집행한 전례가 거의 없었으나 쏘울은 예외였다. 2010년, "This or That(이것이냐 저것이냐)"이라는 광고를 제작했다. 이 광고는 쏘울의 스타일을 전면에 내세우며 닛산 큐브와 사이언 xB 같은 경쟁 모델을 쳇바퀴, 종이 상자, 드럼 세탁기로 풍자했다. 쳇바퀴를 도는 햄스터는 지루한 일상에 갇힌 경쟁 차 유저를, 힙합 복장으로 쏘울을 타는 햄스터는 자유와 쿨함을 상징했다. 여기에 LMFAO의 〈파티 록 앤섬(Party Rock Anthem)〉 같은 트렌디한 음악이 더해지자 광고는 그 자체로 하나의 뮤직비디오처럼 소비되고 공유됐다.

햄스터 캐릭터는 해를 거듭하며 시대의 트렌드에 맞춰 더 날씬하

고 세련되게 진화했다. 햄스터는 광고 소품을 넘어 하나의 문화 아이콘으로 자리 잡았고, 쏘울은 자동차를 넘어 엔터테인먼트 콘텐츠로 받아들여지기 시작했다. 각종 광고상을 휩쓴 이 캠페인은 기아 브랜드에 '젊고, 개성 있고, 즐거운' 이미지를 구축하는 데 결정적인 역할을 했다.

흥미로운 점은 쏘울의 실제 구매층이었다. 타깃은 젊은 세대였으나 실제로는 50~60대 고객 비율도 상당히 높았다. 이는 쏘울이 특정 연령대의 전유물이 아니라, 감각이 젊은 사람들의 차로 인식됐음을 의미한다. 쏘울은 판매량에서도 성공한 볼륨 모델이었지만, 브랜드 전체의 가치를 끌어올리는 헤일로 카(Halo Car)로서 더 큰 가치를 증명했다.

쏘울 출시 이전, 기아는 '돈이 부족해서 사는 차'라는 이미지가 강했다. 그러나 쏘울 이후 기아는 '젊은 감각을 위해 선택하는 차'로 탈바꿈했다. 브랜드가 지향하는 마인드 에이지(Mind Age, 스스로 느끼는 마음의 나이)가 획기적으로 낮아진 것이다. 경쟁 모델인 닛산 큐브와 사이언 xB가 결국 단종되는 동안 쏘울은 살아남아 미국 소형 박스카 시장의 대명사가 됐다. 이 성공 경험이 훗날 K5, 쏘렌토, 스포티지 등 주력 모델들이 비상할 수 있는 튼튼한 브랜드 기초체력이 돼줬다.

사이언 xB와 기아 쏘울의 승패를 가른 요인
✿✿✿

시장은 언제나 냉정했다. 고객의 취향은 변했고, 경쟁사는 새로운 도전에 나섰다. 그 결과, 토요타 브랜드인 사이언은 2016년 역사 속으로 사라졌다. 한때 기아미국의 브랜드이미지 구축에 결정적인 공헌을 했던 쏘울의 판매 역시 감소 국면에 접어들었다. 지금은 셀토스가 그 공백을 어느 정도 보완하고 있다.

Y세대를 겨냥해 만들어진 사이언은 2006년 연간 17만 대를 판매하며 정점을 찍었다. 이후 추가 차종 투입에도 불구하고 2013년부터는 연간 3만 대 수준으로 판매량이 급락했다. 2015년 신모델 iA와 iM을 론칭했음에도 불구하고, 토요타는 불과 몇 달 뒤인 2016년 2월에 사이언 종료를 공식 발표했다. 닛산 큐브 역시 같은 운명을 맞이했다.

여기서 자연스럽게 의문 하나가 떠오른다. 과연 토요타 사이언의 xB와 기아 쏘울은 무엇이 달랐을까?

두 차종 모두 마케팅 타깃과 실제 구매자가 다른 미스매치의 대표 사례다. 그러나 그 간극을 수용하고 대응하는 방식에서 두 브랜드의

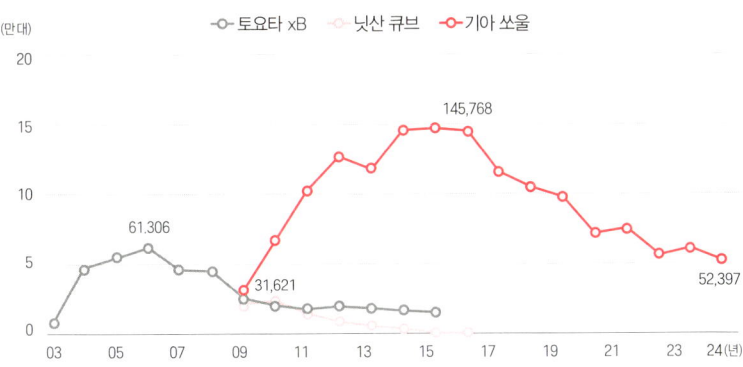

미국 시장 판매 추이

‐○‐ 토요타 xB ‐○‐ 닛산 큐브 ‐●‐ 기아 쏘울

(만대)

145,768

61.306

31,621

52,397

운명이 완전히 갈렸다.

두 브랜드 모두 미래 고객인 Y세대를 잡겠다는 명확한 목표로 시작했다. 사이언은 토요타의 지루한 이미지를 탈피하기 위해 론칭한 유스(Youth) 전용 브랜드였고, 기아 역시 쏘울을 통해 브랜드이미지를 젊게 만들고자 했다. 문제는 출시 이후였다. 실제로 이 박스형 차량의 실용성에 매료된 쪽은 두 차종 모두 타깃층이 아닌 그보다 나이가 많은 세대였다. 넓은 실내 공간, 높은 시트 포지션, 편안한 승하차는 젊은이들보다 X세대와 베이비부머 세대에게 더 강력하게 어필했다.

토요타는 당황했다. 젊은 브랜드라는 정체성을 억지로 지키기 위해 2세대 xB의 차체를 둥글게 바꾸고 엔진을 키우며 가격을 올리는 등 기존 콘셉트에서 벗어난 변화를 시도했다. 그 결과 1세대의 각진 매력이 사라졌고, 젊은 층은 더 이상 쿨하지 않다며 떠났다. 동시에 기존 구매층인 중장년층 역시 비싸진 가격과 사라진 매력에 등을 돌렸다. 결국 xB는 시장에서 퇴출됐다.

기아의 대응은 달랐다. 중장년층이 장 보기 편하고 시야가 좋은 차라며 적극적으로 구매하는 현상을 인위적으로 막으려 하지 않았다. 대신 광고와 커뮤니케이션만큼은 끝까지 젊고 힙한 이미지를 유지했다. 기아의 전략은 명확했다. 차를 사는 사람의 실제 나이보다, 이 차를 탔을 때 스스로를 얼마나 젊은 감각의 소유자로 느끼게 하느냐가 중요하다고 본 것이다. 일종의 브랜드 최면 효과였다. 그 결과 50~60대가 쏘울을 타더라도 주변에서는 그를 '젊은 차를 타는 감각 있는 사람'으로 인식하게 됐다. 쏘울은 이를 통해 전 세대를 흡수하며 롱런 모델로 자리 잡을 수 있었다.

사이언 종료 당시 북미토요타 CEO였던 짐 렌츠(Jim Lentz)는 이 결정을 후퇴가 아닌 토요타의 비약이라고 평가했다. 사이언을 통해 토요타로는 시도하기 어려웠던 실험적 아이디어를 시험할 수 있었고, 젊은 고객층을 토요타그룹으로 유입시키는 성과를 거뒀다고 분석한 것이다. 그럼에도 불구하고 사이언이 젊은 층의 지속적인 수요를 개척한다는 본래 목표를 달성하지 못한 것은 부인할 수 없는 사실이다. 리먼사태 이후 수익 회복에 우선순위가 밀리며 상품 개발 투자가 축소된 것도 뼈아픈 대목이었다.

이 모든 과정을 돌이켜볼 때 쏘울이 미국 시장에서 거둔 성공은 마케팅 교과서에 실릴 만하다. 쏘울은 타깃과 실제 구매자의 불일치를 인정하되 브랜드이미지를 통해 그 심리적 간극을 메웠고, 결과적으로 기아 브랜드 전체의 마인드 에이지를 낮추는 결정적 역할을 해냈다.

사이언이 사라지고 10년 뒤, 쏘울도 시장수요 구조의 변화로 단산됐다. 과거 기아가 선보인 콘셉트 카 트랙스터는 4WD를 탑재한 매력적인 모델이었으나, 과도한 개발비 탓에 양산으로 이어지지 못했다. 이제 셀토스의 플랫폼이나 EV3 플랫폼을 활용해 그 가능성을 다시 현실화할 수는 없을까? 기아 상품팀은 현재 어떤 미래를 그리고 있을지 자못 궁금해진다.

6장

비전 2016을 위한
상품 전략

다음 단계를 설계하다

✿✿✿

2008년 극적인 턴어라운드 이후, 기아는 매년 최고 성과를 경신하며 고속 성장 궤도에 올라섰다. 그러나 여기에 안주하지 않았다. 다음 단계로 도약하기 위해서는 보다 장기적이고 구조적인 성장전략이 필요하다고 판단했다. 그 결과 수립된 것이 바로 '기아 비전 2016'이다.

이 계획은 원래 2010년 말부터 '비전 2014'라는 이름으로 준비됐다. 그러나 내부 검토 과정에서 단기 목표는 기아가 도달해야 할 위상과 야망을 담기에 부족하다는 판단이 내려졌다. 결국 목표 시점을 2년 늦추는 대신 목표 수준을 대폭 상향 조정한 '비전 2016'으로 최종 확정됐다. 비전 달성을 위한 구체적인 목표는 판매 증대, 브랜드파워 제고, 브랜드가치 성장이라는 세 가지 축으로 정리됐다.

우선 글로벌 판매량을 2010년 기준 연간 210만 대에서 2016년까지

300만 대로 끌어올린다는 공격적인 목표를 세웠다. 이는 글로벌 톱 메이커 반열에 올라서기 위한 최소 조건이었다. 또한 토요타 대비 88퍼센트 수준인 브랜드파워 지수를 95퍼센트까지 높여 토요타와 어깨를 나란히 하겠다는 심리적 마지노선을 설정했다. 마지막으로 브랜드가치(인터브랜드 기준)를 2010년 18억 달러에서 2014년까지 35억 달러 수준으로 두 배 가까이 성장시키는 것을 목표로 삼았다. 이를 실현하기 위해 해외마케팅실은 글로벌 브랜드 커뮤니케이션 시스템(GBCS) 도입, 공격적인 신차 공세, 디지털마케팅 고도화, 전략적 스포츠마케팅이라는 네 가지 핵심 전략을 수립했다.

A Different Beat: 브랜드의 영혼을 정의하다

전사적으로 브랜드 구현을 추진하기 위한 전담 조직이 꾸려지면서, 기아의 브랜드 아이덴티티 역시 새롭게 정의됐다. 가장 먼저 정립된 것은 브랜드의 DNA라 할 수 있는 브랜드 에센스였다. 기아는 이를 '어 디퍼런트 비트(A Different Bea, 또 다른 울림)'로 정의했다. 기아에는 늘 세상을 두드리는 새로운 리듬과 파동이 존재한다는 선언이었다.

이어 브랜드의 방향성을 제시하는 나침반인 핵심 정체성을 재정립했다. 상품기획, 연구소, 마케팅 부서 간의 치열한 토론 끝에 Reliable(신뢰할 수 있는), Distinctive(차별화된), Vibrant(활기찬)라는 세 가지 속성이 확정됐다. 정몽구 회장의 품질경영을 계승한 신뢰성, 피터 슈라이어의 디자인경영을 상징하는 차별성, 그리고 역동성을 한 단계

기아 브랜드 체계 변경 내용

	기존	기아 비전 2016
브랜드 에센스	즐겁고 활력을 주는 (Exciting & Enabling)	A Different Beat (또 다른 울림)
핵심 정체성	신뢰성(Trustworthy) 역동성(Dynamic) 재미(Fun)	Reliable(신뢰할 수 있는) Distinctive(차별화된) Vibrant(활기찬)
슬로건	The Power to Surprise	동일
타깃 정의	Young at Heart	동일

진화시킨 활력을 기아가 고객에게 전달해야 할 핵심 가치로 정한 것이다. 한편 기존 슬로건인 '더 파워 투 서프라이즈'와 타깃 정의인 '영 엣 하트'는 이미 딜러와 고객 사이에 깊은 공감대가 형성돼 있었기에 그대로 유지하기로 했다.

한목소리의 꿈과 중국 시장의 불협화음

새로운 전략은 현장으로 빠르게 전파됐다. 본사는 전 세계 딜러들이 쇼룸을 새롭게 단장할 수 있도록 비용을 지원했고, 광고 가이드라인을 전면 재정비했다. 고객과의 모든 접점에서 '하나의 목소리, 일관된 메시지'를 구현할 수 있는 탄탄한 기반이 갖춰지는 듯 보였다. 하지만 전략이 아무리 정교해도 실행력이 뒷받침되지 않으면 무용지물이다. 불행히도 가장 큰 시장인 중국에서 균열이 감지되기 시작했다.

당시 기아의 중국 합작 법인(DYK)은 해외영업본부와 분리돼, 독립적인 중국사업부 체계로 운영되고 있었다. 2010년 이후 판매와 이익이 폭발적으로 성장하던 시기였기에, 호황에 취한 현지 경영진에게 본사의 정교한 브랜드전략은 우선순위가 아니었다. 본사 방침은 번거로운 간섭으로 치부됐고, 법인은 독자 노선을 강화해나갔다.

기아 비전 2016은 전략적으로 완성도 높은 설계였으나, 그 전략이 모든 시장에서 동일한 속도로 실행되지는 못했다. 이 작은 균열이 훗날 얼마나 큰 파문을 불러올지, 이 시점에서는 아직 누구도 정확히 알지 못했다.

상품 전략의 전쟁터, 엇갈리는 선택과 딜레마

기아 해외마케팅실은 매년 두 차례 이상 상품전략본부, 연구소, 그리고 현대차와 공동으로 중장기 상품 전략 회의를 했다. 이 회의는 정보를 공유하는 데 그치지 않고, 향후 5년의 미래를 가정하고 서로 충돌하며 조정하는 전쟁터였다. 우리는 이 자리에서 시장변화를 예측하고, 자원이 제한된 가운데 뭘 우선순위에 둘지를 놓고 치열하게 논쟁했다.

당시 현대차그룹의 상품 전략 최우선순위는 명확했다. 바로 중국 시장 대응 신차와 환경규제 대응 모델이었다. 여기에 해외공장 생산 모델까지 더해지자, 개발해야 할 차종이 기하급수적으로 늘어났다. 페이스리프트와 파생 차종 개발까지 감당하던 연구소의 업무 부담은 이미 한계치에 다다라 있었다. 그럼에도 기아 비전 2016을 달성하기 위해서는 브랜드전략을 실질적으로 떠받칠 공격적인 상품 전략이 필요했다.

중국 대상 모델은 중국사업부가 주도권을 쥐고 전략을 수립했으나, 미국과 유럽 등 글로벌 시장용 모델 전략은 해외마케팅실이 주도했다. 현대차그룹에는 차종당 2.5~3년 주기마다 페이스리프트를 하고, 일정 시점이 되면 풀 모델 체인지를 해야 한다는 암묵적인 불문율이 있었다. 연구소 역량상 연간 6~8개 차종이 한계였으나, 회사의 성장 목표와 마케팅 부서의 지속적인 요청에 따라 2016년을 전후해 연간 10개 이상 신차를 쏟아내는 체제로의 확장이 추진됐다. 이는 명백히 도전적인 선택이었다.

중심축의 이동과 독자적인 친환경차 로드맵

2012년을 전후해 글로벌 자동차 시장은 세단에서 CUV와 SUV로 중심축이 이동하고 있었다. 기아는 즉각 세그먼트 커버리지 점검에 나섰다. 동시에 환경규제는 더 이상 미래의 문제가 아니었다. 유럽은 2015년부터 평균 이산화탄소 배출량을 킬로미터당 130그램으로 제한하겠다고 예고했다. 미국 오바마 행정부는 기업평균연비규제제도(Corporate Average Fuel Economy, CAFE)를 도입, 2025년까지 평균 연비 기준을 리터당 약 23킬로미터(갤런당 54.5마일)라는 파격적인 수준으로 확정한 상태였다. 상품 전략은 이제 세그먼트 대응과 환경규제 대응을 동시에 만족시켜야 하는 고난도 퍼즐이 됐다.

이 거대한 흐름 속에서 기아는 독자적인 친환경차 로드맵을 그렸

기아 신차 계획(2012년 기준)

		13년	14년	15년	16년	17년	18년
연간 신차 수(풀 모델 체인지/신규 추가 차)		2(2/0)	4(2/2)	3(2/1)	5(4/1)	5(2/3)	4(2/2)
글로벌	승용	–	–	K5	K7 모닝 프라이드	스팅어 K3 K9	씨드 레이
	RV	카렌스 쏘울	쏘울EV 카니발 쏘렌토	소형 SUV 스포티지	환경 전용 차	고급 소형 승용	–
중국		–	중형 승용	–	K2	중형 SUV 소형 승용	포르테(TDc2) 중대형 승용

다. 수소연료전지차를 우선시한 현대차와 달리 전기차(Electric Vehicle, EV)를 우선 전략으로 설정한 것이다. 그 결과, 쏘울EV 개발이 결정됐다. 여기에 연구소가 제안한 하이브리드차 개발안도 승인됐다. 바로 훗날 기아의 대표 친환경 모델이 되는 니로 프로젝트다. 이는 단기적인 규제 대응을 넘어 기아 브랜드의 미래 이미지를 설계하기 위한 선택이었다.

미국과 유럽 시장의 엇갈리는 고민

기아는 미국 시장이 SUV와 CUV로 이동하고 있다는 사실을 비교적 정확히 읽었지만, 내부 사정으로 SUV 신차를 제때 추가하지 못하고 있었다. 승용차 라인업은 프라이드부터 K3, K5, K7까지 촘촘한데도 브랜드이미지를 높이기 위해 피터 슈라이어와 의기투합해 스팅어 개발을 발의했다. 그런데 SUV는 엔트리 CUV인 쏘울부터 스포티지, 쏘렌토는 있었으나, 미드사이즈 SUV(훗날 텔루라이드급)와 라지

SUV 세그먼트는 완전히 비어 있었다. 2008년 모하비 실패 경험과 대형 SUV 시장에 대한 기아미국의 보수적인 시각이 결정적인 제약으로 작용한 탓이었다.

특히 엔트리급 CUV 대응은 심각한 딜레마에 빠졌다. 회장의 지침이었던 '쏘울 연간 20만 대 판매' 목표와 정면으로 충돌했기 때문이다. 쏘울은 이미 독자적인 영역을 구축했지만, 경쟁 모델이 쏟아질 예정이라, 쏘울과 판매 간섭이 발생할 수 있는 유사 세그먼트의 신차 투입은 유보될 수밖에 없었다.

유럽 시장의 고민은 또 달랐다. 기아는 세그먼트 A~E 전체를 커버하고 있었으나, 씨드의 성공을 상급 모델인 옵티마로 연결하지 못하고 있었다. 원인은 왜건 모델의 부재였다. 왜건은 독일 등 주요 시장에서 절대적인 비중을 차지했기에, 기아유럽의 강력한 요청에 따라 옵티마 왜건 개발이 결정됐다. 이는 씨드 고객들이 그다음에 탈 상위 차종을 선택할 때를 대비해 감수해야 하는 전략적 모험이었다.

한편 유럽 고객은 쏘울을 CUV로 인식하지 않았고, 쏘울의 판매 목표에도 수긍하지 않은 편이었다. 이에 기아는 유럽의 니즈와 규제 대응을 동시에 만족시킬 대안으로, 쏘울과는 전혀 다른 성격의 세그먼트 B에 속하는 CUV를 신규 개발하는 방향으로 전략을 선회했다. 이 선택은 훗날 기아유럽 전략에서 중요한 전환점이 된다.

85그램의 사투

⚙ ⚙ ⚙

2000년대 후반, 유럽 자동차 시장은 전례 없는 저탄소 전쟁의 소용돌이로 빠져들었다. 당시 완성차 업체들에 주어진 지상 과제는 단순했다. 이산화탄소 배출량을 킬로미터당 85그램 수준까지 낮춘 소형 디젤차를 개발하는 것이었다. 이는 당대 최고의 친환경차로 평가받던 토요타 프리우스 하이브리드보다도 우수한 연비 효율을 의미했다.

이 시기, 디젤 기술은 단순한 연비 개선 수단을 넘어 환경 기술력의 척도이자 브랜드의 상징으로 격상됐다. 이에 발맞춰 브랜드들은 저마다 환경친화적인 서브 브랜드를 전면에 내세웠다. 메르세데스-벤츠의 블루텍(BlueTec), BMW의 블루퍼포먼스(BluePerformance), 폭스바겐의 블루모션(BlueMotion), 포드의 에코네틱(ECOnetic), 푸조의 HDi 에코(HDi Eco), 르노의 에코투(eco^2)가 연이어 등장했다. 바야흐로 블루와 에코가 자동차산업의 공용어가 된 시대였다.

제조사들은 이산화탄소 배출량 1그램을 줄이기 위해 처절한 기술 경쟁을 벌였다. 차체 경량화와 공기저항 최소화는 기본이고, 디젤엔진 효율 개선, 6단 수동변속기 채택, 저마찰 타이어 적용이 이루어졌다. 여기에 정차 시 엔진을 끄는 스타트-스톱 시스템과 회생제동 기술까지 총동원됐다. 2006년 폭스바겐 폴로가 처음으로 킬로미터당 100그램의 벽을 돌파하며 업계를 놀라게 했지만, 진정한 충격은 2008년 파리 모터쇼에서 터졌다. 르노가 선보인 클리오3(ClioⅢ) 1.5dCi 에코투 모델이 마침내 킬로미터당 85그램이라는 상징적 수치를 달성한 것이다. 이 차량이 2009년 초 실제 판매에 돌입하자 업계에는 하이브리드보다 깨끗한 디젤이라는 인식이 급속도로 확산됐다.

세제 혜택과 페널티, 생존이 달린 탄소 배출량

이 같은 기술 경쟁의 이면에는 강력한 정책적 압박이 있었다. 독일, 영국, 프랑스를 비롯한 유럽 주요 국가들은 이산화탄소 배출량에 따라 세금 혜택과 페널티를 냉정하게 차등적용했다. 독일은 배기량과 배출량을 결합한 자동차세를 도입했고, 영국은 도로세를 배출량 구간별로 세분화했다. 심지어 프랑스는 보너스-말러스(Bonus-Malus) 제도를 도입, 저배출 차량에는 보조금을 지급하고 고배출 차량에는 벌금을 부과함으로써 차종 간 가격 차이를 수천 유로까지 벌려놨다. 소비자의 지갑을 직접 겨냥한 이 제도 앞에서 이산화탄소 경쟁력은 곧 판매 경쟁력이 됐다.

기아유럽은 비명을 질렀다. 기아 차의 이산화탄소 배출량이 경쟁사보다 높아 가격경쟁력이 떨어지고, 차가 팔리지 않는다는 절박한 위기감이 현장을 지배했다. 기아는 즉각 장기적인 대응 로드맵을 수립했고, 그 첫 결실로 2009년 친환경 통합 브랜드 '에코 다이나믹스(EcoDynamics)'를 공식 선포했다. 이 브랜드는 단일 기술을 가리키지 않았다. 하이브리드부터 전기차까지 기아가 지향하는 모든 친환경 기술을 포괄하는 엠블럼이자, 기아의 녹색 정체성을 세상에 선언하는 상징이었다.

그러나 연구소 내부에서는 경쟁사들이 내세운 비현실적인 수치에 대한 의구심이 팽배했다. 이에 기아 해외상품팀은 유럽연구소와 함께 본격적인 기술 해부에 착수했다. 르노와 푸조는 어떻게 킬로미터당 85그램이라는 숫자를 만들어냈는지 분석한 결과는 놀라웠다. 핵심은 극단적인 경량화 전략에 있었다. 경쟁사들은 인증용 모델(Homologation Model)을 별도로 운영하며 초경량 시트와 휠을 장착했고, 일부 모델은 뒷좌석을 제거한 상태로 인증받은 사례까지 확인됐다. 규제를 통과하기 위해 철저히 계산된 전략적 모델 구성의 산물이었다.

기술과 마케팅의 격돌, 그리고 리오 에코 다이나믹스

이러한 유럽 경쟁사의 동향은 기아 상품위원회에서도 격렬한 논쟁을 불러일으켰다. 마케팅 부서는 저연비 차량의 적극적인 홍보를 주장한 반면 연구소는 현재 기술 수준으로는 경쟁사만큼의 수치를 달성하기 어렵다며 난색을 보였다. 그럼에도 기아유럽의 판매 모멘텀을 유지해야 한다는 현실적인 요구가 있었다. 결국 나는 연구소장에게 경쟁사

처럼 트릭을 동원해 콘셉트 카 형태로라도 만들어달라고 요청했다.

연구소장은 결단을 내렸다. 1.1리터 3기통 터보 디젤엔진, 6단 수동 변속기, 가능한 모든 경량화 기술을 적용해 킬로미터당 85그램 스티커를 붙인 리오 에코 다이나믹스를 제작한 것이다. 이 차량은 2011년 제네바 모터쇼에서 처음 공개됐다. 비록 상용화에는 이르지 못했지만, 기아의 기술력과 친환경 의지를 강렬하게 새겨 넣었고 유럽 딜러들에게도 큰 기대감을 안겨줬다.

이 콘셉트 카는 마케팅 부서와 연구소 모두에게 환경 저감 기술이 더 이상 선택이 아니라 생존의 조건임을 분명히 각인시킨 계기가 됐다. 2000년대 후반, 유럽의 이산화탄소 전쟁은 기술 대결을 넘어 브랜드 철학의 대결이었다. 하이브리드가 아니라 디젤이 친환경의 척도로 여겨지던 시절, 기아는 비록 경쟁사보다 늦었지만 분명한 한 걸음을 내디뎠다. 그리고 이 한 걸음은 훗날 전기차와 전동화 시대로 이어지는 기아 친환경 전략의 기원이 됐다. 유럽에서 시작된 킬로미터당 85그램 전쟁은 그렇게 기아의 미래를 바꾸기 시작했다.

옵티마 업마켓 전략

✿ ✿ ✿

기아가 미국 시장에서 본격적으로 브랜드의 존재감을 드러내기 시작한 것은 쏘울이 예상을 뛰어넘는 성공을 거둔 덕분이었다. 여기에 미국 조지아 공장에서 생산된 쏘렌토와 옵티마가 연이어 히트하면서, 기아는 마침내 '싸구려 차'라는 꼬리표를 떼고 획기적인 이미지 변신에 성공했다.

사실 옵티마가 미국 시장에 처음 진입했을 당시, 중형 세단 시장은 일본 업체들이 수십 년간 쌓아 올린 난공불락의 요새였다. 2005년 기준, 토요타 캠리는 연간 43만 대를 판매하며 제왕으로 군림했고, 혼다 어코드가 38만 대로 그 뒤를 이었다. 닛산 알티마 역시 26만 대를 기록하며 확고한 입지를 다지고 있었다. 미국 빅 3의 자존심인 쉐보레 말리부도 24만 대를 판매했고, 현대차 쏘나타는 13만 대로 선전 중이었다. 이 치열한 전장 한복판에서 기아 옵티마의 존재감은 미미했다. 연간 판매량은 4만 대 수준에 머물렀고, 이는 마쓰다 6나 스바루 레거시가 기록한 7~8만 대의 절반에도 미치지 못하는 수치였다. 옵티마는 명백히 시장 주변부를 맴도는 차였다.

반전의 서막은 3세대인 TF옵티마의 등장과 함께 올랐다. 이 모델은 기아 브랜드의 핵심 정체성 중 하나인 역동성을 구현할 주요 차종으로 지목됐고, 초기 품평 단계부터 "디자인 철학이 완벽하게 구현됐다"라는 찬사를 받았다. 2011년 8월 조지아 공장에서 현지생산이 예정돼 있었기에, 기아미국은 마케팅 자원을 쏘울과 쏘렌토에 이어 옵티마에 거의 올인하다시피 집중했다. 옵티마는 기아 브랜드를 한 단계 끌어올릴 결정적 승부수였다.

슈퍼볼과 럭셔리의 결합, SX리미티드의 탄생

기아는 2010년 처음으로 미국 광고 시장의 꽃이라 불리는 슈퍼볼

무대에 쏘렌토 광고를 내보냈다. 2011년에는 이 무대를 전략적으로 옵티마에 활용했다. 60초 분량의 슈퍼볼 광고 〈원 에픽 라이드(One Epic Ride, 위대한 여정)〉는 옵티마의 세련된 디자인과 혁신적인 성능이 고대 전사, 외계인, 심지어 바다의 신 포세이돈까지 매료시킨다는 재치 있는 설정으로 강렬한 인상을 남겼다. 이 차는 특별하다는 메시지를 대중의 무의식에 각인시킨 작업이었다. 공격적인 마케팅의 결과는 즉각 나타났다. 2010년 2만 7,000대까지 추락했던 옵티마 판매량이 2011년 8만 5,000대로 수직 상승한 것이다.

그러나 진정으로 놀라웠던 것은 판매량보다 판매 품질 변화였다. 론칭 이후 실시한 고객 프로파일 분석에서 BMW, 메르세데스-벤츠, 아우디 같은 프리미엄 브랜드를 타던 고객들이 옵티마로 이동하는 현상이 포착됐다. 가격 대체 수요가 아니라, 브랜드 인식 변화가 실제 구매 행동으로 이어졌다는 신호였다. 이 고무적인 결과는 기아가 준비하던 업마켓 전략에 불을 지폈다. 부유한 고객들의 눈높이에 맞

는 최고급 트림을 만들기로 결정했고, 그렇게 탄생한 것이 바로 옵티마 SX 리미티드(SXL)다.

우선 국내와 유럽 사양에는 있었지만 미국에는 적용되지 않았던 LED 주간 주행등과 전자식 파킹 브레이크를 추가했다. 당시 미국 대중 브랜드 차량에서는 보기 드문 프리미엄급 사양이었다. 또 미국 소비자가 대형 픽업과 SUV의 반짝이는 크롬 부품을 선호한다는 점에 착안해 18인치 크롬 휠을 새로 개발하고, 외관 곳곳에 과감하게 크롬 장식을 적용했다. 실내 역시 화이트 나파 가죽 시트와 블랙 직물 헤드라이너를 적용해 강렬한 대비를 줬으며, 주요 부품을 리얼 우드 질감 소재로 교체했다. 이렇게 해서 화이트 톤 내·외관과 파노라마 선루프가 어우러지며 고급스러우면서도 역동적인 이미지가 완성됐다.

데이터가 증명한 브랜드의 비약

물론 이 과정에서 막대한 추가 투자가 필요했고, 연구소와 재경 부문의 반대도 거셌다. 그러나 이는 단기 수익이 아닌 브랜드를 위한 투자였기에 물러설 수 없는 선택이었다. 추가 비용이 투입된 만큼 가격인상은 불가피했다. 당시 기아로서는 꿈의 가격대인 3만 달러 이상으로 가격을 책정하는 모험을 감행했다. 목표는 전체 옵티마 판매의 10퍼센트를 SXL 트림으로 채우는 것이었다. 판매 전략 역시 선택과 집중을 철저히 따랐다. 판매 지역을 뉴욕, LA, 시카고 등 소득수준이 높은 10개 주요 도시로 한정하고, 고가 차량 판매 경험이 있는 딜러를 엄선했다.

결과는 데이터로 똑똑히 증명됐다. 중형 세단 구매자의 평균 소득이 9만 3,000달러였던 반면 옵티마SXL 구매자의 평균 소득은 9만 9,200달러에 달했다. 더 부유하고 전문적인 직업군이 기아의 고객으로 유입된 것이다. 연령대 역시 눈에 띄게 낮아졌다. 토요타 캠리 구매자가 평균 55.8세였는데, SXL 구매자는 48.3세로 당시 중형 세단 모델 중 가장 젊었다. 돈 있는 젊은 층이 기아를 선택하기 시작한 것이다. 중고차 잔존가치 또한 구형 모델 대비 20퍼센트포인트 이상 급등, 캠리와 대등한 52퍼센트 수준에 도달했다. 2008년만 해도 캠리보다 26퍼센트나 낮았던 실거래 가격은 2011년에 이르러 오히려 캠리를 추월했다.

옵티마를 통해 검증된 이 업마켓 전략은 이후 다른 차종으로 확산됐다. 이는 기아의 비보조 인지도를 끌어올렸고, 싸구려 차 이미지를 지우고 브랜드를 한 단계 위로 끌어올리는 결정적인 전환점이 됐다. 옵티마는 그냥 히트한 모델이 아니라, 기아가 어디까지 갈 수 있는 브랜드인지를 증명해낸 차였다.

로망을 향한 질주, 핫 해치 씨드GT의 탄생

✿ ✿ ✿

기아는 유럽 전략 차종인 씨드를 출시하며 폭스바겐 골프를 비롯한 유럽 터줏대감들과 본격적인 경쟁에 나섰다. 철저한 현지화전략 아래 디자인은 유러피언 감성에 맞게 다듬었고, 보디 타입은 3도어와 5도어 해치백, 왜건까지 풀 라인업으로 구성했다. 파워트레인 역시 가솔린과 디젤을 모두 준비해 선택의 폭을 넓혔다. 당시 가장 큰 약점이 낮은 브랜드인지도였는데, 이를 극복하기 위해 던진 7년 보증이라는 승부수가 적중했다. 경쟁사와 차별화되면서도 즉각적인 가치를 제공한 이 전략 덕분에 씨드는 시장에 빠르게 안착했고, 기아는 유럽 세그먼트 C에서 의미 있는 입지를 확보할 수 있었다.

그러나 시장의 본질은 거기서 끝나지 않았다. 유럽 세그먼트 C의 핵심은 실용성이 아니라 언제나 '로망'에 있었기 때문이다. 브랜드이미지를 견인하는 간판 모델은 쿠페·카브리올레(Coupe & Cabriolet, CC)나 폭스바겐 골프GTI 같은 고성능 해치백, 이른바 '핫 해치'였다. 나 역시 씨드 론칭 전략을 담당하며 이 문제를 깊이 고민했다. 푸조, 르노, 폭스바겐 등 경쟁사들의 CC 모델 사양, 개발 공정, 비용 구조를 검토했으나 당시 기아의 기술 역량과 수익 구조로는 CC를 감당하기 어려웠다. 결국 CC 시장 진입은 포기할 수밖에 없었다.

남은 선택지는 고성능 해치백이었다. 유럽의 고성능 해치백 시장은 포드 포커스ST, 르노 메간R.S., 푸조 308GTI 등이 골프GTI의 아성에 끊임없이 도전하는 총성 없는 전쟁터였다. 아시아 업체 중에서는 혼다가 유일하게 시빅 타입R을 앞세워 전장에 뛰어든 상태였다. 씨드의 인지도와 기아의 위상을 한 단계 끌어올리기 위해서는 우리에게도 이런 상징적인 한 방이 필요했다. 하지만 1세대 씨드 시절에는 이를 추진할 여력이 없었다. 전환점은 2세대 씨드 개발 시점에 찾아왔다.

연구소도 이제는 한번 해보자는 도전적인 자세를 취하면서 고성능 모델 개발에 대한 공감대가 빠르게 확산했다. 그렇게 씨드GT 프로젝트가 본격적인 궤도에 올랐다. 심장에는 1.6리터 터보엔진이 낙점됐다. 최고 출력은 204마력으로 골프GTI에는 다소 못 미치는 수치였으나, 유럽 현지 상품 담당자들은 충분히 경쟁력 있는 모델을 만들 수 있다고 판단했다. 승부의 관건은 숫자가 아니라 감성과 디테일에 있었다.

서스펜션은 독자적으로 튜닝해 단단하면서도 쫄깃한 주행감을 구현했다. 브레이크 시스템은 명품 브랜드 브렘보와의 협업을 검토했으나, 약 50억 원에 달하는 개발비가 장벽이 됐다. 결국 독자 개발로 방향을 틀되, 캘리퍼를 강렬한 붉은색으로 도색해 시각적으로 고성능 이미지를 강조했다. 여기에 전용 범퍼와 대구경 머플러, 심장을 자극하는 배기음 튜닝까지 더해지자 차는 점점 GT의 얼굴을 갖춰갔다.

화룡점정은 실내였다. 기아 역사상 처음으로 세계적인 시트 명가 레카로의 레이싱 스포츠 시트를 탑재한 것이다. "이 차는 장난이 아니다"라는 선언이자, 씨드GT를 얼마나 진지하게 준비했는지를 보여주는 상징적 선택이었다.

씨드GT는 2013년 제네바 모터쇼에서 '한국 차 최초의 고성능 버전'이라는 타이틀과 함께 화려하게 데뷔했다. 흥미로운 일화가 하나 있다. 현장을 찾은 현대차 최고경영자가 씨드GT를 꼼꼼히 살펴본 뒤 행사 담당자에게 "기아가 이런 것도 했어요?"라고 물었다고 한다. 그의 놀란 표정은 우리에게 최고의 칭찬이었으며, 기아가 아직 보여주지 못했던 잠재력을 증명한 순간이었다.

씨드GT는 판매량으로 시장을 뒤흔들지는 못했다. 그러나 숫자로 환산할 수 없는 의미가 있었다. 기아도 고성능 차량을 충분히 만들 수 있다는 가능성을 똑똑히 입증했을 뿐만 아니라 훗날 현대차 고성능 브랜드 N이 출범하는 데 중요한 디딤돌이 됐다. 무엇보다 씨드GT는 기아 브랜드의 핵심 정체성 중 하나인 '활기찬'을 추상적 언어가 아닌 실제 제품으로 구현해내기 위해 치열하게 고민하고 도전한 결과였다.

유럽에서의 이 도전은 기아가 합리적인 차를 만드는 브랜드를 넘어, 감성과 열망을 이야기할 수 있는 브랜드로 나아가기 위한 중요한 이정표가 됐다. 씨드GT가 내디딘 한 걸음은 기아 전기차에도 새로운 리듬을 불어넣기에 충분했다.

기아차 '스포츠카는 시기상조',오히려 경량 스포츠카가 필요한 시기 아닐까....

기아자동차의 이순남 해외마케팅 실장이 미국 오토모티브와의 인터뷰에서 스포츠카의 생산과 제작은 너무 이르다는 생각을 내놓아 화제입니다. 그리고 **기아차**는 소형 스포츠카를 내놓지 않는 다는 것이라는 의견을 분명히 했습니다. **기아차의** 최근 행보로 보아 4도어 쿠페형식의 후륜 스포츠 세단을 내놓는 쪽으로 방향을 정해 ...

2014.05.07.

브랜드 견인 차를 둘러싼 이견

☼ ⚙ ☼

타이거 노즈 그릴을 통해 기아의 패밀리 룩을 완성하고 TF옵티마로 대성공을 거둔 피터 슈라이어의 시선은 이제 기아 브랜드이미지를 정점으로 끌어올릴 상징적 아이콘으로 향했다. 그는 2011년 프랑크푸르트 모터쇼에서 기아GT 콘셉트 카를 공개한 데 이어 2014년 시카고 모터쇼에서는 날렵한 2도어 쿠페인 GT4스팅어 콘셉트 카를 선보이며 조속한 상품화를 강하게 요구해왔다. 그의 논리는 명확했다. 마쓰다 MX-5나 아우디 TT처럼 소형 스포츠카가 브랜드 위상을 얼마나 효과적으로 끌어올렸는지를 예로 들며, 2도어 쿠페를 기아의 차세대 아이콘으로 삼아야 한다고 주장했다.

그러나 당시 해외마케팅실장이었던 내 생각은 달랐다. 나는 미국 자동차 매체 〈오토모티브 뉴스〉와의 인터뷰에서 2도어라는 틈새 차종보다는 4도어 기반의 고성능 모델이 브랜드를 견인하는 데 훨씬 효과적이라고 밝혔다. 공교롭게도 이 발언이 국내 매체들에 소개되며, 마치 디자인 수장과 마케팅 책임자가 정면으로 대립하는 구도처럼 비쳤다. 급기야 기획조정실로부터 두 사람의 이견을 원만하게 조율하라는 공식적인 메시지까지 전달되기에 이르렀다.

나는 이 교착상태를 풀고 그를 설득하기 위해 한 브랜드의 운명을 바꾼 마쓰다 RX-8의 탄생 비화를 꺼내 들었다. 4도어 스포츠카가 어떻게 브랜드의 구세주가 될 수 있는지를 보여주는 가장 완벽한 사례라고 판단했기 때문이다.

이야기는 1990년대 중반으로 거슬러 올라간다. 1994년 이후 경영난에 허덕이던 마쓰다는 결국 포드에게 경영권을 넘겨줬다. 마쓰다의 엔지니어들은 세계 최초로 로터리엔진을 양산했다는 자부심이 강했지만, 경영 위기 속에서 선행 개발에 투자할 여력은 거의 없었다.

1996년 포드가 파견한 신임 사장이 전방위적인 구조조정에 착수했다. 이 과정에서 마쓰다의 정체성을 지키기 위해 RX-7의 후속이 될 2인승 스포츠카 개발을 고수하던 엔지니어들과 수익성을 최우선으로 삼는 경영진 사이에 갈등이 폭발했다. 마쓰다의 '기술 우선' 정신과 포드의 '시장 우선' 철학이 정면으로 충돌한 순간이었다. 미국인 사장의 입장은 단호했다. 2도어 스포츠카 시장은 축소 국면이므로 사업을 승인할 수 없다는 것이었다. 다만 시장규모가 더 큰 4인승으로 개발해온다면 본사를 설득해보겠다는 조건을 내걸었다.

엔지니어들의 반발은 거셌다. 4인승으로 만드는 순간, 차체가 무거워지면서 스포츠카의 생명인 중량 배분이 무너진다는 이유에서였다.

마쓰다의 RX-7(2도어)와 RX-8(4도어)

그러나 한편으로는 기술 장인의 혼과 회사를 살려야 한다는 절박함이 있었다. 결국 그들은 불가능해 보이는 도전에 나섰다.

뒷좌석을 추가하는 데 따른 운동 성능 저하를 해결하기 위해 엔진을 차체 중앙 쪽으로 밀어넣는 프런트 미드십 설계를 적용, 전후 중량 배분 50 대 50이라는 황금비를 지켜냈다. 아울러 B필러를 과감히 삭제하고, 앞문과 뒷문이 서로 반대 방향으로 열리는 수어사이드 도어 구조를 채택하는 파격적인 결정을 내렸다. 안전성 문제는 시뮬레이션을 수없이 거듭하며 해결책을 찾아갔고, 남은 중량 문제는 고가의 알루미늄 소재를 후드와 트렁크에 적용하는 강수를 두며 극복했다. 마쓰다의 상품기획자는 이 치열한 해법을 들고 포드 본사로 가 끝내 승인을 받아냈다. 그렇게 탄생한 RX-8은 구조조정을 성공적으로 완수하고, 오늘날의 마쓰다를 있게 한 결정적 공신이 됐다.

나는 피터 슈라이어에게 지금 우리에게 필요한 것은 틈새시장의 2

도어 쿠페가 아니라, RX-8처럼 혁신적이면서도 더 많은 고객에게 가치를 전할 수 있는 4도어 모델이라는 점을 강조했다. 긴 설득과 토론 끝에 우리는 마침내 합의점에 도달했다. 기아 브랜드를 견인하고 우리가 정립한 '활기차고 차별화된'이란 핵심 정체성을 가장 효과적으로 전달할 수 있는 차는 2도어 쿠페가 아니라 4도어 스포츠 세단, 정확히는 패스트백 형태라는 데 의견이 일치한 것이다. 기아의 기념비적 모델 스팅어가 탄생의 싹을 틔우는 순간이었다.

스팅어 개발 잔혹사

⚙ ⚙ ⚙

개발 코드네임 CK, 스팅어 프로젝트는 2014년 본격적으로 닻을 올렸고 이듬해 정식 상품 발의가 이뤄졌다. 디자인 부서와 마케팅 부서는 이미 모터쇼를 통해 대중의 검증을 마친 GT 콘셉트 카의 유려한 해치백, 정확히는 패스트백 스타일을 계승해 4도어 패밀리 스포츠 세단으로 기아 브랜드의 새로운 아이콘을 만들고자 했다. 그러나 바로 이 지점에서 상품기획, 마케팅 부서와 연구소 PM 간의 치열한 줄다리기가 시작됐다.

연구소는 BMW 3 시리즈의 세단을 능가하는 주행 성능을 목표로 개발 중이던 현대차의 제네시스G70(당시 코드네임 IK)과 플랫폼 및 제원을 최대한 공유해야 한다고 주장했다. 전후 디자인만 차별화하면 개발 공수와 투자비를 최소화할 수 있으니, 이것이 가장 합리적인 선택이라는 논리였다. 특히 해치백 스타일은 차체 구조상 중량 증가가 불가피해, 제로백 가속이나 최고속 등 핵심 성능 목표를 달성하지 못할 가능성이 높다고 우려했다.

전형적인 엔지니어 중심의 사고로, 마케팅 관점에서는 시장 현실을 지나치게 단순화한 논리여서 받아들이기 어려웠다. 미국 니어 럭셔리(Near Luxury) 세그먼트는 메르세데스-벤츠 C클래스, BMW 3 시리즈, 아우디 A4, 렉서스 IS 등 각 브랜드의 기술력이 총집결된 격전지였다. 기아 마케팅의 판단은 냉정했다. 시장규모가 제한적인 이 세그먼트에서 경쟁 차와 유사한 스타일과 성능만으로는 연간 2만 대라는 판매 목표를 달성하기 어렵다고 봤다. 국내는 물론 미국 시장에서도 기아의 브랜드파워가 현대차보다 약했기 때문에, 우리에게는 조금 더 나은 성능이 아니라 한눈에 보이는 차별화가 생존조건이었다.

연구소의 입장은 끝내 바뀌지 않았다. 해치백은 틈새시장에 불과해 판매량을 끌어올릴 수 없고, 고성능과 가격경쟁력을 확보하기 위해서는 세단 타입이 최선이라는 논리를 고수했다. 결국 마케팅 경험이 풍부했던 기아 담당 부회장이 해치백 스타일을 주장하는 기아 실무자의 의견을 지지하면서, 더 이상 연구소와의 소모적인 논쟁이 이어지지 않도록 해줬다.

해치백 스타일로 결정된 이후에도 갈등은 끝나지 않았다. 이번에는 차의 성격과 제원이 문제가 됐다. 마케팅팀은 스팅어가 옵티마의 후륜구동 버전이 돼서는 안 된다고 주장했다. 더불어 뒷좌석에서도 편안하게 이동할 수 있는 패밀리 스포티 카 포지셔닝을 위해 휠베이스와 전장 확대를 요구했다. 스타일과 거주성을 동시에 잡겠다는 전략이었고, 중량 증가로 인한 연비 및 동력 성능 저하는 감수하겠다는 전제였다. 연구소의 반발은 예상보다 훨씬 거셌다. 그러나 더 이상 마케팅팀을 설득하기 어렵다고 판단한 연구소는 결국 스팅어의 제원을 G70이나 옵티마보다 크게 설정하는 데 동의했다.

문제는 그다음이었다. 늘어난 제원을 바탕으로 제작된 초기 모델은, 콘셉트 카가 보여줬던 웅장함과 역동성이 사라진 평범한 차로 전락해 있었다. BMW 4시리즈 그란쿠페, 메르세데스-벤츠 C클래스와 비교한 모델 클리닉(클레이로 만든 모델과 경쟁 차를 같이 두고 일반 고객들이 평가하는 것) 결과는 참담했다. 3년 뒤 출시될 신차가 지금 판매 중인 경쟁 차들보다 못한 평가를 받으며 최하위를 기록한 것이다.

프로젝트는 좌초 직전까지 몰렸다. 이때 구원투수로 등장한 인물이 피터 슈라이어 산하의 유럽디자인센터장, 그레고리 기욤(Gregory Guillaume)이었다. 그는 설계팀과의 긴밀한 협의를 거쳐 전폭을 과감하게 20밀리미터 확대하고, 휠아치의 볼륨을 정교하게 다듬어 전체적인 비례와 긴장감을 다시 살려냈다. 우리가 오늘날 보는 스팅어 특유의 낮고 넓은 스탠스는 이 과정에서 완성됐다.

기능 사양에서도 타깃 고객인 미국 소비자의 특성을 반영하려는 시도는 끊임없이 벽에 부딪혔다. 조사 결과, 타깃 고객들은 하루 4~5시간 이상 IT 기기를 사용하는 디지털 네이티브였다. 우리는 혁신성과 시각적 만족도를 동시에 충족시키기 위해 10.5인치 대형 내비게이션 적용을 요청했다. 이미 테슬라, 볼보, 아우디 등은 10인치 이상 디

스플레이를 채택하며 시장 흐름을 이끌고 있었다. 2020년대 트렌드에 대응하고 럭셔리 고객의 니즈와 원츠를 만족시키기 위한 필수 조건이라고 설득했지만, 연구소는 중량이 증가한다며 끝내 받아들이지 않았다. 결국 스팅어는 차량 위상에 비해 다소 작은 디스플레이를 달게 됐다.

외관의 차별화 포인트로 강력히 요청했던 파노라마 선루프 역시 무산됐다. 쏘렌토, 옵티마 성공 사례에서 입증됐듯 파노라마 선루프는 기아의 대표적인 세일즈 포인트였다. 특히 프리미엄 브랜드가 즐비한 시장에서 스팅어가 돋보이기 위해서는 해치백 스타일에 더해 개방감을 주는 파노라마 선투프가 절실했다. 그러나 연구소는 중량 증가에 따른 성능저하와 가격 상승, 전복 사고 시 안전성 확보의 어려움을 이유로 거절했다. 모델 품평 때마다 끈질기게 요청했지만, 이 사양 역시 양산 모델에는 포함되지 못했다. 스팅어는 이렇게 차별화를 향한 집요한 요구와 엔지니어링의 현실 사이에서 수없이 충돌하며 태어났다.

가슴을 다시 뛰게 한 스팅어

✿ ✿ ✿

스팅어 개발이 막바지를 향해 달려가던 무렵, 미국 자동차 시장의 중심축은 세단에서 SUV와 픽업트럭으로 급격히 이동하고 있었다. 텔루라이드와 쏘렌토 같은 대형 SUV가 주목받는 상황만 놓고 본다면 스팅어의 등장은 불운에 가까웠다. 그러나 스팅어는 태생부터 판매대수 경쟁을 위한 차가 아니었다. 기아 브랜드를 한 단계 끌어올린다는 명확한 목적을 가진 상징적 모델이었다.

이런 의지는 데뷔무대부터 강렬하게 드러났다. 2017년, 기아는 브랜드 역사상 처음으로 라이브 웹캐스트 방식을 도입, 스팅어가 공개되는 디트로이트 모터쇼 현장을 전 세계에 생중계했다. 기아가 글로벌 무대에서 자신감을 선언한 상징적 장면이었다. 반응은 즉각적이었다. 스팅어는 디트로이트 모터쇼 공식 디자인 시상식인 아이즈온 디자인 어워드(EyesOn Design Awards)에서 양산차 부문 최고 모델로 선정되며 화려한 신고식을 치렀고, 사전에 공개된 티저 영상은 〈오토모티브 뉴스〉 집계 기준 주간 조회수 660만 회를 기록하며 동 시기 경쟁 모델들을 압도했다.

마케팅전략도 차량 성격에 맞춰 치밀하게 전개됐다. VVIP 미디어 시승 행사를 통해 상품경쟁력을 충분히 검증한 뒤 2018년 2월 슈퍼볼 방송에 스팅어 광고를 집행했다. "필 섬싱 어게인(Feel Something Again, 다시 가슴이 뛴다)"이라는 메시지 아래, 록밴드 에어로스미스의 보컬 스티븐 타일러가 스팅어를 몰고 트랙을 빠르게 후진하자, 시간이 거

꾸로 흐르며 그의 젊은 시절로 돌아간다는 파격적인 연출을 선보였다. 스팅어를 고성능 세단을 넘어서서, 잊고 있던 감성과 도전을 되살리는 존재로 포지셔닝한 전략이었다. 이 광고는 쏘울이 만들어놓은 힙하고 젊은 이미지 위에, 성능이란 새로운 키워드를 덧입히는 역할을 했다. 이를 통해 기아는 그때까지 정립해온 핵심 정체성인 '활기차고 차별화된' 브랜드이미지를 스팅어라는 차로 완성해냈다.

상품성 역시 기존 기아 차의 범주를 넘어섰다. 스팅어는 기아 최초의 후륜구동(FR) 및 사륜구동(AWD) 기반 고성능 스포츠 세단이었으며, BMW 4시리즈 그란쿠페, 아우디 A5 스포트백 등 고가의 독일 프리미엄 모델과 정면으로 경쟁할 수 있는 수준이라는 평가를 받았다. 특히 3.3리터 V6 트윈 터보 GT 트림은 제로백이 5초가 채 걸리지 않는 폭발적인 성능을 자랑했다.

디자인에 대한 반응은 더욱 뜨거웠다. 날렵하고 유려한 패스트백 실루엣은 "콘셉트 카가 그대로 양산된 것 같다"라는 극찬을 끌어냈고, 기아 차에 오랫동안 따라다니던 '저렴한 차'라는 고정관념을 단숨에 무너뜨렸다. 가격정책 역시 전략적이었다. 독일 프리미엄 세단 대비 합리적인 가격에 풍부한 기본 사양과 업계 최고 수준의 보증 서비스를 제공하며, 가격 대비 가치(Value Proposition) 측면에서 압도적인 경쟁력을 확보했다.

이런 평가는 곧바로 홍보 성과로 이어졌다. 론칭 이전 단계에서 이미 글로벌 미디어 커버리지 순위 3위에 올랐던 스팅어는, 론칭 단계에서는 폭스바겐 ID. 버즈 콘셉트에 이어 2위를 기록했고, 론칭 직후에는 마침내 전체1위에 오르며 기아 브랜드 역사상 유례없는 주목을 받았다.

수상 실적 역시 화려했다. 미국 출시 이듬해인 2018년, 스팅어는 모터위크 드라이버스 초이스 어워드(MotorWeek Drivers' Choice Award, 미국 최장수 자동차 방송 〈모터위크〉에서 매년 주관하는 시상식)에서 모든 차급을 통틀어 가장 혁신적이고 가치 있는 차에 수여하는 최고 영예인 올해 최고 차량(Best of the Year)을 수상했다. 또한 2018 북미 올해의 차(North American Car of the Year, NACOTY) 최종 후보에 올랐고, 레드 닷 디자인 어워드에서 수상했으며, 미국 고속도로 안전보험협회(Insurance Institute for Highway Safety, IIHS)로부터 최고 안전 등급(Top Safety Pick)을 획득하는 등 디자인·성능·안전이라는 세 축을 모두 인정받았다. 유럽에서도 2008년 씨드 이후 기아 역사상 두 번째로 COTY 최종 후보에 오르는 기록을 세웠다.

판매 성적은 스팅어의 성격을 명확히 보여줬다. 2018년 미국 시장 첫해 판매량은 약 1만 6,800대였다. 메르세데스-벤츠 C클래스나 BMW 3 시리즈, 렉서스 ES 같은 전통 강자들과 비교하면 적었지만, 브랜드파워에서 앞서 있던 현대차의 제네시스 G70보다는 우수했다. 구글 검색 추이에서도 스팅어에 대한 관심도는 G70을 압도하며 소비자 인식 측면에서의 차별화를 입증했다. 결과적으로 스팅어는 미국 시장을 중심으로 기아의 브랜드 위상을 한 단계 끌어올린 확실한 헤일로 카였다.

현대차가 제네시스라는 별도 브랜드를 통해 프리미엄 시장에 진입한 것과 달리, 스팅어는 끝까지 기아 배지를 달고 도전했다는 점에

스팅어와 G70 미국 론칭 결과

구글 서치 트렌드 추이 / 론칭 후 판매 추이(대)

■ 기아 스팅어   ■ 제네시스 G70

서 분명한 한계를 안고 있었다. 판매대수만 놓고 본다면 2023년 단종으로 이어진 실패작으로 평가될 수도 있다. 그러나 스팅어의 진정한 가치는 숫자로 환산할 수 없는 영역에 있었다. 스팅어는 기아에게 우리도 할 수 있다는 자신감을 심어줬다. 또한 기아를 이동 수단을 만드는 회사에서, 드라이빙의 즐거움을 이해하는 회사로 인식하게 만든 결정적인 전환점이었다. 이후 K5의 과감한 디자인 변화, 텔루라이드의 대성공, 그리고 EV6 GT와 같은 고성능 전기차의 등장은 모두 스팅어가 먼저 다져놓은 '성능과 품질에 대한 신뢰'라는 단단한 토대가 있었기에 가능한 성과였다. 스팅어는 많이 팔린 차는 아니지만, 기아 역사에서 가장 전략적으로 성공한 차였다.

이란성쌍둥이의 결별, 코나와 스토닉이 갈라진 이유

⚙ ⚙ ⚙

현대차와 기아는 오랫동안 이란성쌍둥이 전략을 고수해왔다. 같은 뼈대, 즉 플랫폼을 공유하되 디자인 언어와 시장 포지셔닝을 달리해 신차를 개발했다. 그 대표 사례가 중형 세단인 쏘나타와 K5, 중형 SUV인 싼타페와 쏘렌토다. 두 회사는 출시 시점을 엇갈리게 철저히 조정하며, 시장 내 불필요한 내부경쟁을 최소화하는 것을 불문율로 삼았다.

그런데 2010년대 중반, 이 오랜 원칙을 정면으로 깨뜨린 이단아가 등장했다. 바로 현대차 코나와 기아 스토닉이다. 이 두 모델은 이례적으로 거의 같은 시기에 개발되고 출시된 데다 태생적 배경인 플랫폼 전략과 상품기획의 출발점이 근본적으로 달랐다. 그 이면에는 급변하는 시장구조와 날로 강화되는 이산화탄소 규제, 그리고 무엇보다도 한발 앞서 도시형 CUV라는 시장을 열어젖힌 기아 쏘울의 존재감이 자리하고 있었다.

사실 기아는 소형 CUV 시장의 잠재력을 가장 먼저 간파하고 재빨리 움직였다. 2008년 데뷔한 쏘울은 미국 시장에서 예상 밖의 대성공을 거뒀다. 당시 경쟁 모델이던 토요타 사이언 xB와 닛산 큐브를 단숨에 제압했다. 이 성공은 전 세계 자동차 상품기획자들에게 강한 인상을 남겼다.

유럽에서도 쏘울은 의미 있는 족적을 남겼다. 2010년 월드컵 마케팅과 맞물려 브랜드인지도를 빠르게 확산시켰고, 비록 판매량은 미국만큼 폭발적이지 않았지만, 소비자의 자기표현을 담아내는 디자인 아이콘으로 자리 잡았다. 이는 자동차 시장의 중심축이 승용에서 SUV로 이동하고 있음을 알리는 분명한 신호였다.

2010년대 초반, 유럽 자동차 시장은 격변의 소용돌이에 있었다. 환경규제가 강화되며 쏘렌토나 카니발 같은 대형차의 입지가 급속히 좁아졌다. 그 빈자리를 소형차와 CUV로 채우는 것은 선택이 아니라 생존의 문제였다. 이런 흐름 속에서 오펠은 2012년 모카를 선보이며 소형 CUV 시장을 선점했고, 2014년 전후로 르노 캡처, 푸조 2008, 포드 에코스포츠가 속속 진입하며 시장이 폭발적으로 성장했다. 미국에서도 GM이 2013년에 오펠 모카를 기반으로 한 뷰익 앙코르와 쉐보레 트랙스를 출시하며 새로운 세그먼트를 열었다. 소형 CUV는 더 이상 틈새시장이 아니라, 브랜드의 성장을 책임질 핵심 영역으로 변모하고 있었다.

쏘울의 성공과 소형 CUV 시장 확대를 지켜보던 상품전략본부와 현대차 마케팅은 위기감과 부러움을 동시에 느끼고 있었다. 우리도 저런 차가 필요하다는 공감대가 형성됐고, 결국 그룹 차원에서 소형 CUV 프로젝트가 본격적으로 논의되기 시작했다. 그러나 개발의 첫 단추인 플랫폼 선택 단계에서부터 치열한 논쟁이 벌어졌다. 경쟁사 대부분은 비용 면에서 우수한 세그먼트 B의 해치백 플랫폼을 기반으로 소형 SUV를 개발하고 있었다. 그런데 연구소는 세그먼트 B 플랫폼 기반은 주행 성능과 상품성에 한계가 있다며, 한 체급 위인 세그먼트 C 플랫폼을 수정해 적용하는 안을 고수했다. 그러자 비용 쪽이 문제가 됐다. 세그먼트 C 플랫폼은 태생적으로 무겁고 원가구조가 높았다. 설계를 아무리 효율화해도 세그먼트 B 수준의 원가를 맞추기란 사실상 불가능에 가까웠다.

이 근본적인 원가구조의 차이가 현대차와 기아의 전략을 갈라놓는 결정적 요인이 됐다. 현대차는 코나를 미국과 유럽을 포함한 글로벌 전략 차종으로 육성하겠다는 명확한 목표를 세웠다. 반면 기아는 훨씬 복잡한 제약 속에 있었다. 회장의 '쏘울 연간 20만 대 판매' 지침이 여전히 유효했기 때문이다. 미국 시장에 쏘울과 체급이 겹치는 소형 CUV를 투입할 경우, 내부경쟁으로 쏘울 판매를 잠식하는 카니발라이제이션을 피할 수 없었다. 결국 기아는 미국을 제외하고 유럽 시장 중심의 전략 차종으로 방향을 틀었다.

여기서 또 하나의 거대한 장벽이 등장했다. 바로 수익성이었다. 현대차그룹의 신차 프로젝트는 차급별로 정해진 목표이익률을 충족해야만 회장의 최종 승인을 받을 수 있었다. 준중형 플랫폼을 활용한 소형 SUV로 이 기준을 만족시키기란 구조적으로 쉽지 않았다. 현대차는 비교적 수익성이 좋은 미국 판매 비중을 높이고, 유럽 판매가격을 인위적으로 높게 설정하는 방식으로 장부상 1~2퍼센트 수준의 이익률을 간신히 맞춰 프로젝트 승인을 받아냈다. 훗날, 이 가격정책은 유럽 딜러들의 반발과 초기 판매 부진이라는 부작용을 낳기도 했다.

기아는 더욱 곤란한 상황이었다. 유럽 시장의 치열한 경쟁환경을 고려해 현실적인 목표 가격과 판매량을 대입해보니, 차 한 대를 팔 때마다 약 1,700유로, 한화로 200만 원이 넘는 적자가 발생한다는 충격적인 결과가 나왔다. 지금의 고비용 플랫폼과 상품콘셉트로는 프로젝트를 지속할 수 없다는 결론에 도달했다. 그렇다고 포기할 수는 없었다. 강화되는 이산화탄소 규제 대응과 폭발적으로 성장하는 소형 CUV 시장으로의 진입은 기아의 미래를 위해 반드시 가야 할 길이었다. 기아는 이 막다른 골목에서, 기존의 틀을 완전히 벗어난 새로운 해법을 찾아야만 했다. 이것이 바로 스토닉의 진짜 출발점이었다.

매뉴얼 한 줄의 반전, 스토닉을 살려낸 현장의 집념
⚙ ⚙ ⚙

다가올 유럽의 탄소 규제 시대를 고려했을 때, 포트폴리오의 무게 중심을 소형차로 옮기는 것은 기아에게 선택이 아닌 생존의 문제였다. 그 핵심 열쇠가 바로 CUV 개발이었지만, 연구소가 제안한 준중형 플랫폼 기반으로는 수익성 있는 비즈니스모델을 도저히 찾을 수 없었다. 나는 어떻게 하면 원가를 최소화하면서도 경쟁력 있는 CUV를 만들 수 있을지, 모든 것을 원점에서 재검토하기로 했다.

해외마케팅실은 즉각 유럽 소형 SUV 시장을 장악하고 있던 르노 캡처와 푸조 2008 분석에 착수했다. 그 결과는 명확했다. 두 경쟁 자는 도어, 대시보드 등 주요 내·외장 부품을 기존 해치백 모델과 대폭 공유하고 있었다. 이를 통해 원가 상승을 억제하고 초기 투자비를 획기적으로 줄이며 수익 구조를 확보했다.

이 분석 결과를 토대로 상품전략본부와 연구소에 새로운 방향을 제시했다. "준중형 플랫폼이 아닌 기아 프라이드(세그먼트 B) 플랫폼을 기반으로 갑시다. 단 차체가 왜소해 보이지 않고 CUV다운 당당한 존재감을 확보하기 위해 프라이드에는 적용되지 않았던 17인치 타이어를 반드시 탑재해야 합니다." 그러자 플랫폼 단가가 낮아지면서 비로소 목표이익률이 가시권에 들어왔다.

연구소는 현대차와의 플랫폼 이원화로 인한 인력 부담과 개발 복잡성을 이유로 난색을 보였다. 하지만 끈질긴 설득 끝에 프로젝트는 겨우 추진 궤도에 오르는 듯했다. 그러나 안도의 시간은 오래가지 않았다. 마케팅 요구사항을 기술적으로 검토하던 연구소 PM이 치명적인 문제를 지적했다. "17인치 타이어에 스노 체인을 장착한 상태에서 스티어링휠을 끝까지 돌리면 차체 프레임과 간섭이 발생합니다." 그의 결론은 단호했다. 이 문제를 해결하려면 프레임을 새로 설계해야 하는데, 이는 사실상 신규 플랫폼을 하나 더 개발하는 것과 같다는 것이었다.

마케팅실은 프랑스 업체들도 같은 조건에서 개발했는데 왜 우리만 안 된다는 거냐며 강하게 반발했지만, 연구소 PM의 태도는 요지부동

이었다. 유럽 전체가 독일처럼 윈터 타이어만 쓰는 것은 아니다. 어느 한 나라에서 스노 체인을 사용하는 고객이 있다면, 그로 인한 클레임은 설계결함 때문이며 연구소는 그 책임을 질 수 없다는 논리였다. 그 문제는 마케팅이 책임지겠다고 맞섰지만 그들은 끝내 고개를 끄덕이지 않았다. 마치 복지부동의 관료조직을 상대하는 것처럼 답답했다.

이대로 물러설 수는 없었다. 나는 지푸라기라도 잡는 심정으로 기아유럽의 상품 담당 주재원에게 푸조와 르노가 이 문제를 어떻게 처리했는지 다시 조사해 즉시 보고하라고 긴급하게 지시했다. 이틀 뒤, 전세를 뒤집는 답신이 도착했다. "상무님, 답을 찾았습니다. 르노 캡처 사용자 매뉴얼에 이렇게 명시돼 있습니다. '이 차량은 구조상 스노 체인을 장착해서는 안 됩니다.'" 나는 즉시 해당 페이지를 복사해 서울 본사로 보내라고 지시했다. 연구소의 완고한 논리를 정면으로 반박할 수 있는 결정적인 증거, 그야말로 스모킹건이었다.

이 자료를 들고 프로젝트를 지지하던 부회장을 찾아갔다. 자초지종을 듣고 매뉴얼을 확인한 그는 잠시도 망설이지 않고 "우리 연구소는 좀 더 유연해질 필요가 있어. 다음 상품위원회에서 연구소가 정식으로 개발한다는 보고를 하도록 전달해"라고 했다. 이 한마디로 연구소의 반대는 종식됐고, 스토닉 프로젝트는 살아났다.

스토닉 개발 과정은 플랫폼 비용 논쟁, 스노 체인 간섭 문제, 조직 간 알력 등 수많은 난관과 타협의 연속이었다. 그런데 난제를 푸는 해답은 멀리 있지 않았다. 책상 위 보고서가 아니라 현장, 그리고 실물 속에 있었다. 유럽 경쟁 차의 매뉴얼 한 줄이 프로젝트를 되살렸고, 기아에게 소중한 CUV 라인업을 안겨줬다.

스토닉은 모닝과 함께 풀 모델 체인지 없이 페이스리프트만으로 유럽 시장에서 롱런해왔다. 여전히 기아의 탄소 규제 대응과 시장 저변을 지키는 든든한 효자 역할을 하고 있다. 스토닉의 탄생 비화는 그저 신차 개발 성공담이 아니다. 현장의 집념이 관료적 경직성을 이긴 승리였고, 기아가 다시 한 번 '논리보다 현장, 보고보다 확인'이라는 야성을 되찾은 상징적인 순간이었다. 만약 그때 우리가 스노 체인 문제를 핑계로 물러섰다면, 오늘날 스토닉은 없을 것이다. 경쟁사의 매뉴얼 한 줄에서 시작된 그 집요한 실행력은 지금도 기아 브랜드의 근간에 살아 숨 쉬고 있다.

생사의 갈림길, 니로와 아이오닉의 엇갈린 선택

✿✿✿

기아 니로와 현대차 아이오닉은 동일한 플랫폼과 파워트레인을 공유하며 개발됐지만, 이들의 운명은 극명하게 갈렸다. 니로는 세대 교체에 성공하며 2세대로 진화해 기아의 대표 효자 모델이 됐지만, 먼저 세상에 나온 아이오닉이라 불렸던 차는 결국 단종되며 역사의 뒤안길로 사라졌다. 이 극적인 결말의 씨앗은 이미 개발 초기 단계부터 싹트고 있었다. 바로 브랜드 차별화를 둘러싼 기아의 치열한 문제 제기였다.

이 두 차종은 통상적인 상품기획 프로세스와 달리 연구소 제안으로 개발하기 시작했다. 당시 토요타는 1997년 시작한 하이브리드 사업이 흑자로 전환됐고, 전용 모델인 프리우스를 통해 세계 최고 수준의 연비와 함께 독보적인 친환경 브랜드이미지를 구축하고 있었다. 현대차그룹 연구소 역시 아반떼와 포르테 LPi 하이브리드, 그리고 쏘나타와 옵티마 하이브리드를 연이어 성공적으로 론칭하며 자신감이 붙어 있었다. 연구소 내부에서는 이제 프리우스를 정면으로 넘을 수 있는 하이브리드 전용 차를 만들어야 한다는 공감대가 형성됐다.

최고 연비를 달성하려면, 하이브리드 시스템의 효율성은 물론 차체 형상이 공기저항을 얼마나 낮출 수 있는지도 중요하다. 프리우스 같은 유선형 해치백 스타일이 가장 유리할 수밖에 없었다. 결국 연구소가 제시한 초기 디자인 콘셉트는 프리우스와 매우 유사한 승용 해치백 형태로 수렴됐다. 여기에 더해 현대차그룹이 개발한 병렬형 하이브리드 시스템은 주행 성능이 경쟁사보다 우수했다.

하지만 구조적으로 원가가 높았다. 연구소는 수익성을 확보하기 위해 '초기 투자 최소화'라는 현실적인 카드를 꺼내 들었다. 하이브리드 전용 차 시장의 미래가 불확실한 상황에서, 현대차와 기아가 각기 다른 차체를 개발하는 것은 리스크가 크다는 판단이었다. 이에 따라 프리우스와 유사한 해치백 차체 하나를 개발해 공유하고, 범퍼나 램프 등 일부 플라스틱 부품 디자인만 바꾸는, 이른바 A·B바디 전략이 제안됐다.

현대차 마케팅은 미국법인을 중심으로 미투상품(경쟁사의 인기 상품을 모방해 그 인기에 편승하려는 상품)이라는 점에 우려를 표했지만,

연구소의 논리를 받아들였다. 그러나 기아는 이 안을 수용할 수 없었다. 기아의 브랜드 위상이 높아졌다고는 하나, 여전히 현대차와는 격차가 있었다. 특히 미국 시장은 진입 역사도 짧고, 영업망과 마케팅 예산 역시 현대차에 비해 열세였다. 이런 상황에서 같은 차를 엠블럼만 바꿔 나눠 팔 경우, 기아가 불리할 것은 불을 보듯 뻔했다.

기아는 명확한 대안을 제시했다. 당시 세계적으로 폭발적으로 성장하기 시작한 SUV 세그먼트로 진입해야 한다고 주장한 것이다. 정통 SUV가 기술적으로 부담된다면, 최소한 CUV 스타일이라도 채택해야 한다고 요구했다. 이는 현대차 아이오닉과 확실한 차별화 포인트가 됐고, 시장성이 담보됐기에 A·B바디를 운영하는 것보다 훨씬 공격적인 판매 목표를 설정할 수 있었다. 연구소는 SUV 형태로 만들면 공기저항 때문에 목표 연비를 맞추기 어렵고, 원가도 상승한다며 거세게 반발했다. 브랜드파워가 약한 기아가 가격인상분을 어떻게 감당하겠냐고도 했다. 마케팅실은 원가가 40만 원가량 상승하지만, 이를 판매가격에 반영해도 고객을 충분히 설득할 수 있을 만큼 가치가 있다고 맞섰다.

이 갈등의 본질은 시선의 차이에 있었다. 연구소 엔지니어는 사실과 수치를 중시하는 분석적 좌뇌형 사고를 기반으로 판단했다. 성능과 연비가 우수하면 시장에서도 성공할 것이라는 논리였다. 반면 마케팅은 인식을 다루는 영역이었다. 소비자의 머릿속에 어떤 이미지가 그려지는지가 구매 결정에 더 큰 영향을 미친다고 봤다. 이는 계량화하기 어려운 직관적인 우뇌형 사고에 가까웠다.

간극은 쉽게 좁혀지지 않았고, 프로젝트는 교착상태에 빠졌다. 결국 이 사안은 그룹 부회장 주재 회의에서 최종 결정이 내려지게 됐다. 다행히 당시 기아에는 실전 경험이 풍부한 베테랑 부회장이 있었다. 그는 기아의 독자적인 CUV안이 가진 잠재력을 단번에 간파했다. 그의 통찰로 참석자들을 설득할 수 있었고, 결국 기아의 CUV 콘셉트가 최종 확정됐다.

결과는 우리가 아는 그대로다. 연구소는 장담한 대로 프리우스와 정면으로 경쟁할 수 있는 아이오닉 하이브리드를 개발해냈지만, 시장 반응은 그들의 예상과 달랐다. 하이브리드의 대명사가 된 프리우스의 벽을 넘지 못한 것이다.

반면 니로는 세계적인 CUV 붐을 타고 승승장구했다. 국내시장에서 아이오닉은 극심한 판매 부진 끝에 단종됐으나, 니로는 쟁쟁한 경쟁 모델들 틈에서도 안정적으로 판매됐다. 하이브리드(HEV), 플러그인 하이브리드(PHEV), 전기차(EV)를 모두 갖춘 유일한 CUV로 아반떼나 코나 하이브리드의 판매량을 압도했다.

특히 유럽 시장에서의 성과는 눈부셨다. 프리우스가 존재감을 잃고 아이오닉 판매가 급감할 때 니로는 오히려 가속도가 붙었다. 일반적으로 자동차는 출시 5~6년이 지나면 판매가 감소하는데, 니로는 아니었다. 모델 수명 주기 말기임에도 불구하고 매년 판매 기록을 경신했고, 2021년에는 유럽에서만 8만 9,078대를 판매하며 '끝이 더 화려한 차'라는 이례적인 기록을 남겼다. 같은 뼈대에서 출발했지만, '엔지니어링의 효율'을 선택한 아이오닉과 '시장의 인식'을 선택한 니로의 운명은 엇갈렸다. 니로는 기술적 우위보다 더 중요한 것이 바로 고객의 니즈를 정확히 꿰뚫는 차별화된 콘셉트임을 증명한 생생한 사례로 남았다.

단종 위기에서 피어난 기적, 카니발 부활의 숨은 주역

⚙⚙⚙

오늘날 카니발은 기아의 명실상부한 핵심 전략 차종이다. 국내시장에서는 쏘렌토에 이어 판매 2위를 유지하고 있으며, 수출에서도 스포티지, 모닝, 셀토스에 이어 4위를 기록하며 기아의 실적을 떠받치는 든든한 버팀목 역할을 하고 있다. 그런데 이 화려한 성적표 뒤에는 한때 단종 직전까지 내몰렸던 롤러코스터 같은 역사가 숨어 있다. 특히 3세대 카니발, 프로젝트명 YP의 개발을 앞둔 시점은 그야말로 풍전등화와 같았다.

기존 모델인 VQ카니발의 제품 수명 주기는 2013년까지로 설정돼 있었다. 이에 따라 2010년 말부터 후속 모델인 YP카니발 상품기획이 시작됐다. 그런데 출발선부터 난관에 봉착했다. 국내외 마케팅 부서에서 제시한 예상 판매 물량으로는 수천억 원이 투입되는 신차 개발 프로젝트의 목표이익을 도저히 맞출 수 없었기 때문이다. 상황이 심각해 기아 부회장조차 단산 결정을 내리지 못한 채 결재를 보류할 정도였다.

위기의 징후는 데이터에 명확히 드러나 있었다. 2002년 12만 4,000대에 달했던 카니발의 글로벌 판매량이 2010년 5만 대 수준으로 급감했다. 국내시장 역시 2001년 7만 2,000대에서 2005년 1만 4,000대까지 추락했다가 2009년에야 간신히 2만 대 선을 회복한 상태였다. 주력 시장이었던 미국에서는 2008년 리먼사태 이후 미니밴 시장 자체가 반토막이 났다. GM과 포드가 철수하며 기회가 열리는 듯했지만, 크라이슬러, 토요타, 혼다 등 전통의 강자들이 버티고 있는 시장을 뚫기에는 역부족이었다. 유럽 역시 대형 미니밴 수요가 SUV와 소형 MPV로 이동하면서 카니발이 설 자리가 빠르게 좁아지고 있었다. 재고를 떠안는 푸시 판매로 명맥을 유지했지만, 이는 재고 비용 증가와 브랜드이미지 하락이라는 악순환만 키웠다.

공장 전체라는 숲을 본 경리실장의 승부수

해외마케팅실은 후속 모델의 손익분기점을 맞추기 위해서는 최소 연간 5만 대 이상 판매해야 한다는 것을 알았지만, 시장 현실을 무시할 수 없어 연간 3만 대라는 보수적인 계획을 제시할 수밖에 없었다. 나머

지 2만 대 이상은 국내시장에서 보완해주길 기대했다. 그런데 국내 마케팅 부서의 전망은 충격적이었다. 미니밴 시장의 포화와 사륜구동을 앞세운 경쟁 모델의 상품성을 이유로 연간 판매 목표를 고작 1만 대로 제시한 것이다. 합산 판매량은 연간 4만 대. 이 숫자로는 대규모 신차 개발 프로젝트를 추진할 명분이 없었다. 상품기획, 연구소, 마케팅, 재경본부가 수차례 머리를 맞댔지만 결론은 '불가'였다. 사실상 프로젝트 중단이라는 결론에 도달했지만, 최종 결정권자인 부회장은 기아의 상징과도 같은 카니발을 차마 없애지 못한 채 시간만 끌고 있었다.

그때 의외의 곳에서 구원투수가 등장했다. 바로 카니발을 생산하던 소하리공장에서 경리실장을 한 적이 있는 재경사업부장이었다. 그는 교착상태에 빠진 프로젝트의 문제점을 독자적으로 분석해보기로 했다. 당시 소하리1공장은 카니발과 리오를 병행 생산하고 있었고, 2공장은 리오 전용이었다. 그런데 리오는 생산능력은 충분했지만 팔면 팔수록 적자가 누적되는 차종이었다. 그는 단일 차종의 손익이 아니라 공장 전체의 고정비 배분 관점에서 접근했다. 카니발을 단산했을 때와 생산을 유지했을 때, 그리고 단산 후 그 물량을 리오로 대체했을 때의 기회비용을 치밀하게 시뮬레이션했다. 그의 결론은 명확했다. 후속 카니발의 차종 단위 이익률이 다소 낮더라도, 카니발을 유지해 공장가동률을 높이는 것이 소하리공장 전체 손익에는 훨씬 유리하다는 것이었다. 마지막 퍼즐을 맞추기 위해 그는 나를 불렀다. 수출 물량 계획을 1만 대만 더 증대해달라는 요청이었다. 현실적으로 쉽지 않은 숫자였지만 나는 결단을 내렸고, 기존 3만 대였던 수출 계획을 4만 대로 상향 조정했다.

그는 이 분석 자료를 들고 재경본부장을 찾아갔다. 재경본부장은 이미 개발 반대 관점을 밝혔지만 보고서의 논리가 너무나 치밀해 이를 외면할 수 없었다. 결국 그는 제안을 수용했고, 사업부장에게 직접 부회장에게 보고하라고 지시했다. 보고를 받은 부회장은 무릎을 쳤다. 그는 즉시 YP카니발 상품회의를 다시 소집했고, 사업부장의 설명을 들은 뒤 이렇게 말했다. "다들 잘 들었습니까? 지금까지 홀딩했던 기획안을 돌려줄 테니 즉시 프로젝트를 재개하고 수익성 개선 방안을 더 찾으세요." 기아의 달러박스 카니발이 기적적으로 기사회생하는 순간이었다.

이 사건은 우리에게 중요한 교훈을 남겼다. 대기업의 정교한 관리 시스템 속에서도 단일 차종의 손익계산이라는 좁은 시야에 갇혀 전체 숲을 보지 못할 수 있다는 점, 그리고 사업 구조를 아우르는 종합적 시각이 얼마나 중요한지를 일깨워준 사례였다.

프로젝트가 재개된 가운데 수익성 확보를 위한 원가절감 노력은 계속됐다. 그리고 단축형 모델 개발은 과감히 포기하고 장축형(Long Body) 모델만 출시하기로 했다. 국내 마케팅 부서는 차체가 너무 커 주차가 어렵다며 판매 부진을 우려했다. 그런데 뚜껑을 열어보니 시장 반응은 예상과 정반대였다. 국내에서는 캠핑과 레저 붐을 타고 폭발적인 반응을 얻었고, 오히려 자신감을 가졌던 미국 시장의 실적은 기대에 미치지 못했다. 카니발의 운명은 끝까지 예측 불허의 롤러코스터였다.

2020년 출시된 4세대(KA4) 카니발은 이런 경험과 교훈을 바탕으로 미국이 아닌 국내시장을 메인 타깃으로 설정해 개발됐다. 그 결과, 카니발은 제2의 전성기를 맞이했다. 수출 시장에서도 코로나19 팬데믹과 반도체 공급난이라는 악재 속에서 경쟁사보다 발 빠르게 대응하며 강력한 판매 모멘텀을 다시 만들어냈다. 카니발의 역사는 단종 직전의 위기 속에서 답을 찾아낸 집념의 기록이자, 숫자 너머의 구조를 읽어낸 판단력이 만든 기적 같은 이야기다.

7장

—

멕시코와 인도 시장을 개척하라

멕시코 시장을 뒤흔든 11개월의 기록

✿✿✿

2016년, 기아는 멕시코 공장에서 역사적인 첫 현지생산 차량을 출고했다. 그해 기아는 5만 8,000대를 판매하며 단숨에 시장점유율 8위에 올랐다. 기세는 줄어들 줄 몰랐다. 2017년에는 6위, 2018년부터는 포드, 크라이슬러, 혼다, 마쓰다 등 현지 강자들을 제치고 5위에 안착했다. 2022년 기준 기아의 멕시코 시장점유율은 8.1퍼센트에 달했다. 기아가 현지생산 거섬을 보유한 미국(5.0퍼센트), 유럽(4.8퍼센트), 인도(6.6퍼센트)의 마켓셰어를 모두 웃도는 수치였다. 이 화려한 성과 이면에는 진출 초기 단 11개월 만에 브랜드인지도를 0.4퍼센트에서 11퍼센트까지 끌어올려야 했던 극적인 사투가 숨어 있다.

기아가 멕시코에 본격적으로 진출하기 전까지, 이 시장은 사실상 빈 지도에 가까웠다. 한국에서 완성차를 수출할 경우 15~20퍼센트에 달하는 고율 관세가 부과돼, 현지생산 없이는 가격경쟁력 확보가 원

천적으로 불가능했기 때문이다. 멕시코에 KIA라는 브랜드는 문자 그대로 존재하지 않았다. 한편 현대차는 비록 임시방편이었지만 크라이슬러와 제휴해 우회로를 확보해놓고 있었다. 크라이슬러 딜러망을 활용해 현대차 모델에 크라이슬러 브랜드인 닷지의 배지를 달아 판매하는 리배지(Re-badging) 방식이었다.

2014년 8월, 멕시코에 공장을 건설하겠다고 발표했을 때, 기아의 비보조 인지도는 0.4퍼센트였다. 1,000명 중 4명만이 기아를 아는, 사실상 제로 베이스에서 시작해야 하는 상황이었다. 공장 가동 예정인 2016년 상반기까지 손 놓고 기다릴 수는 없었다. 우리는 사전마케팅 전략을 수립했다. 브랜드인지도를 11퍼센트로 올리고, 딜러 네트워크를 60개 이상 구축하는 것이 목표였다.

측정할 수 없는 마케팅은 관리할 수 없다

우선 2015년 7월부터 완성차를 가져와 팔기로 했다. 수입 판매의 선봉에는 브랜드이미지 제고에 기여할 수 있으면서도 북미자유무역협정(North American Free Trade Agreement, NAFTA)을 통해 관세 혜택을 받을 수 있고, 멕시코 정부의 인증을 받는 데 걸리는 기간이 짧은 차종들이 배치됐다. 미국 공장에서 생산된 쏘렌토, 한국에서 생산된 포르테와 스포티지가 그 주인공이었다. 문제는 속도였다. 당시 자동차 업계의 신차 론칭 프로세스는 '기자 시승회 → 출시 행사 → 대규모 고지 광고'와 같은 흐름으로 매우 느렸다. 이 방식으로는 도저히 1년 만에 인지도를 27배나 끌어올릴 수 없었다.

기아는 과감하게 룰을 바꿨다. 유럽 씨드 론칭 경험과 본사의 통합 마케팅커뮤니케이션(Integrated Marketing Communication, IMC) 노하우를 접목해 철저히 데이터 기반 마케팅으로 접근했다. 핵심 원칙은 단 하나였다. '측정할 수 없는 마케팅은 관리할 수 없다.' 모든 마케팅 활동은 수치로 검증하기로 했고, 기아멕시코 마케팅 담당자들에게도 측정의 중요성을 반복적으로 교육했다. 성과지표는 단순하지만 명확했다. 구글 검색 트렌드는 브랜드인지도 변화, 웹사이트 방문자 수는 실제 구매 의향 지표라고 정의했다.

2014년 8월, 멕시코 공장 조인식이 열리며 언론보도가 쏟아지자 구글 검색 트렌드가 즉각 반응하기 시작했다. 그런데 이를 받아줄 그릇이 없었다. 공식 웹사이트가 준비되지 않아 관심이 실제 행동으로 이어지지 못하고 공중에서 증발해버린 것이다. 그 즉시 두 달 만에 간이 사이트를 구축했고, 2015년 3월 정식 홈페이지를 오픈하며 모든 데이터 흐름을 연결하는 기반을 마련했다. PR은 기아 관계자 인터뷰, 기자단 초청 행사, 시승회, 이벤트로 강화했고, 텔레비전 광고는 브랜드 광고를 중심으로 남미 축구 선수권 대회인 코파 아메리카의 스폰서임을 강조했다. BTL(Below The Line)은 페이스북, 유튜브를 중심으로 한 디지털 커뮤니케이션과 기아컵(코파 아메리카 활용 마케팅의 일환으로 운영한 일반인 대상 축구 대회), 로드쇼를 유기적으로 결합했다.

첫 번째 메시지는 단순했다. "Who is Kia(기아는 누구인가)?"

유튜브와 페이스북, ROI 중심의 디지털 승부수

디지털 캠페인은 철저히 투자 대비 효율(Return On Investment, ROI) 중심으로 집행됐다. 첫 승부수는 유튜브였다. 2014년 말, 유튜브뮤직 어워드 스폰서십을 활용한 광고에 15만 달러를 투자해 조회수 494만 회를 기록했다. 2015년 1월에는 기아가 후원하던 호주 오픈 테니스 대회와 영화 〈엑스맨〉을 결합한 콜라보 콘텐츠를 선보였다. 9만 달러를 투자해 조회수 318만 회를 달성하며 효율을 극대화했다. 페이스북 운영은 더욱 정교했다. 2014년 말부터 '기아는 누구인가'를 주제로 한 콘텐츠 광고에 총 14만 3,000달러를 투입, PPA(Pay Per Action) 방식으로 집행했다. 즉 그냥 노출하는 것이 아니라 사용자가 실제로 구독이나 가입 등과 같은 행동을 했을 때만 비용을 지급하는 구조였다. 성과가 낮은 콘텐츠는 즉시 중단하고 수정하는 과정을 반복했다.

그 결과, 기아 멕시코 공식 페이스북 팬 수는 38만 9,000명에 도달했다. 같은 시기 현대차는 13만 1,000명이었다. 후발 주자인 기아가 디지털 공간에서는 압도적인 우위를 확보한 셈이었다. 이 기반은 10년이 지난 2025년, 383만 명의 팬덤으로 성장했다. 사전마케팅이 본

페이스북 PPA 광고효과(2014년 12월 5일~2015년 2월 25일)

구분	측정 단위	중심 의미	광고 효과
팬 수 (Fans)	사람 수	브랜드 기반, 구독자 규모 (팬 수)	389,000
도달 (Reach)	사람 수	콘텐츠가 닿는 범위 (광고를 본 사람 수)	49,900,000
참여 (Engagement)	행동 수 또는 사람 수	광고를 행동으로 옮긴 정도 (댓글을 남긴 수)	1,680,000
상호작용 (Interaction)	행동 수	광고에 대한 모든 사용자 반응 종합 (모든 제스처를 포함한 반응)	289,000

격화되자 데이터가 분명한 변화를 보여줬다. 구글 검색 트렌드는 가파르게 상승했고, 특히 〈엑스맨〉 캠페인 이후에는 웹사이트 주간 방문자 수가 2만 명을 돌파했다. 단순한 검색 관심이 실제 브랜드 탐색 행동으로 연결되는, 이른바 '마케팅 선순환 구조'가 완성된 순간이었다. 멕시코에서 기아는 그렇게 아무도 모르는 브랜드에서 사보고 싶은 브랜드로 진화하고 있었다.

불모지 멕시코에서 거둔 기적의 마침표

✿ ✿ ✿

기아멕시코의 사전마케팅 2단계(2015년 2~4월) 목표는 분명했다. 멕시코에 기아라는 브랜드가 존재한다는 사실을 경제지와 자동차 전문지 기자 등을 통해 공식 언론 채널로 각인시키는 것이었다. 2015년 1월 기아멕시코법인장 인터뷰를 신호탄으로 숨 돌릴 틈 없는 일정에 돌입했다. 2월 14일 시카고 모터쇼 초청, 2월 26일 한국 본사 초청, 4월 1일 뉴욕 모터쇼 조정, 4월 9일 현지 기자간담회, 그리고 4월 15일 전국 순회 로드쇼인 기아 온 투어(Kia On Tour)까지, 불과 석 달 남짓한 기간 동안 쉼 없이 언론 접점을 확대했다.

언론 노출 효과는 감(感)이 아닌 수치로 관리했다. 각 기사와 방송의 가치를 미디어 밸류(Media Value)라는 화폐단위로 환산해 월별로 집계했고, 이를 통해 사전마케팅 성과를 정밀하게 추적했다.

이 모든 노력에도 불구하고 현실은 녹록지 않았다. 당장 내세울 수 있는 신차가 없다는 점이 가장 큰 약점이었다. 모터쇼에서도 양산차가 아닌 쏘울 콘셉트 카를 전시할 수밖에 없었고, 이는 기자들의 이목을 지속적으로 붙잡기에는 한계가 있었다. 결과는 냉정했다. 3월까지의 미디어 밸류는 기대치를 밑돌았고, 인지도의 선행지표인 구글 검색 트렌드와 웹사이트 방문자 수 역시 정체됐다. 사전마케팅의 시계가 멈춘 듯 초조한 국면이었다.

우리는 즉시 플랜B를 가동했다. 2015년 4월부터 유튜브 광고 예산을 기존 대비 두 배 이상 확대해 36만 달러 규모의 대형 디지털 캠페인을 집행했다. 동시에 전국 로드쇼, 고객 영상 제작 콘테스트 등 소비자가 직접 참여하는 BTL 프로모션을 공격적으로 전개했다. 효과는 즉각적으로 나타났다. 뉴욕 모터쇼 이후 미디어 커버리지가 급증했고, 정체됐던 구글 검색 트렌드 지표가 한 단계 껑충 뛰어올랐다. 주간 웹사이트 방문자 수는 5만 6,000명을 돌파했다. 마침내 브랜드 인지도 곡선이 상승 국면으로 전환됐다.

신뢰 구축과 론칭 모멘텀의 폭발

이제 사전마케팅은 3단계(2015년 5~6월)로 접어들었다. 이 단계의 목표는 기아가 어떤 브랜드며 어떤 차를 만드는 회사인지 보여주는 것이었다. 2단계가 '존재 증명'이었다면 3단계는 '신뢰 구축'이었다. 이를 위해 기자단 시승 전략부터 수정했다. 상징성 중심의 쏘렌토 대신 실제 판매 볼륨이 클 것으로 예상되는 스포티지와 현지생산 예정 모델인 포르테를 투입해 상품성을 검증받았다. 이와 함께 4월 중순부터 7월 말까지 브랜드이미지 중심 광고를 집중적으로 집행했다. 결정적인 한 방은 코파 아메리카였다. 남미 최대 축구 축제인 코파 아메리카 공식 후원권을 활용해 전방위로 스포츠마케팅을 전개한 결과, 주간 웹사이트 방문자 수가 15만 명을 돌파했다. 사전마케팅 1단계 대비 무려 일곱 배나 성장한 수치였다.

2015년 7월 1일, 마침내 딜러 오프닝 행사를 개최했다. 전국 주요 언론과 딜러, 파트너가 한자리에 모인 공식 출범식이었다. 이어진 스포티지와 포르테 론칭 광고캠페인은 시장의 도화선에 불을 붙였고, 주간 웹사이트 방문자 수는 23만 명을 기록했다. 지난 1년간 공들여 쌓아온 사전마케팅의 효과가 한순간에 폭발하며, 론칭 모멘텀의 정점을 완벽하게 완성했다.

이 프로젝트는 2007년 유럽 씨드, 2009년 미국 쏘울 론칭에 이어 기아 역사상 가장 성공적인 브랜드 론칭 사례로 기록됐다. 론칭 직후 조사한 비보조 인지도는 목표치를 초과한 12퍼센트였다. 0.4퍼센트라는 제로 베이스에서 출발한 인지도 싸움이 성공적으로 마침표를 찍은 것이다.

딜러 네트워크 구축 성과 역시 기대 이상이었다. 현지 딜러들은 기아의 엄격한 가이드라인을 충실히 따르며 딜러당 250만~500만 달러에 달하는 대규모 투자를 단행했다. 시장이 기아의 성공을 확신한다는 명백한 신호였다. 론칭 시점에는 애초 목표였던 60개를 훌쩍 넘는 73개 딜러망이 완성됐다. 기아멕시코는 이후 전 부문에서 가파른 성장세를 이어갔고, 그 성과를 인정받아 2017년 말 전 세계 180개국 기아법인 중 '전 세계 최우수 국가(Best Global Operation)'로 선정되는 영예를 안았다.

기아멕시코의 성공은 브랜드 불모지에서 어떻게 브랜드를 창조할 것인가에 대한 가장 교과서적인 해답이었다. 최악의 조건 속에서도 기아는 정교한 전략과 과감한 디지털마케팅, 그리고 철저한 데이터 기반 의사결정으로 불가능을 현실로 바꿔냈다.

인도 시장 진출 결단, 내부 갈등과 전략적 대가

✿ ❀ ✿

멕시코에서의 성공은 기아 내부에 강한 자신감을 심어줬다. 이를 바탕으로 기아 부회장은 2020년 이후를 내다보는 중장기 청사진, 2020 전략을 구상했다. 그의 머릿속에 남아 있던 마지막 퍼즐 조각은 분명했다. 동남아시아, 인도, 중동 시장을 장악한 일본 차의 아성을 어떻게 무너뜨릴 것인가? 결론은 하나였다. 이 지역을 공략하기 위해서는 수출이 아닌 현지생산 거점이 필요했다. 인도 또는 아세안 국가 중 한 곳에 새로운 공장을 세워야 했다.

2008년 리먼사태 이후, 세계 자동차 수요의 중심축은 선진국에서 신흥국으로 이동하고 있었다. 인도는 중국, 미국, 일본에 이어 세계 4위 규모의 자동차 시장으로 급부상했고, 아세안 시장 역시 장기침체를 벗어나 회복 국면에 들어서고 있었다. 차세대 성장 동력을 확보하기 위해 이 지역에 생산 거점을 마련하는 것은 선택이 아니라 필수였다.

사실 기아는 2000년대 중반부터 아세안 공장 건설을 여러 차례 검토해왔다. 그러나 중국 공장 증설, 미국 공장 건설 등 굵직한 현안에 밀려 번번이 우선순위에서 밀려났고 실행으로 이어지지 못했다. 10여 년이 지나 다시 들여다본 아세안 시장의 숫자는 충분히 매력적이었다. 2016년 기준 아세안 주요 5개국의 자동차 판매량은 약 310만 대에 달했고, 특히 인도네시아(106만 대)와 태국(77만 대)이 시장을 주도하고 있었다. 하지만 장벽이 높았다. 일본 업체들은 오래전부터 AFTA를 활용해 무관세 혜택을 누리며 시장을 70퍼센트 이상 장악해왔다. 토요타 등 일본 업체들은 태국에서 픽업트럭과 승용차, 인도네시아에서 다인승 MPV를 집중적으로 생산해 역내로 수출하는 견고한 공급망을 구축해놓은 상태였다. 말레이시아는 자국 브랜드 보호 정책이 강했고, 베트남은 CKD 방식을 선호하는 구조였다. 기아가 파고들 틈이 좀처럼 보이지 않았다.

압도적인 잠재력과 형제 브랜드와의 갈등

한편 인도의 잠재력은 압도적이었다. 세계 3위 수준의 GDP, 13억 5,000만 명의 인구, 그리고 전체 인구의 55퍼센트가 30세 미만이라는 젊은 인구구조는 폭발적인 성장을 예고했다. 2016년 약 350만 대 수준인 인도 자동차 시장은 2025년이면 일본을 제치고 세계 3위로 올라설 것이 확실시됐다. 치열한 비교와 검토 끝에 최종 행선지는 인도로 결정됐다.

그런데 외부가 아닌 내부에서 예상치 못한 난관이 튀어나왔다. 기

인도·아세안 시장 자동차 판매 추이

(만대)

○─ 인도   ○─ 아세안

	10	15	17	18	19	20	21	22	23	24	25 (년)
인도	304	342	402	440	384	295	378	476	512	523	545
아세안	171	310	339	359	358	257	293	355	349	329	325

아의 인도 진출 소식이 알려지자, 현대차인도법인이 거세게 반발하고 나선 것이다. 그들은 기아와 힘을 합쳐 시장의 절대 강자 마루티스즈키를 공략하기보다, 기아의 진입이 현대차의 점유율을 잠식할 것을 먼저 우려했다. 반대는 집요했다. 기아가 인도 시장에 들어오지 않았으면 좋겠다는 의견이 그룹 수뇌부에까지 보고됐고, 형제 브랜드 간의 갈등이 점차 고조됐다. 타협이 필요했다. 결국 현대차가 이미 강세를 보이고 있던 승용차 세그먼트에는 진입하지 않겠다는 조건을 기아가 수용하면서 표면적인 갈등은 봉합됐다.

당시에 인도 진출을 결정하지 않았다면, 기아는 중국 시장에서 크게 실패한 부분을 만회할 수 없었을 것이며, 오늘날과는 다른 위상일 것이다. 우여곡절 끝에 2019년 8월, 기아는 마침내 인도 시장에 첫발을 내디뎠다.

마루티스즈키, 현대차, 마힌드라라는 강력한 레거시 플레이어들이 시장을 장악한 상황에서 기아는 가장 늦게 합류한 후발 주자였다. 통상적으로 후발 주자의 시장진입은 계란으로 바위 치기와 다름없다.

그래서 기아는 기존 경쟁 문법을 따르지 않기로 했다. 정면 승부 대신 판 자체를 뒤집을 새로운 방식을 준비하며, 조용히 칼을 갈았다. 공장 하나를 세우는 프로젝트가 아니라, 일본 차 중심의 질서를 흔들기 위한 가장 대담한 실험을 준비하고 있었다.

제약의 역설, 현대차의 족쇄를 기회로 바꾼 승부수

✿ ⚙ ✿

현대차와 기아는 연구개발, 구매·조달, 품질관리 등 핵심 제조 영역에서는 같은 시스템으로 움직이는 동반자다. 그러나 판매의 최전선에 서는 순간, 두 회사는 한 지붕 아래 가장 치열한 경쟁자로 변한다. 이 기묘한 공존과 경쟁의 구조는 최근에 만들어진 것이 아니라, 1999년 현대차가 기아를 인수한 시점부터 뼛속 깊이 각인된 DNA와도 같았다. 기아의 브랜드경쟁력이 빠르게 향상되고 판매실적이 급증하자, 현대차 경영진의 시선에는 동반성장의 기쁨보다 추격자에 대한 경계심이 먼저 자리 잡기 시작했나. 득히 미개적시로 남아 있던 인도와 일본 시장만큼은 현대차의 독무대여야 한다는 인식이 강했다.

결국 기아는 인도 시장 진출 티켓을 얻는 대가로, 승용차 세그먼트에는 진입하지 않겠다는 조건을 수용해야 했다. 내부 반발은 거셌다. 시장의 70퍼센트를 차지하는 세단을 포기하라는 건 사실상 장사하지 말라는 이야기 아니냐는 불만이 터져 나왔다. 당시 인도 자동차 시장의 숫자만 보면 이 반응은 충분히 이해할 만했다. 마루티스 즈키가 47퍼센트라는 압도적인 점유율로 제왕처럼 군림했고, 현대차가 16.9퍼센트로 그 뒤를 이었으며, 마힌드라, 혼다, 타타모터스, 토요타 등이 나머지 파이를 나누고 있었다. 그리고 전체 시장의 약 69퍼센트가 승용차 세그먼트였다. SUV 세그먼트는 26퍼센트로 성장 조짐을 보이고 있었지만 아직 주류는 아니었고, MPV는 틈새시장에 불과했다.

그러나 기아는 숫자 이면의 변화를 읽고 있었다. 인도 시장은 중국이 2007~2011년에 겪은 SUV 대전환기와 유사한 변곡점에 서 있었다. 경제성장은 소비자의 기준을 바꿔놓는다. 연비와 가격만 따지는 생존형 구매(needs)에서 선루프, 대형 디스플레이, 디자인, 사회적 과시욕을 중시하는 과시형 구매(wants)로 빠르게 이동한다. 자동차는 라이프스타일과 정체성을 드러내는 상징이 된다.

아이러니하게도 현대차가 채운 '승용차 진입금지'라는 족쇄가 기아에게 전화위복이 됐다. 기아는 선택의 여지 없이 SUV와 MPV에 집중해야 했고, 이는 막 폭발하기 직전이던 인도의 새로운 라이프스타일과 정확히 맞아떨어지는 강제적이지만 완벽한 선택과 집중 전략이 됐다.

문제는 브랜드인지도였다. 인도에서 기아는 사실상 존재하지 않는 브랜드였다. 이때 기아가 꺼내 든 해답은 과거의 성공 경험, 바로 멕시코의 기적이었다. 기아는 멕시코에서 검증된 성공 방정식을 인도라는 거대한 시장에 이식하되, 철저히 현지화하기로 했다. 상품 전략,

세그먼트	승용			SUV			MPV		
	컴팩트	미드	하이	컴팩트	미드	하이	컴팩트	미드	하이
판매대수 (만 대)	155.9	63.1	1.0	48.2	27.5	5.3	4.7	3.6	7.8
세그별 합계 (만 대)	220.0			81.0			16.1		
구성비	69%			26%			5%		
현대차 라인업	쌍트로	베르나 아우라 엑센트	i10 엘리트 i20 i20 액티브 엘란트라	베뉴	크레타	투싼	–	–	–

공장 건설, 딜러 네트워크 구축까지 모든 것을 숫자와 실행 계획으로 재설계했다.

상품 전략은 단계적으로 설계됐다. 1단계에서는 미드 사이즈 SUV 셀토스와 프리미엄 MPV 카니발을 동시에 투입해 브랜드의 격을 먼저 끌어올리고, 2단계에서는 볼륨 모델인 콤팩트 사이즈 SUV 쏘넷과 카렌스를 투입해 본격적인 시장 장악에 나선다는 구상이었다.

마케팅전략의 핵심은 멕시코와 마찬가지로 디지털 퍼스트(Digital First)였다. 오프라인 쇼룸이 문을 열기도 전부터 소셜미디어, 유튜브, OTT 플랫폼을 선점하며 내규모 도딜률을 확보했다. 이는 단순한 광고 집행이 아니었다. 기아를 '프리미엄하면서도 젊고 힙한 브랜드'로 정의하는 작업이었다. 소비자 반응은 실시간으로 분석됐고, 그 결과는 즉각적인 의사결정으로 이어졌다. 고객 획득 비용은 철저하게 관리됐다. 성과는 숫자로 증명됐다. 셀토스 출시 후 2년도 채 되지 않아, 인도 도시 지역 소비자의 약 80퍼센트가 기아를 인지했다.

영업망 구축에서도 멕시코의 경험이 결정적 자산이 됐다. 기아는 멕시코 판매 성공의 주역인 책임자를 인도 시장 총괄책임자로 전격 발탁했다. 그는 2017년 8월, 공장 착공과 동시에 뉴델리에서 딜러 로드쇼를 시작했다. 인도 전역을 돌며 우수 딜러들을 직접 만나 기아의 비전과 성장 시나리오를 설명했고, 이는 강력한 파트너십 구축으로 이어졌다.

기아의 인도 진출은 신시장을 개척한 데 그치지 않는다. 형제 기업의 견제라는 내부 제약을 오히려 전략적 기회로 전환하고, 과거의 성공 공식을 철저히 현지화해 재현해낸 치밀한 승부였다. 인도에서의 기아는 늦게 온 후발 주자가 아니라, 가장 다르게 접근한 도전자였다.

퀀텀점프의 주역 셀토스, 인도 자동차 시장 표준을 바꾸다

⚙⚙⚙

기아는 인도 시장 진출 초기부터 브랜드 포지셔닝을 깊이 고민했다. 당시 인도에서 기아의 인지도는 백지상태나 다름없었기에, 첫인상을 어떻게 심어주느냐가 향후 사업 성패를 가를 결정적 변수였다. 시장의 절대 강자인 마루티스즈키나 형제 기업인 현대차를 상대로 가격경쟁을 벌이는 것은 현실적으로 승산 없는 싸움이었다. 따라서 기아는 선도 업체들과는 완전히 다른 궤적을 그리기로 했다.

마루티스즈키와 현대차는 오랜 기간 가성비로 통하는 가치지향 이미지를 기반으로 시장을 장악해왔다. 그런데 역설적으로 이 고정된 이미지가 상위 시장으로의 확장을 가로막고 있었다. 반면 기아는 얽매일 유산 없는 신생 브랜드였다. 이는 약점이 아니라 강점이었다. 기아는 오히려 시장의 다음 단계인 프리미엄화 수요를 선점하며 미래지향적 이미지를 구축할 수 있는 유리한 고지에 서 있었다. 마침 시장의 지배자 마루티스즈키조차 높아지는 프리미엄 수요에 대응하기 위해 유통망을 고급 채널인 넥사(NEXA)와 이원화해 운영하고 있었다. 기아는 이를 통해 확신을 얻었다. 후발 주자로서 저가 시장에서 진흙탕 싸움을 하는 대신 처음부터 프리미엄 브랜드로 포지셔닝하는 퀀텀점프 전략을 택한 것이다.

기아의 전략적 목표는 단순한 시장점유율 확보가 아니었다. 기술 중심의 프리미엄 브랜드이자, 인도 소비자들이 소유하고 싶어 하는 동경의 대상(Aspirational Brand)이 되는 것이었다. 타깃 고객층 역시 자동차를 이동 수단을 넘어 자신을 표현하는 라이프스타일 기기로 인식하는 젊고 부유한 중산층으로 명확히 설정했다.

상품 차별화의 핵심은 마루티스즈키의 아킬레스건을 공략하는 것이었다. 마루티스즈키는 압도적인 점유율을 자랑했지만 승용차 플랫폼을 공유해 만든 탓에 정통 SUV다운 강인함이 부족했고, 개발 대응 속도도 느렸다. 기아는 이 틈을 파고들어 진짜 SUV다운 SUV를 구현하는 데 주력했다. 철저한 현지화도 병행했다. 디젤엔진 옵션을 확대하고, 인도 소비자의 취향에 맞춘 화려하고 세련된 디자인, 열악한 도로 사정을 고려한 높은 최저 지상고 설정 등으로 현지 니즈를 완벽하게 충족시켰다.

2019년, 기아의 첫 번째 주자 셀토스가 등판했다. 셀토스는 과감하고 파격적인 트림 정책으로 시장을 뒤흔들었다. 핵심은 이원화된 트림 라인과 다양한 파워트레인 조합이었다. 당시 1.5리터 자연흡기 가솔린, 1.5리터 디젤, 그리고 고성능을 위한 1.4리터 터보 GDi 가솔린 등 엔진을 3종 내놨다. 변속기 또한 6단 수동변속기(MT), 무단변속기(IVT), 6단 자동변속기(AT), 7단 듀얼클러치변속기(DCT) 등 4종을 마련해 총 여섯 가지 파워트레인 조합을 완성했다. 경제성을 중시하는 고객부터 퍼포먼스를 원하는 고객까지 모든 수요를 흡수하겠다는 의지였다. 트림 전략 또한 정교했다. 실용성과 가족 중심의 가치를 중시하는 고객을 위한 테크 라인과, 붉은색 포인트와 스포티한 디자인으로 젊은 층을 겨냥한 GT 라인으로 이원화했다. 이 전략은 고객의 선택을 도왔을 뿐만 아니라 미드 I 사이즈와 더불어 상위 차급인 미드 II 사이즈 SUV 시장수요까지 끌어들이는 효과를 낳았다.

무엇보다 셀토스는 기술의 기아를 각인시키는 첨병이었다. 이전까지는 프리미엄 세그먼트에서나 볼 수 있었던 첨단 사양들을 대중적인 가격대에 과감히 투입했다. 10.25인치 대화면 HD 터치스크린, 통풍 시트, 헤드업 디스플레이, 보스 프리미엄 오디오, 사운드 무드 라이팅 등은 인도 소비자들에게 경험해보지 못한 고급감을 선사했다. 특히 기아의 커넥티드 카 서비스인 UVO는 출시 2년 만에 15만 대 이상 탑재되며 기아를 독보적인 기술 리더로 자리매김하게 했다.

안전기준도 새로 썼다. 기아는 셀토스에 에어백을 여섯 개 기본 장착하는 강수를 뒀고, 2023년 페이스리프트 모델에서는 레벨 2 수준

셀토스 트림 전략

트림

HTX ○	
HTK ○	**○ GTX**
HTE ○	
테크 라인	GR 라인

엔진, 변속기

엔진	가솔린		디젤
	1.5리터 자연흡기	1.4리터 터보	1.5리터
변속	6단 수동		
	무단	7단 듀얼클러치	6단 자동

미드 Ⅱ 사이즈 SUV 세그먼트

브랜드	MG	MG	타타모터스	마힌드라	지프
모델	Hector	Hector Plus	Harrier	XUV 500	Compass
전장(mm)	4,655	4,720	4,598	4,585	4,395

미드 Ⅰ 사이즈 SUV 세그먼트

브랜드	현대차	르노	르노	마루티 스즈키	닛산
모델	New Creta	Duster	Captur	S-Cross	Kicks
전장(mm)	4,300	4,360	4,329	4,300	4,384

의 첨단운전자보조시스템(Advanced Driver Assistance System, ADAS)을 도입했다. 기아가 안전 사양의 기준을 높여놓자 경쟁사들도 따라올 수밖에 없었고, 결과적으로 인도 자동차 시장 전체의 안전 표준이 상향 평준화되는 긍정적인 나비효과를 불러왔다. 이와 같은 전략적 접근 덕분에 셀토스는 프리미엄 기술 브랜드 기아의 정체성을 확립한 일등 공신이 됐다. 기술 중심, 고객 중심, 라이프스타일 중심이라는 기아의 삼박자 전략이 인도 대륙에서 완벽하게 적중하면서 2025년 기준 시상 5위를 시켜내고 있나.

8장

|

피하지 못한
팽창 성장의 저주

현대차그룹도 팽창 성장 후유증

1985년 자동차업계에 첫발을 디딘 이후, 나는 30년 넘게 세계 자동차산업의 격변기를 온몸으로 겪어왔다. 동서고금을 막론하고 모든 자동차 회사 CEO의 사명은 단 하나, 회사를 성장시키는 것이었다. 그런데 일부 리더들이 추진한 성장전략에는 폭풍 성장이나 팽창 성장 같은 과도한 수식어가 붙곤 했다. 이들은 브레이크 없는 질주를 선택했고, 그것이 때로는 기업과 리더 개인 모두에게 치명적인 대가를 남겼다.

1990년대 말, 자동차업계에는 하나의 신념이 퍼져 있었다. "연간 400만 대를 넘지 못하면 생존할 수 없다." 그 시대를 관통한 글로벌 완성차 기업들은 규모의 확장을 유일한 생존 방정식으로 여겼다. 이 맹목적인 믿음은 기업의 운명을 송두리째 흔들었고, 해당 CEO들에게 씻을 수 없는 오명을 남겼다. 나는 이 현상을 '팽창 성장의 저주'라고 불러왔다. 혹독한 구조조정의 신이 지나가고 나서야 비로소 다시 일어서는 그 잔혹한 사이클 말이다. 현대 속도를 앞세워 800만 대 고지를 밟았던 현대차그룹 역시 시차만 있었을 뿐 이 저주에서 벗어날 수는 없었다.

1990년대 후반, GM의 CEO 존 F. 스미스 주니어(John F. Smith Jr.)는 전 세계를 아우르는 거대 자동차 제국을 꿈꿨다. 그는 스웨덴의 사브를 인수하고 스즈키, 스바루, 피아트, 이스즈의 지분을 잇달아 사들였다. 2000년 무렵 GM은 전 세계에 120여 개 공장, 30개 브랜드를 두고, 연간 800만 대 이상을 판매하며 명실상부한 세계 1위 기업으로 군림했다. 그런데 이 확장은 곧 조직 복잡성 증가와 수익성 악화라는 부메랑이 돼 돌아왔다. 브랜드들은 서로 간섭했고, 지역 전략은 충돌했다. 결국 GM은 2009년, 미국 역사상 최대 규모의 파산보호 신청을 하며 무너져 내렸다. 팽창이 곧 성장이라는 믿음이 얼마나 위험한 환상인지를 보여준 상징적 사건이었다.

토요타 역시 2000년대 초반 거침없이 상승 가도를 달렸다. 비오너 출신 사장들은 2000년 552만 대였던 판매량을 2010년 900만 대까지 늘리겠다는 야심 찬 계획을 세웠다. 목표보다 앞선 2007년 891만 대를 판매하며 세계 1위에 올랐지만, 바로 그 정점에서 저주가 시작됐다. 2008년 리먼사태로 글로벌 수요가 급감하자 비대해진 회사가 순식간에 휘청인 것이다. 71년 만의 영업 적자와 59년 만의 최종 적자라는 충격적인 결과가 나왔다. 거대한 생산 설비와 인력을 단번에 줄일 수 없어, 4년에 걸친 혹독한 구조조정 끝에 정상화할 수 있었다. 품질

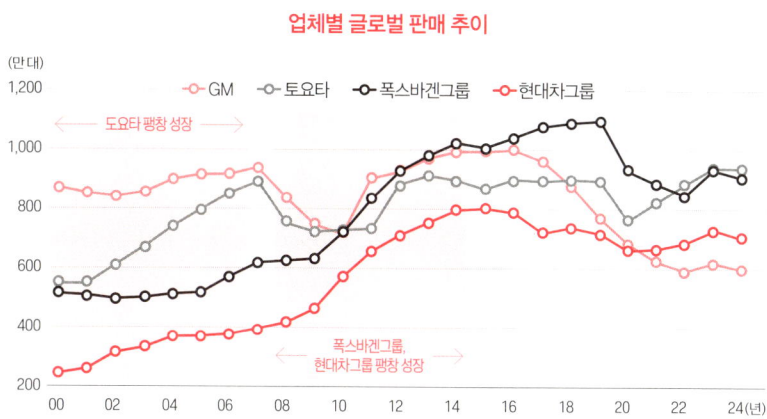

업체별 글로벌 판매 추이

(만대)

—○— GM —○— 토요타 —●— 폭스바겐그룹 —●— 현대차그룹

← 도요타 팽창 성장 →

← 폭스바겐그룹, 현대차그룹 팽창 성장 →

을 목숨처럼 지켜왔지만 관리가 방만해지면서 1,000만 대 리콜 사태가 발생, 사장이 미 의회 증언대에 서야 했다.

폭스바겐은 더욱 비극적이다. 2007년 CEO로 취임한 마르틴 빈터코른은 2018년까지 연간 1,000만 대를 판매하며 세계 1위가 되겠다는 '2018 전략'을 선포했다. 그는 공격적인 양적성장을 밀어붙였고, 조직은 과도한 성과 압박과 상명하복 문화가 굳어졌다. 2014년, 폭스바겐은 목표보다 앞서 1,022만 대 판매를 달성했다. 그러나 그 영광의 이면에서 무리한 목표를 달성하기 위해 디젤차에 불법 조작 소프트웨어를 설치한 디젤 게이트가 터져 나왔다. 빈터코른은 불명예 퇴진했고, 2018 전략은 결국 '2015 임의 조작(Defeat 2015)'으로 끝났다. 숫자에 대한 집착은 기업의 양심과 도덕성까지 저버리게 만들었다. 이 외에도 닛산-르노-미쓰비시 연합의 1,100만 대로의 폭풍 성장 전략, 혼다의 600만 대 확장 목표도 이 팽창 성장의 덫을 피해 가지 못했다.

현대차그룹 또한 예외가 아니었다. 2010년 '글로벌 톱 5' 비전을 달성한 이후, 목표는 '연간 800만 대 판매'라는 거대한 숫자로 치환됐다. 중국 시장을 중심으로 한 현대 속도는 가파른 폭풍 성장을 기록했으나, 영업이익률 그래프는 정반대로 움직였다. 덩치는 커졌지만 내실은 허약해져갔다. 최대 수익원인 미국법인의 순이익은 2015년부터 꺾이기 시작했고, 2016년에는 결국 적자 전환이라는 충격적인 결과를 맞이했다. 현대차그룹 역시 타 기업들이 겪은 팽창 성장의 저주 앞에 서게 된 것이다.

기아 300만 대 달성,
그러나 1.2퍼센트로 추락한 영업이익률

⚙ ⚙ ⚙

기아는 2016년, 비전으로 내걸었던 연간 300만 대 판매 고지를 밟는 데 성공했다. 그러나 그 화려한 외형성장의 성취감은 오래가지 못했다. 2011년 8.1퍼센트에 달했던 영업이익률이 썰물처럼 빠져나가, 2017년에는 1.2퍼센트라는 충격적인 수치까지 곤두박질쳤다. 물론 통상임금과 관련해 추가 비용이 발생한 영향도 있지만, 이는 단순한 수익성 하락을 넘어 경영효율 전반에 적신호가 켜졌다는 명백한 경고였다.

사실 경고음은 그 전부터 울리고 있었다. 2010년부터 2013년까지 이어지던 목표 달성 행진은 2014년과 2015년에 멈춰 섰다. 각각 300만 대, 315만 대라는 공격적인 목표를 세웠지만 현실의 벽을 넘지 못

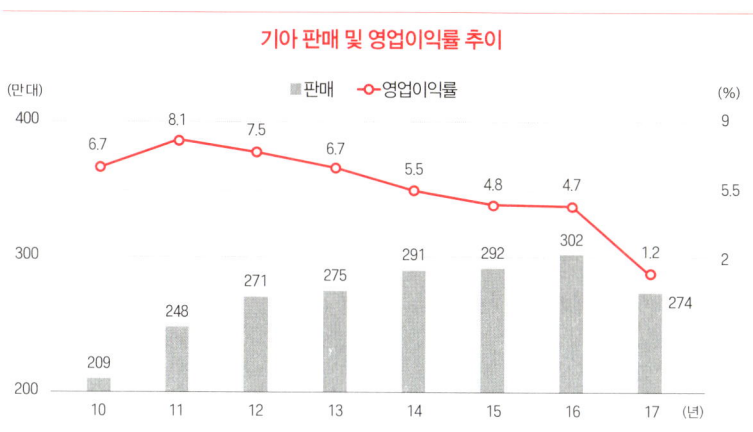

기아 판매 및 영업이익률 추이

(만대)　　　　■판매　─○─영업이익률　　　　(%)

했다.

특히 2017년은 뼈아팠다. 멕시코 공장 가동이라는 호재에도 불구하고 판매량은 전년 대비 9.3퍼센트 뒷걸음친 274만 대로 주저앉았다. 2003년 이후 처음 겪는 대폭적인 역성장이었다. 주력 시장인 중국과 미국, 그리고 저유가와 전쟁의 여파에 시달리던 중동 시장에서의 감소세가 뚜렷했다. 가장 치명적인 타격은 중국에서 왔다. 2013년 이후 기아의 최대 시장으로 부상했던 중국이 사드 사태의 직격탄을 맞은 것이나. 연간 판매량이 선년 대비 무려 29만 8,000대나 승발하며 전체 실적 하락을 주도했다. 믿었던 미국 시장 상황도 심각했다. 판매는 9퍼센트 감소했고, 기아미국은 사상 처음으로 2,450억 원의 적자를 기록했다. 물론 리먼사태 당시 GM이나 토요타가 겪은 절체절명의 위기보다는 덜 심각해 보일 수 있다. 하지만 기아에게는 거침없던 성장에 급제동이 걸린 냉혹한 현실을 자각해야 할 전환점이었다. 경기변동 탓이 아니었다. 오직 목표 달성을 위해 무리하게 밀어붙였던 푸시 판매의 후유증이 누적돼 곪아 터진 것이었다. 강하게 드라이브를 걸었던 브랜드 관리 전략도 추진력을 잃고 흔들렸다.

〈닛케이 비즈니스〉가 지적한 세 가지 환부

이런 위기의 시기에 일본의 유력 경제지 〈닛케이 비즈니스〉에 흥미롭고도 뼈아픈 기고문이 실렸다. 필자는 혼다 출신으로 삼성SDI에서 배터리 개발을 담당했던 사토 노보루 씨였다. 그는 현대차그룹 관계자들을 직접 만난 뒤, 그룹이 직면한 세 가지 구조적 환부를 날카롭게 지적했다.

첫째, 노동조합의 과도한 영향력이다. 2007년부터 10년간 임금을 50퍼센트 이상 올려줬음에도 매년 파업을 반복하는 노조가 경영의 발목을 잡고 생산효율을 훼손하고 있다는 것이었다. 둘째, 핵심 모델의 경쟁력 약화다. 한때 혼다 어코드와 토요타 캠리를 위협했던 쏘나타의 영광은 지나갔다. 그는 "쏘나타는 전략 모델로서의 존재감을 잃었으며, 현대차의 핵심 라인업이 더 이상 시장을 견인하지 못하고 있다"라고 냉정하게 평가했다. 셋째, 미래 기술의 부재다. 글로벌 경쟁사들이 전동화와 자율주행으로 질주할 때, 현대차그룹은 여전히 명확한 중장기 전략 없이 뒤처져 있다는 지적이었다.

〈뉴스위크〉의 냉정한 진단과 성장의 피로

2년 뒤인 2018년 11월, 미국의 시사주간지 〈뉴스위크〉도 비슷한 진단을 내렸다. 그들은 미국과 중국의 딜러, 전문가 인터뷰를 통해 현대차와 기아의 문제를 해부했다. 가장 큰 비판은 시장변화 대응력 부족이었다. 2010년 10퍼센트를 넘나들던 중국 시장점유율이 2018년경 4퍼센트 수준으로 반토막 났다. 지리자동차, 비야디 등 토종 업체들이 저가공세를 펴고, 글로벌 브랜드들이 고급화를 꾀하는 사이 현대차와 기아는 샌드위치 신세가 돼 전략적 골든타임을 놓쳤다. 그 결과 합리적인 브랜드라는 지위마저 흔들렸다.

미국 시장 역시 상황은 판박이였다. 2018년 시장점유율이 4퍼센트대로 추락해 2010년 이후 최저 수준을 기록했다. SUV로 급변하는 소비자의 기호를 읽지 못하고, 브랜드파워에 비해 높은 가격 전략을 고수한 결과였다. 이 시기의 현대차와 기아는 화려한 외형적 성공의 그림자 뒤에 가려져 있던 성장의 피로와 전략적 공백을 마주하고 있었다. 덩치는 커졌지만, 시장변화를 읽는 반사신경은 현저히 무뎌져 있었다.

중국과 미국에서의 동반 부진은 단순한 슬럼프가 아니라 기업 체질의 근본적 한계를 드러내는 경고등이었다. 이 두 거대 시장에서 성장의 후유증은 어떤 모습으로 나타나 기아의 브랜드 도약을 가로막았을까?

중국 사업의 급성장과 보이지 않던 균열

❀⚙❀

기아의 중국 합작 법인인 DYK는 2002년 사업을 개시했다. 그러나

5년이 지난 2007년에도 연간 판매량이 10만 대 수준에 머무르며, 적자의 늪에서 좀처럼 헤어나지 못했다. 부진의 가장 큰 원인은 초기 차종 투입 전략의 실패였다. 대중적인 세단이 아닌 틈새시장용인 카니발을 두 번째 차로 투입한 것은 명백한 패착이었다. 같은 시기 현대차는 달랐다. 엘란트라XD의 페이스리프트 모델(현지명 위에동)에 중국 소비자가 선호하는 화려한 크롬 장식과 대형 라디에이터 그릴을 과감히 적용하며 발 빠르게 현지화를 추진했다.

전환점은 2007년이었다. 스포티지와 리오가 투입되며 신차 효과가 나타나기 시작한 것이다. 특히 박스형 스타일의 스포티지(KM)는 당당한 SUV를 선호하는 중국 소비자의 취향을 정확히 저격했다. 이 모델은 처음으로 연간 10만 대의 벽을 돌파하게 해준 견인차 구실을 했다.

2009년 쏘울, 그리고 쎄라토의 후속 모델인 포르테가 동시에 투입되면서 본격적인 도약이 시작됐다. 기아는 이때 구형 모델 쎄라토와 신형 모델 포르테를 병행 판매하는 전략을 선택했다. 그 결과, 판매량은 단숨에 24만 대로 뛰어올랐다.

중국 시장은 다른 글로벌 시장과 달리, 이전 세대 모델(구형)과 풀 모델 체인지된 신형 모델을 동시에 판매하는 독특한 구조였다. 토요타를 포함한 글로벌 완성차 업체들은 시장규모가 가장 큰 세그먼트 C2(준중형) 이하에서 이 전략을 적극 활용했다. 신형 모델은 프리미엄 이미지를 유지하며 대도시 고소득층을 공략하고, 구형 모델은 디자인을 소폭 수정한 뒤 따로 이름을 붙여 2~3선 도시의 가성비 중심 소비자를 공략했다.

토요타는 구형 코롤라를 코롤라EX, 닛산은 구형 실피를 실피 클래식으로 이름을 바꿔 판매 수명을 연장했다. 이 전략의 귀재는 현대차였다. 현대차는 2008년 출시한 위에동을 한국의 원형 모델과는 비교할 수 없을 만큼 차체를 키우고 화려하게 다듬어 중국 전용 모델로 탈바꿈시켰다. 이 차는 베이징 올림픽을 계기로 교체된 택시 주력 모델로 선정되며, 현대차 중국 성공 신화의 상징이 됐다.

반면 기아의 포르테는 이 타이밍에서 현대차 엘란트라보다 저가 모델 투입이 다소 늦었다. 본사의 신차 주기에 맞춰 투입한 결과, 2013년 기아의 세그먼트 C2 차량 판매대수는 19만 8,000대로 엘란트라 판매량의 절반에도 미치지 못했다.

그러나 기아에게는 디자인이라는 강력한 무기가 있었다. 쏘울을 기점으로 디자인 경쟁력을 인정받은 모델들이 K2, K3, K5 등 새로운 K 시리즈 체계를 달고 연이어 투입됐고, 스포티지 역시 세련된 SL 모

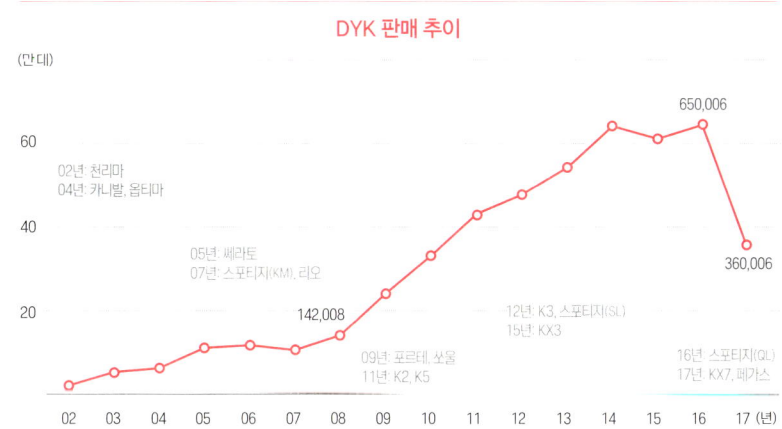

DYK 판매 추이

(만대)

650,006

02년: 천리마
04년: 카니발, 옵티마

05년: 쎄라토
07년: 스포티지(KM), 리오

142,008

360,006

12년: K3, 스포티지(SL)
15년: KX3

09년: 포르테, 쏘울
11년: K2, K5

16년: 스포티지(QL)
17년: KX7, 페가스

02 03 04 05 06 07 08 09 10 11 12 13 14 15 16 17 (년)

델로 진화하며 시장을 강타했다. 그 결과 2012년 판매량은 48만 대를 기록했다. 이는 2007년 대비 무려 480퍼센트 성장한 수치였다.

당시 기아의 중국 사업 구조는 다소 기형적이었다. 합작 법인인 DYK는 해외영업본부의 통제를 받지 않고, 별도의 중국사업부 산하에서 독립적으로 운영됐다. 대신 해외영업본부는 K7, 쏘렌토, 모하비 등 고가 모델을 한국에서 완성차로 수출해 별도 구축된 수입차 딜러망을 통해 판매했다. 이는 수입차의 후광효과로 현지생산 모델의 브랜드이미지를 끌어올리려는 전략적 포석이었다.

DYK는 폭발적인 성장세와 2014년 가동 예정인 3공장에 대한 자신감을 바탕으로, 2017년부터는 연간 100만 대를 판매하겠다는 공격적인 목표를 설정했다. 그러나 화려한 숫자의 이면에는 허약한 브랜드의 치명적인 결함이 숨어 있었다. 당시 중국 사업을 총괄하던 책임자는 회장의 각별한 친구로, 특유의 '꽌시'를 활용해 정부와의 관계를 풀거나 판매 드라이브를 거는 데 탁월했다. 하지만 마케팅은 달랐다. 신차 발표는 유명 가수를 부르는 콘서트형 행사가 주류였고, 판매가 주춤하면 텔레비전광고를 하거나 대규모 가격할인으로 물량을 밀어냈다. 전형적인 양적팽창 방식이었다.

해외영업본부는 브랜드구축을 위해 마케팅전략 고도화와 서비스 역량 강화 프로그램을 지원하려 했지만 현지 반응은 냉담했다. "차가 없어서 못 팔 정도인데 굳이 왜?"라는 식이었다. 해외영업본부장은 100만 대를 팔려면 그에 걸맞은 브랜드파워가 필요하다고 수차례 강조했지만, 현지 책임자는 끝내 귀를 닫았다. 당시 기아중국의 연평균 성장률은 38퍼센트로 미국(13퍼센트)이나 유럽(5퍼센트)을 압도했다. 그들의 태도는 자신감을 넘어 오만에 가까웠다. 하늘을 찌를 듯한 기세는 브랜드라는 건물의 기초가 이미 무너지고 있다는 사실을 완벽하게 가려버렸다. 그리고 이 균열은 머지않아 누구도 외면할 수 없는 형태로 드러났다.

티어 3, 브랜드파워 13위의 굴욕

DYK의 브랜드 수준은 화려한 판매실적에 비해 초라하기 그지없었다. 브랜드 태도 조사에서 하위권인 티어 3 그룹에 속했으며, 브랜드파워 지수 역시 2010년부터 2012년까지 3년 연속 13위에 머물렀다. DYK의 위상은 소비자 인식 속에서 저가 이미지로 고착됐고, 이는 회사의 미래에 켜진 매우 위험한 경고등이었다.

DYK가 오로지 판매 확대에만 매몰돼 있는 사이 경쟁사들은 중국 시장에서 명확하고 정교한 브랜드 포지셔닝 전략을 구사했다. 토요타와 혼다 등 일본 브랜드들은 신뢰성과 경제성(연비)을 핵심 가치로 내세웠다. 그들은 캠리와 어코드 같은 고품질 중형 세단을 앞세워 중국 중산층의 마음을 사로잡았다. 넓은 실내 공간, 고장이 적다는 신뢰감, 뛰어난 연비 효율성은 중국 소비자들에게 가장 합리적인 선택으로 각인됐다.

특히 닛산의 행보는 위협적이었다. 기아가 글로벌 모델을 가져와 중국 법규에 맞춰 투입하는 소극적인 방식을 취한 것과 달리, 닛산은 철저히 중국 소비자의 입맛에 맞춘 전용 차량 개발에 집중했다. 실제로 중국 전용 준중형 세단인 실피를 투입해 시장점유율을 빠르게 잠식해 들어갔다. 실피는 수많은 중국 소비자의 생애 첫 차 역할을 했고, 이때 구축된 탄탄한 이미지는 지금도 내연기관 동급 세그먼트에서 1위를 유지하는 원동력이 되고 있다.

토요타는 판매량이 많지 않음에도 불구하고 프리우스 등 하이브리드 모델을 초기에 투입하는 강수를 뒀다. 당장의 수익보다는 선진기술과 친환경이라는 브랜드이미지를 선점하기 위한 고도의 전략이었다.

반면 현대차그룹 연구소는 기술 유출을 우려한 나머지 하이브리드 투입을 주저했고, 결과적으로 친환경 기술 리더십을 선점할 기회를 놓치고 말았다. 현대차는 그나마 2008년 베이징 올림픽 당시 공격적인 택시 마케팅을 통해 브랜드인지도를 높이는 계기를 마련했지만, 기아는 그 시절 기억에 남을 만한 특별한 브랜드 활동조차 전무했다.

원가경쟁력 측면에서도 구조적인 문제가 드러나기 시작했다. 일본 업체들은 현지 부품 조달률을 공격적으로 높여 브랜드파워와 가격 경쟁력을 동시에 확보했다. 그런데 기아는 여전히 한국에서 가져오는 CKD 부품과 중국에 동반 진출한 한국 협력 업체 부품에 의존했다. 이는 갈수록 치열해지는 가격경쟁 속에서 심각한 원가 압박 요인으로 작용했다.

이 총체적 난국은 데이터로도 증명됐다. 소비자의 브랜드 체험 접점 경쟁력 조사(Market Contact Audit, MCA)는 광고, 전시장, 서비스 등

6개 카테고리 36개 세부 접점에서 브랜드경쟁력을 진단하는 지표다. 이 조사에서 DYK는 주요 17개 브랜드 중 최하위권에 머물렀다. 충격적이게도 중국 로컬 브랜드와 다를 바 없는 수준이었다. 브랜드파워 지수 조사에서 티어 3에 갇혀 있다는 사실은 소비자들이 현장에서 느끼는 브랜드경험 수준이 그만큼 낮다는 것을 방증했다. 겉으로는 100만 대를 향해 질주하고 있었지만, 자세히 들여다보면 로컬 브랜드 수준의 허약한 기반 위에 위태롭게 서 있었던 것이다.

취약한 마케팅 조직, 고립무원의 마케팅 주재원

✿❀✿

2017년 100만 대 판매라는 공격적인 목표를 달성하기 위해서는 그에 걸맞은 기아 브랜드의 위상 정립과 체계적인 브랜드구축 활동이 필수적이었다. 그러나 정작 이 중차대한 실무를 담당해야 할 DYK의 마케팅 조직은 매우 취약했다.

회사는 선형적인 중국 합작 법인의 시배구조를 따르고 있었다. 현지 업체와 50 대 50으로 지분을 나눈 이 구조는 경영진을 중방(중국 측)과 외방(외국 측)으로 갈라놨다. 초기에는 외방이 기술과 생산을, 중방이 판매와 마케팅을 맡았다. 생산이 안정된 이후에는 조직개편을 통해 생산본부장은 둥펑자동차 출신이, 판매본부장은 기아 임원이 맡는 구조로 변경됐다.

각 부문이 효율적으로 돌아가기 위해서는 기아 본사의 전문가 투입이 절실했다. 하지만 DYK는 둥펑자동차, 위에다그룹, 그리고 기아라는 세 회사가 얽혀 주주구성이 복잡했다. 기아 인원 한 명을 증원하면 둥펑과 위에다도 지분 비율대로 인원을 늘려야 하는 비효율적인 구조였다. 이는 의사결정을 지연시키고 인건비 부담을 가중했다. 결국 기아는 기술지원이라는 명목으로 주재원을 파견해 실무를 돕게 했으나, 이들에게는 권한 없이 오직 의무와 책임만이 지워진 고달픈 가시밭길이 기다릴 뿐이었다.

판매본부장 자리는 기아 임원이 맡았지만, 실질적인 브랜드전략을 수립하고 실행해야 할 마케팅부장 자리는 중국인이 쥐고 있었다. 이 부장 한 사람에게 모든 마케팅 권한이 집중됐고, 나머지 부서원들은 상명하복에 길든 채 시키는 일만 하는 전근대적이고 관료적인 태도로 일관했다. 마케팅 활동은 전통적인 방식에 의존했다.

인력의 질적 저하 문제도 심각했다. 사무실이 상하이에 있을 때는 상대적으로 유능한 인재를 쉽게 확보할 수 있었으나, 2급 도시인 난징으로 이전한 뒤에는 우수한 마케터들이 합류하길 꺼렸다. 빈자리는 경력 2~4년 차의 경험이 부족한 직원들로 채워졌다. 이들은 마케팅이나 브랜드에 대한 기초적인 용어조차 확실하게 정의하지 못하는 수준으로 신입 사원과 다를 바 없었다. 게다가 주요 보직을 둥펑, 위에다, 기아의 파견 인력들이 독점하다 보니 일반 직원들은 승진의 동기를 잃었고, 조직 전체가 무기력증에 빠졌다.

이런 상황에서 적자 터널을 지나 흑자전환에 성공했다는 안도감이 독이 됐다. 현지 직원들은 현실에 안주하며 만족했고, 경영진조차

3~5년 뒤를 내다보는 중장기 브랜드전략이나 투자에는 무관심했다. 판매본부장은 당장 눈앞의 판매실적 채우기에 급급했고, 정치적 입지 다지기에 능했던 마케팅부장은 브랜드전략에 대한 이해도도 부족했다.

이 답답한 상황 속에서 고군분투하는 사람은 오직 한국에서 파견된 마케팅 주재원뿐이었다. 그는 현 상황의 문제점을 진단하고 브랜드전략 추진 계획을 수립하려 애썼지만, 그를 뒷받침해줄 조직도, 인력도, 경영진의 의지도 없는 고립무원의 상태였다.

DYK가 조직 내 모순과 브랜드에 대한 무관심 속에 안주하는 사이, 외부의 파고는 높아만 갔다. 로컬 브랜드들은 유럽 디자이너를 공격적으로 영입해 디자인을 일신하고 가격경쟁력을 앞세워 턱밑까지 추격해왔다. 폭스바겐, 토요타 등 선진 업체들은 하이브리드 같은 신기술과 강력한 브랜드이미지를 무기로 저만치 달아났다. 결국 기아는 저가공세를 펴는 로컬 업체와 기술·브랜드 우위의 글로벌 업체 사이에 낀 샌드위치 신세로 전락하기 시작했다. 취약한 브랜드 기반과 무능한 실행 조직이 급변하는 외부 환경을 만나 빚어신, 예견된 위기의 서막이었다.

제왕적 리더십과 뿌리내리지 못하는 기업문화

⚙ ⚙ ⚙

합작회사의 성패는 나라가 다른 두 업체 간 문화가 얼마나 유기적으로 융합되느냐에 달려 있다. 특히 현지 직원과 본사 파견 인력 간 소통 방식은 업무 효율을 넘어 기업의 존망을 가르는 핵심 요소가 될 수 있다.

그런데 DYK는 이 가장 기본적인 부분에서부터 균열이 있었다. 그 진원지는 아이러니하게도 현대차와 기아의 중국 사업을 총괄하던 최고 책임자의 리더십이었다. 현대차그룹 회장의 최측근이라는 강력한 배경 덕분에 그의 권위는 회장 다음으로 절대적이었다. 물론 그의 공로를 부인할 수는 없다. 진출 초기, 특유의 돌파력으로 중국 정부와의 관계를 구축하고 신속하게 인허가를 따냈으며, 현대 속도라 불릴 만큼 빠른 공장 건설과 초기 판매 성장을 이뤄낸 것은 분명 높이 평가받아 마땅하다.

하지만 빛이 강하면 그림자도 짙은 법이다. 시간이 흐르면서 그의 주변에는 누구도 감히 아니라고 말할 수 없는 수직적인 문화가 뿌리 내렸다. 그는 주로 화교 출신이나 자기 뜻에 순응하고 분위기를 잘 맞추는 사람 위주로 인사를 단행했다. 중국 시장에 대해서는 나보다 많이 아는 사람이 없다는 자만심과 우월의식, 그리고 과거의 성공 경험에 도취한 나머지 회장의 지시 외에는 그 어떤 의견에도 귀를 기울이지 않았다. 이런 제왕적 리더십 아래에서 건강한 기업문화가 싹트기는 어려웠다.

한국 본사의 이중적인 태도도 문제였다. 본사는 미국이나 유럽 법인의 요청에는 관대했다. 그들이 상품콘셉트나 설계 사양 변경을 요청하면 현지 상황을 존중해 큰 반대 없이 수용하곤 했다. 그런데

DYK의 요청에는 유독 방어적이었다. "이걸 굳이 왜 해야 하나? 경쟁사는 어떻게 하고 있나?"라며 의심부터 했고, 지원은 늘 마지못해 하는 듯한 인상이 강했다.

시곗바늘을 최근 몇 년으로 돌려보면, 중국 시장은 내연기관에서 전기차와 SDV로 급격히 재편되고 있다. 이 흐름에 올라타지 못한 글로벌 업체들은 추풍낙엽처럼 점유율을 잃고 있다. 닛산 역시 고전을 면치 못하고 있지만, 유독 빛나는 모델이 하나 있다. 바로 현대차가 한때 호령했던 세그먼트 C2(준중형) 내연기관 시장에서 폭스바겐 라비다를 제치고 1위를 수성하고 있는 실피다.

전문가들은 실피의 롱런 비결을 둥펑닛산의 독특한 기업문화에서 찾는다. 둥펑닛산은 중국 측 파트너인 둥펑자동차와 일본닛산 파견 팀 간의 치열하고도 깊이 있는 소통을 통해 그들만의 합작 문화를 정립했다. 둥펑닛산의 경영진은 시장조사 데이터 자체보다 해석의 공유를 중시했다. 숫자가 나와도 그 이면에 숨겨진 문화적 배경과 맥락을 읽어내지 못하면 무용지물이라는 것을 일본 파견 팀도 인정한 것이다. 그들은 "중국 시장이라 해서 모든 중국인이 중국을 다 아는 것은 아니다"라는 겸손한 태도를 가졌다.

이런 깊이 있는 접근이 왜 중요한지 보여주는 사례가 있다. 2015년 닛산의 SUV 무라노 출시를 앞두고 실시한 시장조사에서, 한 고객이 "사륜구동 모델이 없기 때문에 구매 의사가 없다"라고 답했다. 만약 기아였다면 당장 사륜구동 모델을 투입하라고 지시했을지도 모른다. 하지만 둥펑닛산의 해석은 달랐다. 그들은 중국 특유의 체면 문화를 꿰

뚫어봤다. 고객이 사륜구동 부재를 탓한 것은 차를 살 경제력이 부족하다는 사실을 감추기 위한 완곡한 표현일 수도 있다. 혹은 특정 지역에서는 정말로 사륜구동이 필수일 수도 있다. 둥펑닛산은 이런 미묘한 뉘앙스와 지역별 가격 저항선을 입체적으로 분석했다. 현장의 목소리를 있는 그대로 듣지 않고, 그 속에 담긴 진의를 파악해 상품기획과 마케팅에 반영하는 문화를 만든 것이다. 이것이 바로 실피가 살아남은 힘이다.

반면 기아는 어땠는가? 제왕적 리더십에 막혀 현장의 진실이 위로 전달되지 못했고, 본사는 현지를 불신했으며, 조직은 달콤한 성장에 취해 기업문화라는 뿌리를 내리지 못했다. 기아가 100만 대의 꿈을 꾸며 모래 위에 성을 쌓을 때, 닛산은 단단한 문화의 토양 위에 뿌리를 내리고 있었다.

딜러망 양적팽창과 질적 육성의 엇갈린 결과

☼✿☼

자동차 비즈니스를 지탱하는 것은 결국 세 가지 핵심축이다. 첫째는 고객이 지갑을 열고 싶게 만드는 우수한 디자인과 상품력, 둘째는 그 가치를 시장에 각인시키는 마케팅, 셋째는 고객과 직접 대면해 구매 경험을 완성하는 강력한 딜러망이다.

2009년 기준, 기아는 중국에서 290개 딜러 네트워크를 운영했다. 판매 규모의 한계로 딜러당 판매대수는 늘 하위권을 맴돌았다. 2010

년과 2011년, 딜러 수와 전체 판매량이 늘어났음에도 딜러 한 곳당 판매대수는 1,000대의 벽을 넘지 못했다.

2010년대 초반까지만 해도 중국 자동차 시장은 매년 두 자릿수 성장이 당연시되는 기회의 땅이었다. 모든 자동차 회사가 이 폭발적인 속도를 따라잡기 위해 혈안이 됐다. 대도시를 넘어 중소 도시로, 북쪽으로 서쪽으로, 더 먼 내륙으로 가 깃발을 꽂으며 딜러망을 확장하는 영토 전쟁을 벌였다. 많은 딜러가 인력 교육이나 내부관리시스템 구축 같은 내실 다지기는 뒷전으로 미룬 채 오직 신규 지점 개설과 매출 뻥튀기에만 매몰됐다. 딜러 조직의 체질은 허약해졌고 인재 육성은 요원했다. 성과가 나오지 않는 곳에는 으레 구조적인 이유가 있었지만, 성장기에는 그 모든 것이 드러나지 않았다.

2014년 하반기, 영원할 것 같았던 시장의 성장세가 꺾이기 시작했다. 파티가 끝나자 그동안 규모의 논리에 취해 확장만 외친 딜러 경영자들에게 위기가 닥쳤다. 폭스바겐과 일본 브랜드들은 발 빠르게 태세를 전환했다. 네트워크 확대에서 네트워크 효율 개선으로 전략의 키를 놀린 것이다. 성과가 낮은 딜러를 무작정 잘라내는 대신 집중적으로 치료하고 육성하는 구조적 접근을 택했다. 폭스바겐은 딜러를 판매 대행사가 아닌 리테일 기업으로 재정의했다. 전략적 딜러 그룹 투자자들을 대상으로 맞춤형 임원 교육 프로그램을 제공해 경영 능력을 끌어올렸다. 동시에 자동차 리테일 인재 육성 프로그램을 가동해 우수한 현장 직원들을 미래의 딜러십 리더로 키우는 장기 프로젝트에 돌입했다. 딜러 조직이 서비스 경쟁력을 갖추자 브랜드 충성도와 고객만족도가 자연스럽게 동반 상승했다.

닛산의 접근은 더욱 정교했다. 북미와 유럽 등 성숙 시장에서 검증된 딜러 경영 노하우를 중국으로 가져오되, 중국 현실에 맞게 변주했다. 중국은 전통적으로 꽌시를 중시하는 비즈니스 문화가 강했기에, 북미식의 차가운 성과 중심 접근은 자칫 반발을 살 수 있었다. 둥펑닛산 경영진은 글로벌 매뉴얼을 중국식으로 소화하고 재해석한 뒤 현장에 적용했다. 글로벌 경험을 유연하게 중국화하는 제3의 길을 찾아냈고, 이것이 둥펑닛산 고유의 기업문화가 됐다.

특히 둥펑닛산 내부에는 SPC(Sales Performance Consulting)라는 특별 프로젝트가 가동됐다. 제삼자인 전문 컨설팅 회사에서 파견한 컨설턴트 트레이너가 딜러 현장에 일주일간 상주하며 판매 프로세스의 문제점을 현미경처럼 들여다보고 개선안을 도출해 성과까지 검증하는 밀착 과외였다. 효과는 놀라웠다. 일부 딜러의 판매량이 교육 전 대비 40~50퍼센트나 급증했다. 진짜 변화는 숫자가 아닌 사람에게 있었다. 패배주의에 젖어 있던 딜러 경영자와 세일즈맨이 우리도 할 수 있다는 자신감을 되찾은 것이다. 현장의 실행력이 강화되자 닛산은 토요타와 혼다를 제치고 중국에서 가장 많이 팔리는 일본 브랜드로 우뚝 섰다.

기아의 중국 판매 조직은 정반대의 길을 걸었다. 중국인 경영진이 딜러망 확충을 주도했으나 차별점은 없었고, 기아 인력이 투입됐지만 국내 영업 중심의 사고방식이 그대로 이식됐다. 문제는 한국의 영업 체계가 대부분 직영점 중심이라는 점이었다. 독립된 사업체인 딜러십 네트워크를 개척하고, 파트너로서 그들을 육성하고 관리하는 노하우를 축적할 기회가 부족했다.

기아는 매년 딜러 평가를 통해 성과가 낮은 딜러를 퇴출하고 그 자리에 신규 딜러를 채워 넣는 양적 구조조정 방식을 택했다. 그 결과, 2017년 말에는 569개라는 방대한 딜러 네트워크를 확보할 수 있었다. 하지만 숫자는 허상이었다. 사드 사태의 역풍 속에서 판매량은 오히려 36만 대까지 곤두박질쳤다. 확장된 딜러망은 위기 상황에서 아무런 힘을 발휘하지 못했다. 내실보다 외형에 집착한 전략이 시장 하락기라는 파도를 만나자 밑바닥을 드러낸 것이다.

판매망 규모는 일시적인 성장을 만들어낼 수 있다. 하지만 그 거대한 몸집을 지탱하는 사람과 시스템이 함께 성장하지 않으면, 규모는 오히려 조직을 짓누르는 거대한 짐이 될 뿐이다. 폭스바겐과 닛산은 사람과 네트워크의 질을 끌어올려 현장 경쟁력을 높였고, 기아는 양적팽창의 관성에 젖어 그 기회를 놓쳤다. 딜러망은 한낱 판매 채널이 아니라 브랜드 철학과 고객 경험이 완성되는 최후의 현장이라는 진리를, 인타깝게도 그 시절의 기아는 간과했다.

조바심이 낳은 비극, 충청 공장과 팽창주의의 종말

✿ ✿ ✿

2010년, 현대차그룹은 전년 대비 19.8퍼센트 증가한 570만 대를 판매하며 단숨에 세계 5위 자동차 제조사의 반열에 올랐다. 이 눈부신

성장의 중심에는 중국이 있었다. 중국 시장에서만 109만 3,000대를 판매했는데, 이는 그룹 전체 판매의 약 20퍼센트를 차지하는 비중이었다. 바야흐로 중국은 현대차그룹 성장의 심장이자 엔진이 됐다. 그런데 이 팽창 성장의 달콤한 과실에 취해, 그룹 내부에서는 비효율적이고 위험한 의사결정이 싹트고 있었다.

2013년 8월 이후, 중국 시장 내 모든 브랜드의 재고 수준이 최고로 높아졌다. 쇼룸에는 팔리지 않은 차가 넘쳐났고, 딜러들은 생존을 위해 출혈 할인을 감행해야 했다. 이들을 벼랑 끝으로 몬 것은 연말 보너스와 연동된 연간 판매 목표제였다. 보너스가 연간 이익의 절반 이상을 차지하는 구조 탓에, 딜러들은 손해를 보더라도 무리하게 차를 떠안아야만 했다.

재고 관리의 신이라 불리는 토요타조차 이 파고를 넘지 못하고 있었다. 일기토요타(一汽丰田) 딜러들은 초과 재고로 인한 손실을 보전하기 위해 토요타 측에 무려 22억 위안(약 3,700억 원)을 요구하며 반기를 들었다. "8만 위안짜리 소형차 비오스(Vios)를 팔기 위해 1만 3,000위안을 할인해줘야 한다. 만약 본사가 지원하지 않으면 2015년 1월부터 토요타 차량을 더 이상 매입하지 않겠다"라는 최후통첩성 인터뷰까지 했을 정도다. 결국 일기토요타는 연간 판매 목표를 하향 조정해야만 했다.

넘쳐나는 차를 팔기 위해 시장은 치킨 게임 양상의 가격경쟁으로 치달았다. 현대차와 기아의 판매 증가 역시 대폭적인 할인에 의존한 결과였다. 시장은 분명히 공급과잉 시그널을 보내고 있었다. 하지만 현대차는 이 경고를 무시하고 오히려 생산능력 확대라는 정반대 길을 택했다. 2015년 4월, 연산 30만 대 규모의 허베이성 창저우 공장 기공식이 열렸다.

그런데 불과 두 달 뒤인 6월에 또다시 연산 30만 대 규모의 충칭 공장 기공식이 이어졌다. 이 파격적인 결정은 치밀한 시장분석이나 중장기 전략의 산물이 아니었다. 당시 중국 최고 책임자는 "중국 정부가 곧 신규 공장 허가를 중단할 것"이라는 첩보를 입수했다며 마지막 기회라는 논리로 현대차그룹 회장을 설득했다. 결국 회장은 이를 수용했고, 충칭 공장 승인은 일사천리로 진행됐다. 성장세가 꺾이고 경쟁이 격화되는 시점에 브랜드전략이나 상품 운용 계획도 없이 단순히 인허가 막차를 타야 한다는 조바심으로 30만 대 규모 공장을 추가한 것이다.

데이터가 아닌 감에 의존한 투자 결정이자, 팽창 시대 규모의 관성이 만들어낸 비극이었다. 결정의 이면에는 "중국 시장은 내가 누구보다 잘 안다"라는 최고 책임자의 자만심이 짙게 깔려 있었고, 조직 내 누구도 그의 권위 앞에서 아니라고 말하지 못했다.

공장 건설 방식에서도 현대차는 과거의 성공 방정식대로 표준형 30만 대 공장을 짓는 데만 몰두했다. 토요타와 달리 혁신을 잃었다. 토요타는 혹독한 시련기를 거친 후 공장 건설 방식을 바꿨고, 아키오 사장의 지시 아래 공장 신설 당위성을 수차례 재검토하며 심사숙고했다. 투자비를 과거 대비 40퍼센트 수준으로 획기적으로 낮추는 생산기술 혁신을 병행했다.

현대차의 충칭 공장은 상품 담당자들조차 "도대체 거기에 무슨 차를 투입해 생산해야 할지 모르겠다"라고 토로할 정도로 졸속으로 결정됐다. 중국 고객의 구매 패턴 변화나 경쟁사의 신모델 홍수 속에서도 공장을 지으면 예전처럼 팔릴 것이라는 안일한 낙관론이 분위기를 지배했다. 이런 폐쇄적이고 관성적인 의사결정 구조는 급변하는 시장 환경을 기민하게 읽어 전략적으로 대응해야 할 힘을 마비시켰다. 그 결과, 충칭 공장은 완공 직후부터 시작된 중국 시장의 급격한 수요 감소와 맞물려 현대차그룹의 거대한 잉여 생산능력을 상징하는 애물단지로 전락했다. 성장의 수단이어야 할 규모 확대가 이 시기 현대차에게는 맹목적인 목표 그 자체가 돼버렸다.

죽음의 연못에 빠진 현대차그룹

⚙⚙⚙

2017년 초, 한반도 사드 배치 결정에 중국 정부는 즉각적이고 노골적인 경제보복을 감행했다. 관광 제한과 한류 콘텐츠 차단 같은 전방위적 압박 속 자동차 시장에서는 비공식적이지만 치명적인 한국 차 불매운동이 시작됐다. 그리고 그 충격은 현대차그룹의 판매 그래프를 수직으로 꺾어버렸다.

1년 새 36퍼센트 증발, L자형 장기침체의 시작

2016년 약 180만 대에 육박했던 현대차그룹의 중국 판매량은 2017

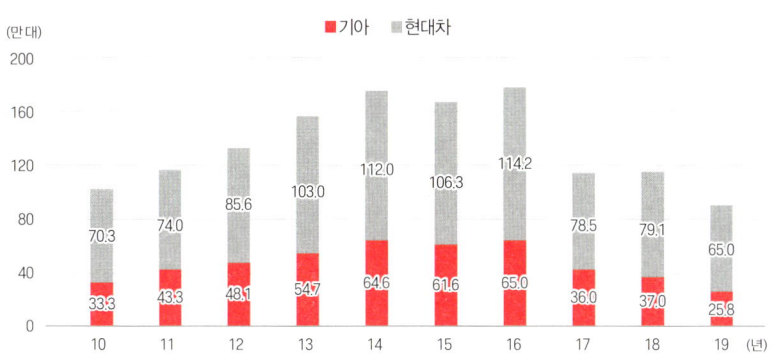

현대차그룹 중국 시장 판매 추이

(만대)

■ 기아 ■ 현대차

년 115만 대로 주저앉으며 불과 1년 만에 36퍼센트가 증발했다. 특히 기아의 타격은 궤멸적이었다. 2016년 65만 대에서 2017년 36만 대 수준으로 곤두박질치며 사실상 반토막이 났다. 이 상황을 2012년 일본 차 브랜드가 겪었던 센카쿠 열도 분쟁과 비교하면 그 심각성은 더욱 명확해진다.

센카쿠 사태 1년 뒤 토요타와 혼다는 보란 듯 반등에 성공했지만, 사드 사태 1년 뒤인 2018년에도 현대차와 기아는 각각 31퍼센트, 43퍼센트의 감소세를 기록했다. 일본 차가 보여준 탄력적인 V사형 반등은 일어나지 않았다. 대신 끝을 알 수 없는 L자형 장기침체의 늪이 기다리고 있었다. 한때 10퍼센트를 넘나들며 시장을 호령하던 현대차그룹의 점유율은 2017년 5퍼센트 미만으로 급락했고, 이후 2~3퍼센트 수준까지 추락하며 시장 지위를 상실했다. 불매 기간, 딜러들은 한국 차 판매를 꺼렸고 재고 적체로 공장이 멈춰 서는 등 생산과 유통 체인 전반이 마비됐다.

2018년에 잠시 반등의 기미가 보이는 듯했으나 이는 착시였다. 2018년 판매량은 여전히 2016년의 65퍼센트 수준에 불과했다. 사라진 60만 대 이상의 격차는 2년이 지나도 메워지지 않았다. 2019년, 상황이 더 악화돼 심리적 저지선인 100만 대 벽이 무너졌고, 2020년대 초반에는 연간 50만 대 수준으로 쪼그라들었다.

왜 일본 차는 돌아오고, 한국 차는 돌아오지 못했는가? 그 근본적인 원인은 정치적 보복 자체가 아니라 브랜드파워 부재와 경쟁 구도 변화에 있다. 첫째, 브랜드 충성도의 치명적 차이다. 현대차그룹은 브랜드 충성도라는 기초체력은 약한 상태에서 가성비를 무기로 성장했다. 불매 분위기가 걷힌 뒤에도 소비자들은 굳이 돌아올 이유를 찾지 못했다. 둘째, 중국 토종 브랜드의 폭발적 성장이다. 지리자동차, 창청자동차 등 현지 브랜드들이 SUV 신차를 대거 쏟아내며 한국 차의 자리를 순식간에 메웠다. 셋째, 중국 정부의 의도적인 장기 제재다. 정부가 제재 분위기를 장기간 유지하면서 소비자들 사이에서 부정적 인식이 고착됐다.

결국 사드는 트리거였을 뿐 폭약은 내부에 쌓여 있었다. 택시 시장에 주력하며 굳어진 값싼 차 이미지, 현지화 실패, SUV 붐 대응 지연 등의 구조적 문제들이 사드라는 외부 충격을 만나 한꺼번에 터져버린 것이다. 뒤늦게 중국 전용 모델과 신형 SUV를 투입했지만, 이미 무너진 딜러망과 돌아선 소비자의 마음을 되돌리기에는 역부족이었다.

결론적으로 한국 차는 브랜드 충성도와 고급 이미지가 부족해 위기 시 방어력이 취약했고, 급변하는 중국 시장 환경에 기민하게 대응하지 못했다. 그 결과 현대차그룹은 2024년부터 중국 시장이라는 거대한 죽음의 연못에 빠지게 됐다. 가장 화려했던 성장의 무대가 가장 아픈 실패의 현장으로 바뀐 것이다.

기아미국, 성장의 정점에서 추락으로

기아는 2009년 쏘울 사전마케팅 활동을 강화하며 론칭 모멘텀을 극대화했다. 2010년부터 현지생산에 돌입한 쏘렌토와 옵티마 또한 성공을 거뒀다. 기아는 잔존가치를 고려해 신차 가격을 설정했고, 좀 더 부유한 고객층을 타깃으로 한 업마켓 전략을 병행했다. 햄스터 광고로 명성을 얻은 쏘울, 슈퍼볼을 활용한 쏘렌토와 옵티마 광고, NBA 후원과 유명 농구 선수와의 협업을 통해 브랜드인지도도 적극적으로 끌어올렸다.

이 전략은 유효했다. 2010년 기아의 미국 내 비보조 인지도는 13.5퍼센트에 불과했으나, 2015년에는 27.5퍼센트로 상승하며 현대차(28.4퍼센트)에 육박했다. 판매대수도 같은 기간 현대차의 66퍼센트 수준에서 2016년 84퍼센트 수준으로 증가해, 연간 64만 8,000대를 기록하는 사상 최고 실적을 냈다.

그런데 2017년, 상황이 급변했다. 미국 자동차 시장이 7년간 이어지던 성장세가 끝나며 판매대수가 전년 대비 2.3퍼센트 감소한 1,710만 대에 그쳤다. 주요 업체인 GM, 포드, 토요타, 혼다는 1퍼센트대 증감에 그쳤지만, 잘나가던 현대차와 기아는 각각 13퍼센트, 9퍼센트라는 큰 폭으로 하락하며 시장 평균보다 훨씬 부진한 성과를 기록했다. 심지어 판매 모델 수가 현대차그룹의 절반이라 라인업이 상대적으로 빈약한 스바루에도 판매대수가 역전되는 충격적인 상황이 벌어졌다. 판매량 하락 이상의 구조적인 문제가 아니면 설명할 수 없는 현상이었다.

판매 부진은 곧바로 수익성 하락으로 이어졌다. 미국법인의 순이익은 2013년 정점을 찍은 이후 하락세를 보였고, 2016년 현대차미국이 적자전환한 데 이어 2017년에는 기아미국도 적자를 기록하며 역대 최대 수준의 손실을 봤다. 이처럼 판매대수와 수익성이 급격히 떨어진 것은 구조적인 한계와 외부 환경 변화가 복합적으로 작용했기 때문이다. 그동안 현대차와 기아는 우수한 품질, 긴 보증 거리, 뛰어난 가성비를 앞세워 급성장했는데, 2014년부터 그 성장세에 제동이 걸리기 시작했다. 미국 시장이 침체에 빠져들고 승용차 수요가 급감하는데도 사업 계획 목표는 이전과 다르지 않았다. 미국법인에서 현실과 큰 차이를 보이는 목표라고 목소리를 높여도 본사는 무시했다.

기아미국의 재고는 2015년부터 증가하기 시작했으며, 2016년 말에는 약 22만 대, 4.1개월분 수준에 도달했다. 위험수위를 넘겼는데도 2017년 사업 계획 목표에는 이것이 반영되지 않았다. 지금까지처럼 2016년 실적 대비 10퍼센트나 상향 조정하는 무리수를 뒀다. 무리한 목표를 달성하기 위한 최후의 수단은 바로 인센티브였다. 마약과도 같은 인센티브 전략을 쓸 수밖에 없는 상황에 빠진 것이다.

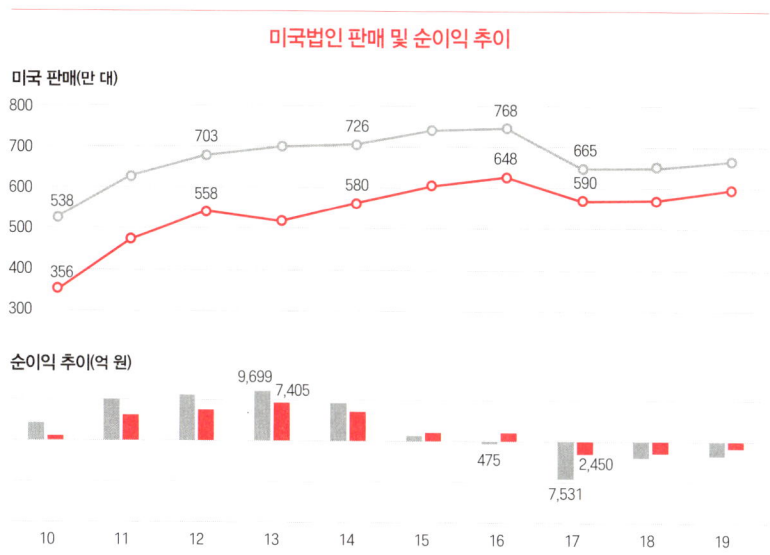

미국법인 판매 및 순이익 추이

미국 판매(만 대)

순이익 추이(억 원)

2017년 기아미국의 차량당 평균 인센티브는 전년 대비 900달러가 증가한 4,200달러 수준으로 높아졌다. 토요타(2,700달러), 혼다(2,300달러)보다 훨씬 높았다. 이렇게 인센티브를 썼음에도 2017년 판매실적은 목표에 크게 미달했고, 재고는 4.5개월로 더 늘어났다. 이런 판매 형태는 기아미국을 적자로 빠뜨렸을 뿐 아니라 중고차 시장에서의 잔존가치 하락으로 이어져 브랜드이미지에도 부정적인 영향을 미쳤다.

ALG의 잔존가치상(Residual Value Awards)은 북미 시장에서 매우 권위 있는 지표다. 신차 구매 후 3년이 지난 시점의 가치 유지율을 평가하는 이 상은 차량의 장기적인 시장경쟁력을 의미한다. 2014년까지 풀 판매 시기에는 현대차 엘란트라, 아제라(Azera, 그랜저의 해외명), 엑센트, 싼타페, 그리고 기아 쏘울까지 수상하며 기세를 올렸다.

그러나 2015년 이후 푸시 판매로 전환된 뒤에는 2017년 새로 론칭한 기아 니로만 수상했을 정도다. 잔존가치 하락은 회사의 성장이 질적인 기반을 잃었음을 증명하는 경고였으며, 2019년까지 3년간 이어진 미국법인 적자의 신호탄이 됐다.

사라진 유연성,
시장의 거대한 흐름을 놓친 뼈아픈 실책

✿✿✿

기아의 미국 시장 판매가 갑작스럽게 감소한 근본적인 원인은 그동안 기아의 강점이었던 경영 속도와 유연성을 잃었기 때문이었다. 미국 시장의 수요 구조는 이미 명확한 방향으로 움직이고 있었다. 픽업, SUV 등 RV 차량 비중이 2014년 51퍼센트에서 2017년 65퍼센트까지 빠르게 증가했다. 쏘울이 속한 소형 SUV는 69퍼센트, 스포티지가 속한 준중형 SUV는 32퍼센트 증가하면서 미국 시장 최대 볼륨 세그먼트가 됐다. 쏘렌토가 속한 중형 SUV도 8퍼센트 성장했지만, 다른 SUV 세그먼트에 비하면 상대적으로 낮았다.

반면 기아의 핵심 승용 라인업이 속한 세그먼트는 가파르게 축소됐다. K3가 속한 준중형 승용 세그먼트는 2014년 대비 17퍼센트, K5가 속한 중형 승용 세그먼트는 무려 27퍼센트나 감소했다. 이는 일시적이 아니라 지속적인 현상이었다. 시장 전체의 흐름은 명확히 승용에서 SUV로 이동하고 있었다.

문제는 이 시기 기아의 상품 투입 속도였다. 2013년 카덴자(Caden-za, K7의 해외명), 2014년 K900(K9의 해외명) 이후 무려 3년간 신차 공백이 이어졌고, 2017년에야 겨우 니로를 추가했다. 그나마 카덴자와 K900 투입 효과는 미미했다. 특히 회장 지시로 투입된 K900은 브랜드를 견인하지 못했고, 오히려 다른 차종의 마케팅 자원만 잠식하는 결과를 낳았다.

수요 구조가 급격히 바뀌고 있는데도 차종별 판매 계획 조정이나 마케팅전략의 근본적인 변화는 없었다. 기아미국은 쏘울, 쏘렌토(미국 현지생산), 옵티마를 전략 차종으로 지정하고, 전체 인센티브 예산의 60퍼센트를 이 세 차종에 집중적으로 배정했다. 2009년부터 매년 30초 광고에 700만 달러가 드는 슈퍼볼 광고를 계속 집행해온 차종들이었다.

막대한 마케팅 비용도 상황을 바꿀 수는 없었다. 특히 옵티마의 경우가 심각했다. 중형 승용 수요가 매년 급감하고 있다는 사실을 이미 알았음에도 판매 목표는 오히려 더 높게 설정됐다. 본사 판매 책임자는 전년보다 감소되는 것을 받아들일 수 없고, 공장가동률을 유지하지 못하면 그 책임이 판매로 전가될 것을 우려했다. 그 결과는 냉혹했다. 대당 인센티브를 4,800달러나 쓰면서도 판매 감소 폭은 토요타 캠리(-10퍼센트)나 혼다 어코드(-17퍼센트)보다 훨씬 큰 32퍼센트에 달했다. 그럼에도 재고는 줄지 않았고, 한국에서 수출하던 하이브리드 모델까지 판매가 막히며 2017년 말 재고는 4개월을 초과했다.

세그먼트		판매대수	14년비(%)	기아 모델	판매대수	14년비(%)	16년비(%)
승용	준중형	1,933,957	−17	포르테	117,596	70	14
	중형	1,756,814	−27	옵티마	107,493	−32	−13
SUV	소형	694,455	69	쏘울	115,712	−20	−21
	준중형	2,199,113	32	스포티지	72,824	70	−10
	중형	1,546,641	8	쏘렌토	99,684	−3	−13
	대형	1,299,036	29	−	−	−	−
미니밴		481,935	−9	카니발	23,815	63	−46

쏘렌토 역시 상황이 비슷했다. 경쟁이 심화되면서 초기에 구축했던 모멘텀을 유지하지 못했고, 대당 인센티브는 5,400달러를 넘어섰지만 재고는 4.3개월 수준으로 높아졌다. 쏘울은 한때 세그먼트 리더로 큰 성공을 거뒀으나, 4WD의 부재와 경쟁 모델의 대거 투입으로 경쟁력이 약화됐다. 쏘울 20만 대 판매 달성 목표에 묶여 정통 소형 SUV인 셀토스를 과감하게 개발하지 못하고 시기가 늦어진 점은 상품 전략 측면에서 판단 착오였다.

스포티지가 속한 준중형 SUV 세그먼트는 미국 시장 최대 세그먼트가 됐다. 스포티지도 판매량이 증가해 2017년 약 7만 2,000대를 기록했지만, 이는 경쟁 차종 대비 최하위 수준이었다. 토요타 라브4, 닛산 로그, 혼다 CR-V는 모두 연간 40만 대 이상 판매 클럽에 속해 있었다. 스포티지의 판매 부진은 단순한 상품력 문제만이 아니었다. 브랜드인지도가 차이 나긴 했지만, 무엇보다 미국 현지생산 차종 우선 전략에 밀려 마케팅 자원이 충분히 투입되지 못한 점이 컸다. 이는 유럽 시장에서 전략 차종으로 선정된 씨드와 스포티지가 판매 순위 티어 1에 자리 잡고 있다는 사실만 봐도 명확했다.

미국 시장 판매 부진의 핵심 원인은 명확했다. 공장 가동을 우선한 높은 판매 목표 고수, 시장수요 구조 변화를 읽지 못한 경직된 의사 결정, 속도와 유연성을 잃은 상품·마케팅 전략이 맞물리면서 총체적 부진을 초래했다. 과거 기아의 성장을 이끌던 강점이 아이러니하게 도 이 시기에 가장 크게 훼손되고 있었다.

판매량 대신 잔존가치를 지킨 혼다

시장이 감소 국면에 접어들었을 때 공장을 똑같이 가동할지, 아니 면 판매 목표를 현실에 맞춰 낮출지 결단하는 것은 경영자에게 가장 고통스러운 일이다. 목표를 낮추고 공장을 멈추면 후퇴라는 비판을 감수하는 한편 부담스러운 고정비와 조직의 사기 저하도 감당해야 한다. 그러나 잘못된 선택은 숫자 이상의 내가를 남긴다.

현대차와 기아의 중형차 전략이 정체 국면에 접어들던 2016년 말, 주요 경쟁사인 토요타와 혼다는 각각 캠리와 어코드의 풀 모델 체인 지를 단행했다. 이들 일본 브랜드의 신차는 상품을 개선하는 정도가 아니라 환경·안전 규제 대응, 자율주행 시대를 대비한 ADAS 사양 강 화, 커넥티비티 기술 고도화 등 미래를 전제로 한 진화를 보여줬다.

이 시기 글로벌 완성차 업계에는 플랫폼 경량화, 다운사이징 엔진,

다단 자동변속기 채택이 본격적으로 확산되기 시작했다. 전통적으로 2.5리터 자연흡기 엔진, 3.5리터 V6 엔진, 하이브리드 엔진으로 구성되던 중형 세단의 파워트레인 라인업이 근본적인 변화를 맞이한 것이다.

혼다는 다운사이징 터보엔진을 통해 차량 경량화뿐 아니라 낮은 후드 라인과 확장된 휠베이스를 구현하며 디자인 자유도까지 확보했다. 반면 토요타는 연비 개선과 가격경쟁력을 우선시해 소비자에게 잘 보이지 않는 영역에는 상대적으로 저렴한 재료를 적극 활용했다. 그 결과, 외관과 내장 품질에서는 혼다나 닛산보다 낮은 평가를 받기도 했다. 이는 효율 중심 전략의 그림자였다.

이런 변화 속에서 2018년 NACOTY 파이널리스트에 토요타 캠리, 기아 스팅어, 혼다 어코드가 올랐다. 캠리는 다소 밀리는 분위기였고, 스팅어와 어코드가 치열한 접전을 벌였다. 결국 어코드가 단 세 표 차이로 수상, 3년 연속 NACOTY 수상의 영예를 안았다.

그런데 시장 반응은 전혀 달랐다. NACOTY 수상에도 불구하고 어코드는 판매 부진에 시달렸다. 2018년 2월 기준 어코드의 재고 일수는 무려 105일이었다. 승용차 수요 자체가 급감하는 상황이었다. 그러나 혼다는 인센티브 경쟁에 쉽게 뛰어들지 않았다.

당시 1월 인센티브를 보면 산업 평균 10퍼센트, 토요타 9.8퍼센트, 닛산 9.4퍼센트 늘렸지만, 혼다는 오히려 1.5퍼센트 줄이며 보수적인 기조를 유지했다. 토요타는 신형 캠리의 판매를 유지하기 위해 최대 3,000달러의 리베이트와 공격적인 리스 조건을 제시했다. 그러나 혼다는 신형 모델이라는 이유로 500~750달러 수준의 조건부 리베이트만 제공했다. 리스 조건 역시 경쟁사 대비 보수적이었다.

혼다 딜러들은 인센티브 상향을 강하게 요구했다. 그러나 혼다는 인센티브 확대 대신 조업 단축을 선택했다. 단기 판매량보다 브랜드이미지, 중고차 잔존가치, 신차 라이프사이클의 안정성을 중시한 결정이었다. 만약 혼다가 토요타와 같은 수준으로 대당 3,000달러의 인센티브를 집행했다면, 5만 대 이상을 더 판매할 수 있었을 것이다. 그러나 그 비용은 약 11억 달러(한화 약 1조 2,600억 원)에 달한다. 혼다는 이 엄청난 비용을 쓰고 판매량을 높이는 대신 브랜드 신뢰, 고객 관계, 시장 질서를 중시하는 유연하고 전략적인 경영 철학을 보여줬다.

이 사례는 감소 시장에서 얼마나 파느냐보다 어떻게 남느냐가 중요해지는 순간, 경영자가 어떤 선택을 해야 하는지를 가장 명확하게 보여준다.

엇갈린 언어, 조식 간 높은 상벽

현대차그룹이 연간 800만 대 판매를 달성한 이후, 조직 내부에서는 이전과는 확연히 다른 변화가 감지되기 시작했다. 과거 위기를 돌파하던 유연성과 통합력은 점차 약화했고, 대신 부문 간 이기주의와 시각 차이가 조직 곳곳에 자리 잡았다. 성공의 크기만큼 조직은 느려지고 무거워졌다.

특히 연구소와 영업·마케팅 부문 간 갈등은 의사결정 속도를 늦추고, 시장 대응력을 떨어뜨리는 핵심 요인이 됐다. 연구소는 기술 중심의 논리를 앞세웠고, 영업·마케팅은 시장 중심의 현실을 강조했다. 조율이 아닌 대립이 일상화되고 있었다.

2014년 10월, 현대차미국에서 법인 경영진과 본사 연구소 고위 임원들이 회의를 가졌다. 이 자리에서 현대차미국은 2011년 이후 이어지고 있는 시장점유율 하락과 브랜드 모멘텀 약화라는 심각한 문제를 제기했다. 당시 미국 자동차 시장은 픽업트럭과 SUV가 주도했는데, 현대차는 투싼과 싼타페의 공급부족으로 여전히 세단 중심의 판매 구조에 머물러 있었다.

현대차미국의 진단은 명확했다. 디자인의 매력이 약화하고, 연비와 밸류 경쟁력도 예전 같지 않다는 것이었다. 또한 경쟁사들이 사양은 늘리되 가격인상 폭은 최소화하는 전략을 쓰는 반면 현대차는 신차를 출시할 때마다 가격을 올리며 경쟁력을 스스로 갉아먹고 있다는 분석도 내놨다. 여기에는 강성 노조의 요구를 반영해 매년 높은 수준으로 임금인상을 하는 구조적 부담도 포함돼 있었다. 현대차미국은 브랜드가치를 재정립하기 위해 세 가지 키워드를 제안했다. 눈에 띄는 디자인, 사람 중심의 기술, 타협 없는 완성도를 현대차 브랜드의 중심에 두자는 것이었다.

그러나 연구소의 반응은 전혀 달랐다. 그들은 디자인은 일시적인 효과일 뿐 장기적으로 브랜드에 도움이 되지 않는다고 주장했다. 디자인보다 기본 성능, 품질, 밸류가 훨씬 중요하다는 태도였다. 나아가 차값이 비싸지는 이유는 마케팅 부문이 경쟁사보다 과도한 사양을 넣기 때문이라며, 과사양을 줄여야 가격경쟁력을 확보할 수 있다고 반박했다.

결국 양측의 견해차는 좁혀지지 않았다. 이 갈등의 중심에는 당시 새로 출시된 LF쏘나타가 있었다. 2010년 등장한 YF쏘나타는 현대차 역사상 가장 성공한 모델이었다. 파격적인 디자인과 리먼사태 직후 도입한 '현대차 보장 프로그램'이라는 혁신적 마케팅이 강력한 시너지를 냈다. 그 결과 2011년 현대차가 미국 시장에서 역대 최고 점유율을 기록하는 데 결정적 역할을 했으며, 외부 요인까지 겹치며 2013년에는 판매량이 23만 대까지 증가했다.

그런데 2014년 6월 출시된 LF쏘나타는 달랐다. 디자인은 이전 세대의 혁신성을 잃었다는 평가가 이어졌고, 가격경쟁력 역시 약해졌다. 현대차미국은 판매 부진을 만회하기 위해 연구소에 추가 지원을 요청했지만 양측의 시각차는 끝내 좁혀지지 않았다. LF쏘나타의 부진은 미국 공장의 가동률 저하와 인센티브 확대로 이어졌고, 결국 2016년 현대차미국의 적자선환이라는 치명적인 결과로 귀결됐다.

특정 모델 하나가 실패한 사례가 아니었다. 조직 내부의 인식 불일치가 만들어낸 구조적 문제였다. 연구소는 좋은 차를 만들면 팔린다는 기술자적 확신에 머물렀고, 영업·마케팅 부문은 팔리는 차를 만들어야 회사가 산다는 현실을 강조했다. 어느 한쪽의 논리만으로는 급변하는 시장을 헤쳐 나갈 수 없었다. 서로의 언어와 목표가 달랐고, 이는 결국 의사결정의 지연과 기회 상실로 이어졌다.

쏘나타, 잃어버린 정체성

✿✿✿

쏘나타는 한때 미국 중형 세단 시장의 강자 중 하나였다. 그런데 2017년을 기점으로 기아 옵티마와 판매 격차가 좁혀지기 시작했고, 2019년에는 판매량이 역전되기도 했다. 표면적으로는 현대차가 RV 중심 전략으로 전환했기 때문이었지만, 보다 근본적으로 들여다보면 LF쏘나타부터 시작된 브랜드 정체성의 혼란이 원인이었다.

현대차와 기아는 전 세계 대부분 시장에서 직접적인 경쟁 관계다. 따라서 두 브랜드 간의 디자인 철학과 제품 속성 차별화는 매우 중요한 전략적 과제가 돼왔다. 2010년대 초반 이후 두 브랜드는 각자의 방향성을 명확히 정의했다. 현대차는 브랜드 에센스를 '모던 프리미엄'으로, 핵심 정체성을 '명료함(Simple), 창의성(Creative), 세심한 배려(Caring)'로 설정했다. 기아는 브랜드 에센스를 '또 다른 울림(A Different Beat)'으로, 핵심 정체성을 '신뢰할 수 있는, 차별화된, 활기찬'으로 정의했다.

이 차별화 전략을 기반으로 기아는 감각적이고 대담한 디자인으로 브랜드를 강화했다. K5의 경우, '활기차고 차별화된' 이미지를 지속적으로 발전시키며 시장에서 줄곧 긍정적인 반응을 얻었다. 이 기조는 K8에도 그대로 계승됐다. 반면 현대차의 쏘나타는 세대가 바뀔 때마다 디자인 방향이 급변하는 문제를 노출했다. 이는 브랜드가 전달하고자 하는 메시지와 고객이 느끼는 인식 사이의 간극을 점점 키우는 결과를 낳았다.

앞서 언급한 2014년 회의에서 현대차미국은 연구소장 일행에게 LF 쏘나타가 겪는 위기의 본질을 정확히 짚어 보고한 것이었다. "YF쏘나타의 차별화된 디자인과 가격경쟁력이 약화했으며, 보수적인 디자인으로 판매가 어려운 상황이다." 이 보고는 판매 부진뿐 아니라 현대차가 고객의 기대를 벗어나고 있음을 알리는 명확한 경고였다.

2023년 인터브랜드가 추진한 현대차 브랜드 컨설팅의 사전 인터뷰에서 나는 현대차의 근본적인 문제를 다음과 같이 설명했다. "YF쏘나타는 현대차가 추구한 모던 프리미엄과는 거리가 있었지만 고객은 그 차에 열광했다. 반면 LF쏘나타는 현대차가 그리는 이상적인 방향과 가장 일치했지만 고객 반응은 냉담했다."

디자인이 브랜드 철학과 일치한다는 사실 자체가 시장 성공을 담보하지는 않았다. YF쏘나타가 성공한 것은 브랜드 메시지보다 고객의 감정적 반응에 충실한 디자인의 힘 덕분이었다. YF쏘나타는 플루이딕 스컬프처 1.0 디자인 언어를 적용했다. 강렬한 곡선과 날렵한 헤드램프는 미국 시장에서 신선한 충격을 줬고, 현대차의 디자인 혁신을 상징했다.

하지만 후속 모델인 LF쏘나타는 플루이딕 스컬프처 2.0을 적용하며 곡선을 줄이고 수평선을 강조한 보수적 디자인으로 회귀했다. 소비자 반응은 냉정했다. "너무 평범하다", "혁신이 사라졌다", "택시나 렌터카 같다"와 같은 평가가 이어졌다. 결과적으로 YF가 쌓아 올린 혁신의 아이콘 이미지를 LF가 무너뜨린 셈이었다.

2020년 현대차는 3세대 플랫폼과 신형 엔진을 탑재한 신형 쏘나타

(DN8)를 출시했다. 디자인은 다시 파격적이고 실험적이었으나 결과는 또다시 양극화였다. 찬사와 비판이 동시에 쏟아졌고, 이는 디자인 완성도보다 일관성 부재와 브랜드 혼란이 소비자 인식에 더 크게 작용했음을 시사한다.

흥미로운 점은 현대차가 기아에는 없는 과정인 외부 전문가 품평까지 거치며 DN8 모델을 신중하게 확정했음에도 시장 반응이 더 나빴다는 사실이다. 이는 곧 정체성을 기준으로 하지 않은 채 많은 사람이 지지한 의견을 택하는 것이 성공을 담보하지 않는다는 점을 분명히 보여줬다.

BMW는 현대차와 대조적이다. BMW는 시장조사를 거의 하지 않는다. 대신 모든 디자이너가 BMW의 브랜드 아이덴티티를 철저히 이해하고 디자인에 반영한다. 그 결과, 모델마다 개성이 달라도 브랜드의 본질은 언제나 일관됐다.

결국 현대차는 브랜드 철학보다 개인의 주관과 감각이 앞섰고, 그

쏘나타 세대별 디자인 분석

디자인 아이덴티티			브랜드 철학과 비교				총평
			핵심 정체성			모던 프리미엄 적합성	
디자인 언어	세대	핵심 키워드	명료함	창의성	세심한 배려		
플루이딕 스컬프처	YF	감성 혁명, 역동, 곡선	★★☆☆☆	★★★★★	★★☆☆☆	★★★☆☆	감성 중심, 파격이지만 실용성은 약함
플루이딕 스컬프처 2.0 (2014년)	LF	절제, 품격, 균형	★★★★★	★★★☆☆	★★★★☆	★★★★★	절제와 품격의 균형, 모던 프리미엄 구현체
센슈어스 스포티니스 (2019년)	DN8	기술과 감성 융합	★★☆☆☆	★★★★★	★★★★☆	★★★★☆	기술+감성 융합, 미래지향적이지만 복잡성 높음

것이 세대별 디자인의 불일치로 이어졌다. 즉 브랜드보다 개인이 앞선 디자인 시스템이 쏘나타의 정체성을 흔든 핵심 원인이 됐다고 나는 분석한다.

9장

경영패러다임 전환과
구조조정

현대차그룹 경영패러다임 전환

현대차그룹은 품질경영과 공격적인 글로벌전략을 바탕으로 글로
벌 톱 5 비전을 달성했고, 연간 800만 대 판매라는 팽창 성장을 이뤄
냈다. 그러나 그늘도 있었다. 커미트먼트 중심의 경영방식은 수익보
다 물량에 집중하게 했고, 그 결과 재고 과다, 과도한 인센티브, 중

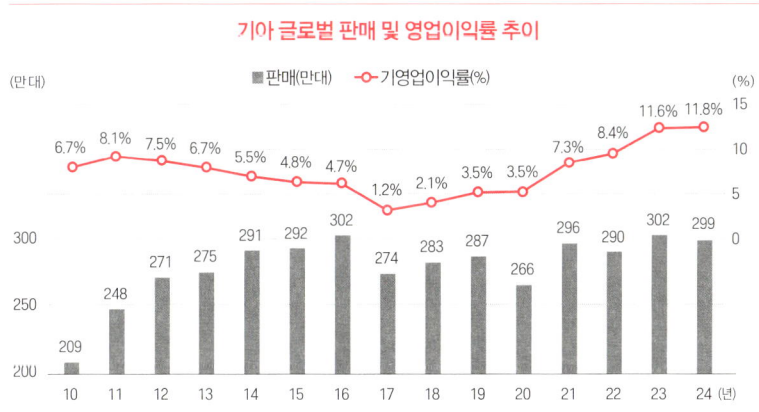

고차 잔존가치 하락, 브랜드가치 저하라는 악순환이 굳어지기 시작했다. 이런 구조 속에서 영업이익률은 점차 하락하며, 그룹은 새로운 위기를 맞았다. 2017년 기아의 영업이익률은 1.2퍼센트까지 악화됐다. 통상임금 관련 비용을 제외해도 2.9퍼센트로 구조조정을 해야 했다.

2018년, 예고 없이 찾아온 전환점

2018년, 정몽구 회장이 갑작스럽게 경영 일선에서 물러나며 현대차그룹은 경영권 세대교체라는 운명적인 전환점을 맞았다. 새로 취임한 정의선 회장은 단 3개월 만에 아버지와 함께 일했던 부회장단을 과감히 교체하며 본격적인 쇄신에 착수했다. 경영 철학 자체를 바꾸겠다는 선언이나 다름없었다.

가장 중요한 변화는 경영패러다임의 전환이었다. 기아 인수 후 계속돼온 공격경영의 후유증을 정면에서 대응하겠다는 결단이었다. 이미 2017년 말, 권역별 책임제를 도입하며 양적팽창 중심에서 질적 성장 중심 전략으로 방향을 틀었다. 기존 구조에서는 생산조직과 판매조직이 분리돼 생산 목표가 우선시됐고, 그 결과 판매 부문은 과도한 재고와 인센티브 부담을 떠안아야 했다. 권역별 책임제는 생산과 판매를 일원화함으로써 판매 중심의 시장 대응력을 강화하고, 보다 효율적으로 의사결정할 수 있도록 설계된 제도였다.

조직 내부의 보수적 관행도 대대적인 수술에 들어갔다. 미래 차 개발을 이끌 전략기술본부 수장을 이업종(異業種) 출신 인사로 임명했고, 한국인 중심의 상품개발본부에도 해외 경쟁사 출신 인재를 과감히 영입했다. 연구개발·상품 조직에 뿌리 깊게 자리 잡은 폐쇄성과 자전주의(처음부터 끝까지 독자적으로 해결하는 것)를 깨겠다는 강력한 의지의 표현이었다.

조직문화 개혁도 병행됐다. 수직적이고 경직된 관료주의에서 벗어나기 위해 직급 제도 개편, 복장 자율화 도입, 신입 사원과의 SNS 소통, 슬라이드 기반의 신년사, 영상 중심의 경영 메시지 전달 등이 이뤄졌다. 도요다 아키오 사장이 추진했던 토요타의 문화 개혁처럼, 경영 메시지를 문서가 아닌 공감으로 전달하려는 시도였다.

미래 대응 전략도 본격화했다. 현대차그룹의 정체성을 완성차 제조사가 아닌 스마트 모빌리티 솔루션 제공 업체로 재정의했다. 4차 산업혁명 시대를 주도하기 위해 조직의 사고방식과 일하는 방식을 바꾸고, 미래 대응력을 체계적으로 키우겠다는 의지의 표명이었다.

고객을 열렬한 팬으로, 작지만 강한 브랜드의 생존 공식

❀ ❀ ❀

나는 자동차 회사에서 근무하면서 구조조정의 신이라고 할 수 있는 경영자들을 지켜봐왔다. 이상하게 끝난 르노-닛산-미쓰비시 연합의 카를로스 곤 전 회장부터 GM의 메리 바라 CEO, 토요타의 아키오 회장, 스텔란티스의 카를로스 타바레스 전 CEO까지, 이들은 보통의 경영자가 아니었다. 강소기업인 스바루의 모리 이쿠오(森郁夫) 전 사장이 보여준 구조조정 방향 역시 내 시선을 끌었다.

기아가 플랜S 전략 수립 마지막 단계에 있던 2019년 12월, 나는 기아 글로벌고객경험본부로부터 강연 요청을 받았다. 강연 제목은 '고객에서 팬을 창출하는 S사 전략의 시사점'이었다. S사란 바로 스바루였다. 나는 기아가 나아가야 할 방향은 외부 평가나 일시적 유행이 아니라 기아다움을 만들어 지키는 것이라 강조하고 싶었다.

나는 현업 시절 BMW를 많이 연구했지만, 오히려 스바루와 마쓰다 같은 강소 브랜드에서 더 큰 통찰을 얻을 수 있었다. 특히 스바루의 사례는 작지만 강한 브랜드가 어떻게 혼돈의 시장에서 생존하고 팬덤을 만들어내는지를 보여줬다.

일반적으로 기업이 위기를 맞으면 생산을 줄이고 인력을 감원하며 단기적 원가절감과 구조조정에 나선다. 하지만 그렇게 하면 브랜드의 근본적 추진력은 약화되기 마련이다. 스바루는 달랐다. 위기 속에서도 선택과 집중의 전략을 일관되게 추진하며 작지만 강한 브랜드로 자리 잡았다.

스바루는 2008년 53만 대에서 2018년 100만 대로, 10년 사이 글로벌 판매량을 두 배 가까이 늘렸다. 규모는 작았지만 영업이익률은 한때 17.5퍼센트로 자동차업계 최고 수준의 수익성을 기록했다. 2019년 말 기준으로 시가총액은 기아를 넘어 현대차와 어깨를 나란히 할 정도였다. 차 한 대당 영업이익은 208만 원으로 기아(41만 원), 현대차(78만 원)를 압도했다. 규모가 아니라 효율, 충성도, 브랜드의 결속력이 그들의 무기였다. 특히 미국 시장에서 스바루는 2017년 기아를, 2018년에는 현대차까지 추월하며 작은 거인으로 부상했다. 93개월 연속 전년 대비 판매 증가라는 대기록을 세우며 현대차와 기아조차 손에 넣지 못한 안정적인 성장곡선을 그렸다.

스바루는 1917년 창업한 나카지마비행기에서 출발했다. 전쟁 이후 재벌해체로 분사됐고, 1953년 후지중공업으로 재편됐다. 창립 100주년이던 2017년, 사명을 주식회사 스바루(Subaru Corporation)로 변경하며 항공과 자동차의 DNA를 잇는 브랜드 정체성을 분명히 했다.

1958년, 비행기 제작 기술을 응용해 모노코크 바디를 채용한 일본 첫 경차 스바루360을 개발하며 일본 모터리제이션의 출발점이 됐다. 1966년에는 수평 대향 엔진을 탑재한 일본 최초의 전륜구동(FF) 차량을 개발했는데, 이는 폭스바겐 골프보다 8년이나 앞선 혁신이었다. 1972년에는 세계 최초로 승용차에 파트타임 4WD 시스템을 적용한 레오네 에스테이트 밴(Leone 4WD Estate Van)을 출시했다. 수평 대향 엔진과 4WD는 이후 스바루의 핵심 기술이 됐고, 이 기술력은 세계 랠리 선수권 대회(World Rally Championship, WRC) 3회 우승으로 이어졌다. 1995년 미국 전용 모델인 레거시 아웃백을 성공시키며 크로스오버 SUV 붐을 일으켰고, 이때부터 스바루 팬들은 스스로를 스바리스트(Subarist)라 부르며 강력한 충성심을 보여주기 시작했다.

그러나 스바루의 역사가 성공만으로 채워진 것은 아니다. 경영 악화 속에서 취임한 다케나카 교지(竹中恭二) 사장은 프리미엄 브랜드로 도약하겠다는 비전을 내걸고 외국인 디자이너를 영입해 스프레드 윙

(Spread Wings)이라는 디자인 언어를 도입했으나, 소비자에게 이질적이고 낯선 차로 비치며 부진을 겪었다. 경차 시장 대응에도 실패했다. 박스형 디자인이 대세던 시절 스바루는 원 모션 폼(One Motion Form, A필러부터 루프를 거쳐 리어까지를 하나의 흐르는 듯한 선으로 연결하는 스바루의 디자인 언어)으로 디자인 차별화에 집중하다 후석 공간이 협소해져 여성 고객의 외면을 받았다. 2003년 출시한 프리미엄 경차인 R2는 4기통 엔진, 독립현가, 4WD라는 높은 성능에도 불구하고 가격 장벽 탓에 11개월 만에 단종됐다.

2005년 북미 시장을 겨냥한 7인승 SUV 트라이베카(Tribeca) 역시 디자인과 공간 문제로 혹평을 받고 2010년 단산됐다. 이 과정에서 스바루는 1,000명 감원이라는 뼈아픈 선택을 해야 했다. 하지만 이런 실패와 구조조정 과정은 스바루가 브랜드의 핵심 가치를 더욱 명확히 정의하고, 자신들이 가장 잘하는 것에 집중하는 결정적 계기가 됐다.

기술 편향을 넘어, 모리 사장의 스바루다움 재정의
✿✿✿

2006년 취임한 모리 이쿠오 사장은 기술자가 아닌 영업 출신이었다. 그는 미국 공장에서 해외 생산 및 기획 업무를 경험하고, 2005년 해외영업본부장을 지낸 뒤 사장으로 발탁됐다. 늘 고객의 목소리를 가까이에서 들었던 그는 스바루의 본질적인 문제를 누구보다도 현실적으로 인식하고 있었다.

그가 내린 결론은 명확했다. "스바루는 기술에 편중된 회사다. 경영, 마케팅, 제휴, 이 모든 비기술 영역이 약하다." 스바루의 기술자들은 좋은 차를 만들면 반드시 팔린다는 믿음에 젖어 있었고, 원가 의식은 희박했다. 모리 사장은 고객 가치와 연결되지 않는 기술은 단순한 자기만족이라 단언했다. 그는 50만~60만 대 수준의 소규모 브랜드가 살아남는 길은 선택과 집중, 고부가가치 전략뿐이라고 확신했다.

토요타와의 자본·업무 제휴가 추진됐을 때, 스바루의 전현직 직원들은 거세게 반대했다. 토요타도 스바루에게 명확한 상품 차별화를 요구했다. 모리 사장은 흔들리지 않았다. 그는 "토요타의 그늘에 들어가는 것이 아니라, 스바루의 독자성과 스바루다움을 지키는 것"이라고 선언했다. 당시 업계 사람들은 하나같이 '성장은 신흥국 시장에서, 중심 차종은 소형차'라고 생각했다. 하지만 스바루의 현실은 글로벌 시장점유율 1퍼센트, 제한된 자원, 협소한 생산 규모 등이었다. 이런 조건에서 가격이나 볼륨 경쟁은 불가능했다. 결국 남은 길은 하나였다. 스바루는 토요타와의 제휴로 약점을 보완하고, 자신만의 영역에 집중하는 전략을 세웠다.

안심과 즐거움, 그리고 20퍼센트의 고객층

모리 사장은 '작지만, 존재감 있고 매력 있는 기업'을 스바루의 비전으로 제시했다. 이 비전을 실현하기 위한 첫 번째 핵심 전략이 바로 스바루다움 추구였다. 기술이 아니라, 고객 경험에서 차별화를 꾀한 것이다. 그는 전사적으로 기술자 중심 사고에서 고객 중심 사고로의 대전환을 추진했다. 또한 전임 경영진이 무리하게 높게 설정했던 목표를 현실적으로 조정해 착실한 성장 기반을 마련하는 데 초점을 맞췄다.

그는 긴 시간 자문자답한 끝에 스바루의 강점을 세 가지로 정의했다. 주행 안정감을 극대화하는 수평 대향 엔진, 악로 주파성이 탁월한 4WD 시스템, 왜건에서 축적된 실용성이었다. 스바루는 본래 비행기 제작에서 출발했기에 항상 안전과 조종 안정성을 중시하는 DNA가 있었다. 무게중심이 낮은 수평 대향 엔진과 대칭형 4WD 시스템은 안전하게 운전의 즐거움을 느낄 수 있게 했다. 모리 사장은 이 두 가지 가치, 즉 안심과 즐거움을 바로 스바루가 고객에게 제공해야 할 핵심 가치로 정했다.

타깃 고객도 명확히 규정했다. 모두를 만족시키겠다는 발상을 버리고, '차와 함께하는 생활을 즐기고, 지적이며, 활동적인 라이프스타일을 추구하는 사람들'로 고객을 한정한 것이다. 전체 인구의 약 20퍼센트에 해당하는 소수였지만, 이 20퍼센트를 완벽히 만족시키는 브랜드가 되면 그 자체가 곧 시장 확장이 될 것이라고 믿었다. 즉 대중을 위한 브랜드가 아니라 가치를 공유하는 소수 팬층을 위한 브랜드로 전환했다. 이 철학은 훗날 스바루가 팬덤 브랜드로 불리는 출발점이 됐다.

4대 영역의 선택과 집중

모리 사장은 한정된 자원을 극대화하기 위해 사업, 시장, 차종, 기술의 네 영역에서 철저한 선택과 집중을 단행했다. 첫째, 사업 영역에서는 핵심 사업에 집중했다. 다각화된 사업을 축소하고 자동차와 항공우주산업에 집중하며 비핵심 사업은 과감히 정리했다. 둘째, 시장 영역에서는 미국 시장을 최우선으로 했다. 가격경쟁이 심한 신흥 시장에서는 과감히 철수하고 중국과 러시아를 성장 시장으로 분류했다. 셋째, 차종 영역에서는 고부가가치 제품에 집중했다. 제품 포트폴리오를 2리터급 이상 SUV와 스포츠카로 재편했다. 지속적인 적자의 원인이었던 일본 내수 경차 부문은 공장과 판매점의 거센 반발을 무릅쓰고 단산을 결정했다. 넷째, 기술 영역에서는 안전이라는 정체성을 강화했다. 리소스 한계를 인정하고 기술개발의 초점을 안전에 맞췄다. 모든 기술 중 가장 당연시하던 가치를 브랜드의 핵심 강점으로 끌어올린 것이다.

스바루는 이렇게 고객제일주의를 근간으로 4대 영역에서 선택과 집중을 실행함으로써 강한 기업으로 전환하는 데 성공했다. 모리 사장의 전략은 스바루다움을 지키면서도 자원을 가장 효율적으로 운용하는 생존 철학이었다. 이 시기 이후 스바루는 미국 시장에서 팬덤 브랜드로 성장하며 글로벌 소형 제조사의 새로운 모델이 됐다. 이들의 행보는 기아가 위기 때마다 되새겨야 할 교훈이었다.

스바루다움의 레거시 아웃백, 쏘렌토를 넘다

✿ ✿ ✿

모리 사장은 시장 전략을 수립할 때 주저 없이 미국을 최우선 시장으로 선정했는데, 그 이유는 명확했다. 40년 넘게 도전해온 시장이었지만, 아직도 가능성이 충분히 남아 있기 때문이었다.

스바루는 1968년 미국 시장에 진출하고, 1987년 인디애나에 현지 공장을 세웠다. 그러나 2008년이 돼서도 연간 판매는 20만 대에도 미치지 못했으며, 시장점유율은 1퍼센트에 머물렀다. 40여 개 브랜드와 260여 개 모델이 난립한 미국 시장에서 스바루는 있는 듯 없는 듯한 브랜드에 불과했다. 그동안 스바루는 기능과 스펙 중심의 광고, 타사와 다르지 않은 세일즈 이벤트로 일관했다. 이런 방식으로는 토요타, 혼다, 포드, GM이 지배하는 거대 시장에서 차별성을 만들어낼 수 없었다. 모리 사장은 스바루가 살아남으려면 기술이 아니라, 고객의 마음속에서 차별화돼야 한다고 판단했다.

그는 취임 직후 전사적으로 브랜드 철학 리셋을 단행했다. 이전 경영진이 추진하던 프리미엄 브랜드 지향은 현실과 동떨어져 있었고, 브랜드의 핵심 가치는 불분명했다. 4WD나 박서 엔진 같은 기술적 이미지는 강했지만, 고객이 스바루를 왜 선택해야 하는지에 대한 이유는 명확하지 않았다. 더 큰 문제는 조직 내 일관성 결여였다. 각 부서가 제각기 다른 메시지를 외쳤고, 판매 현장, 광고, 고객 접점에서도 커뮤니케이션이 통일되지 않았다. 그 결과 소비자들은 "스바루는 어떤 회사인가?"라는 질문에 명확히 답하지 못했다.

모리 사장은 이를 근본부터 바로잡았다. 3년에 걸친 브랜드 재정립 프로젝트를 통해 스바루의 의도와 약속이 모든 터치포인트에서 일관되게 전달되도록 프로세스를 재설계했다. 그 결과 고객 인식이 연령대별로 뚜렷하게 개선됐고, 브랜드 신뢰도가 급상승했다. 모리 사장은 상품 개발 부문에도 혁신을 요구했다. "스펙의 차별화는 개발자만 만족시키는 차별화"라고 단언했다. 반면 "콘셉트의 차별화는 고객이 공감하는 차별화"라며 고객 중심의 개발 철학을 강조했다. 그는 "기술자 논리로 좋은 차를 만들 수는 있어도 고객의 마음을 움직일 수는 없다"라고 말했다. 스바루는 고객제일주의를 중심에 둔 상품, 가격, 마케팅의 3대 개혁을 시작했다.

안전과 신뢰의 상징으로 거듭나다

미국 시장을 위한 상품 전략의 핵심은 두 가지였다. 미국 소비자에게 맞춘 차체 사이즈 확대, 브랜드 정체성을 지키는 스바루다움의 구현이었다. 이 방향성에 따라 2007년 임프레자, 2008년 포레스터, 2009년 레거시와 아웃백이 차례로 투입됐다. 그중에서도 레거시(6세대)와 아웃백(4세대)은 처음으로 고객제일주의 철학에 따라 개발된 모델이다. 차체를 대폭 키워 미국 소비자에게 어필했고, 안전 기술에 대한 집중투자가 두드러졌다. 그 결과 2009년, 전 차종이 III IS의 최고 안전 등급을 받은 유일한 브랜드가 됐다.

또한 2리터급 이상 SUV 집중 전략의 결실로 스바루는 2008년과 2009년 연속으로 〈모터트렌드〉가 선정한 올해의 SUV(SUV of the Year)를 수상했다. 이제 스바루는 그저 기술력이 좋은 회사가 아니라 안전과 신뢰의 상징으로 시장에 각인되기 시작했다.

쏘렌토 vs 아웃백 , 철학의 차이가 만든 결과

기아 쏘렌토와 스바루 아웃백은 표면적으로는 같은 SUV 세그먼트에 속했지만, 지향점은 전혀 달랐다. 기아 쏘렌토가 험로 주행 능력과 활동성, 현대차 싼타페가 도심형 패밀리 SUV를 지향했다면, 스바루 아웃백은 완전히 다른 지향점을 선보였다. 흔치 않은 그린 계열 바디 컬러, 루프 랙에 실린 자전거와 카약, 바닷가와 산악 지형을 배경으로 한 광고는 스바루가 SUV를 타는 사람을 넘어서서 SUV와 함께 살아가는 사람을 그리고 있음을 보여줬다.

아웃백은 쏘렌토보다 최저 지상고가 높고 카고 볼륨도 컸다. 이 수치 차이는 악로 주파성, 실용성, 액티브 라이프스타일에 집중한 브랜드 철학의 산물이었다. 스바루는 모든 차종에 4WD를 기본 장착했고, 특히 아웃백에는 첨단 안전 시스템인 아이사이트(EyeSight)를 전 트림에 기본 탑재했다. 안전은 옵션이 아니라 기본이라는 철학에서였다. 그럼에도 수평 대향 엔진과 대칭형 4WD 기술 덕분에 같은 세그먼트 내에서 중량은 더 가볍고 연비는 더 뛰어났다.

스바루 vs 쏘렌토

판매 추이

폴모델체인지

188,886
178,854
130,235
108,985
107,846
99,684
59,750
44,260
47,610
24,460

05 06 07 08 09 10 11 12 13 14 15 16 17 18 (년)

사양(차별화된 콘셉트 및 서포트 실현 기술로 스바루다움 추구)

	19MY기준	아웃백	쏘렌토
실용성	제원(인치, 장×폭×고)	191,3×73×66,1	189×74,4×66,5
	최저 지상고(인치)	8,7	7,3
	카고 볼륨(입방피트)	75,7	73
성능	독자성	전 트림에 AWD, 아이사이트 기본 탑재	
	엔진	I4 2,5L(182HP) I4 2,4T(260HP)	I4 2,4L(185HP) V6 3,3(290HP)
	중량(파운드)	3,634	3,953(AWD 기준)
	연비(엔진별)	33/26, 30/23	26/21, 24/19 MPG
	안전 성능	최고 안전 등급(IIHS)	
가격(MSRP, 달러)		26,645	26,690

가격 전략 또한 탁월했다. 스바루는 4WD와 아이사이트를 기본 장착했음에도 실질 사양 대비 가격경쟁력을 유지했다. 무엇보다 스바루는 고가격, 고인센티브 정책 대신 적정가격과 저인센티브 원칙을 고수했다. 스바루의 평균 판촉비는 대당 1,000달러 내외로 기아(3,000달러)의 3분의 1 수준에 불과했다. 이런 수익 지향적 판매는 높은 고객충성도와 재구매율로 이어졌다. 결국 2000년대 후반 이후 아웃백 판매는 꾸준히 증가했고, 2013년 이후에는 쏘렌토를 완전히 추월하며 시장의 강자로 우뚝 섰다.

스펙이 아닌 콘셉트의 차별화, 임프레자 재도약의 비밀

경영환경이 악화하기 시작하면 많은 완성차 회사가 비슷한 반응을 보였다. "원가를 절대 올려서는 안 된다." 2008년 금융위기 이후 2년 동안 기아 역시 예외가 아니었다. 연구소는 혁신적인 원가절감 방안보다는 "경쟁 모델에도 없으니 이 사양은 빼도 된다", "이 부분을 값싼 소재로 바꾸면 얼마를 절감할 수 있다"와 같은 제안을 마케팅 부서에 내놨다. 마케터들은 강하게 반대했지만, 단기 실적과 경영 개선을 떠안은 경영진은 이런 안들을 밀어붙이기 쉬웠다. 기아가 한때 미국에서 훔치기 쉬운 차라는 오명을 받은 것도 코스트 압박을 받던 연구소가 마케팅의 협조가 필요 없는 영역인 도난 방지용 이모빌라이저의 사양을 뺐기 때문이었다. 그러나 고객은 속지 않았다. 눈에 보이는 품질 저하, 체감되는 가치 하락은 결국 판매 부진으로 되돌아 왔다.

스바루가 2007년에 출시한 임프레자 역시 그런 식으로 개발된 차였다. 구형 파워트레인을 일부만 개량하고, 내장재를 비롯한 곳곳을 원가를 깎아 만들었다. 개발자들의 논리는 단순했다. "디자인이 괜찮고 가격이 싸면 팔릴 것이다." 하지만 시장 평가는 냉정했다. 고객들은 연비, 내장재, 품질 등이 모두 불만족스러운 이 차를 외면했다. 위기 국면에서 흔히 택하는 싼 차 전략의 전형적인 실패 사례였다.

2011년 풀 모델 체인지로 다시 태어난 신형 임프레자는 완전히 다른 철학에서 출발했다. 이번에는 원가가 아니라, 고객제일주의와 콘셉트 차별화가 기획의 출발점이었다. 스바루는 차급을 뛰어넘는 도전을 감행했다. 고성능 엔진과 신규 무단변속기(Continuously Variable Transmission, CVT) 개발로 연비를 대폭 향상하고, 전장과 전폭은 기존 수준을 유지하면서도 휠베이스를 늘리고 A필러를 전방으로 이동시켜 실내 개방감과 거주성을 눈에 띄게 개선했다. 여기에 더해 상위 차급에서나 가능할 법한 안전 장비인 아이사이트를 과감히 도입했다. 옵션으로 올려두는 수준이 아니라, 차급을 뛰어넘는 안전 콘셉트로 설계한 것이다. 모리 사장이 말한 대로 임프레자는 스펙의 차별화가 아니라 콘셉트의 차별화에 성공했고, 이전 모델 대비 두세 배나 더 많이 판매되며 스바루의 부활을 상징하는 모델이 됐다.

영 점 몇 초가 무슨 의미인가

새로운 임프레자 개발 과정은 모리 사장이 강조한 "고객에게 명확하고 구체적으로 발신하라"라는 철학이 연구소의 사고방식을 어떻게 바꿔냈는지를 보여줬다. 개발팀이 사장에게 동력 성능을 보고했을 때의 일이다. 개발자가 "제로백이 경쟁사보다 영 점 몇 초 빠르다"라고 자랑스럽게 말했다. 그러자 모리 사장이 크게 노했다. "고객에게 영 점 몇 초가 무슨 의미가 있나? 고객이 체감할 수 있는 언어로 설명해라." 이 한마디는 연구진의 사고를 완전히 뒤집어놨다. 그 후 개발 방향은 수치 단축이 아니라 '출발 시 가장 매끄럽고 안정적으로 나가는 차'라는 고객 체감 중심의 목표로 바뀌었다.

트렁크 용량 역시 마찬가지였다. 카탈로그에 'VDA(Verband der Automobilindustrie, 독일 자동차산업 협회) 기준 몇 리터'라고 표기하는 대신 스바루는 이렇게 썼다. "쇼핑 카트 2대분을 충분히 실을 수 있습니다." 숫자 비교가 아니라 고객의 생활 장면이 떠오르는 표현으로 해석해준 것이다. 이것이 바로 스바루식 고객제일주의였다.

0차 안전, 그리고 3만 원의 선택

스바루의 안전 철학 중에는 타 업체에는 없는 독특한 개념인 0차 안전(Zero-order Safety)이란 것이 있다. 대다수 제조사가 사고 발생 이후를 전제로 한 안전 기술에 초점을 맞출 때, 스바루는 "주행 시작 이전, 설계 단계에서 사고 원인을 제거하자"라고 생각했다. 0차 안전에는 시야 확보(시계성), 조작성, 올바른 운전 자세, 장시간 운전해도 피로가 적은 시트 설계 등이 포함됐다. 이 철학을 고집하다 보니 스바루 차들은 때로 투박해 보이기도 했지만, 그 이면에는 고객이 안심하고 운전할 수 있는 차라는 일관된 기준이 있었다.

임프레자 백미러 위치도 이 철학을 잘 보여줬다. 백미러를 도어에 달면 사각지대를 줄이고 운전자가 차의 움직임을 더 정확히 파악할 수 있다. 하지만 프런트 윈도 앞쪽에 달 때보다 대당 약 3만 원 정도 더 비쌌다. 그래서 대중 차는 비용을 줄이기 위해 백미러를 프런트 윈도 앞쪽에 설치하는 경우가 많았다. 그런데 스바루는 운전 편의를 우선해 백미러를 도어에 부착했다. 코스트 절감을 포기하면서까지 자신들의 철학을 지키는 길을 택한 것이다.

부딪히지 않는 차, 아이사이트의 성공

스바루는 ADAS를 1999년부터 개발했으나, 곧 비싼 가격 장벽에 부딪혔다. 레이더를 사용한 시스템이 20만 엔대까지 내려왔을 때도 마케팅 부서는 회의적이었다. 프리미엄 브랜드가 아닌 스바루의 고객에게 20만 엔은 설득력이 없었기 때문이다. 이때 스바루는 도입을 미루는 대신 고객이 실제로 돈을 낼 수 있는 구조를 함께 고민했다. 마케팅 부서는 "범퍼 교환 비용이 약 10만 엔이니, 여기에 조금만 더한 수준이라면 받아들일 수 있다"라는 현실적인 기준을 제안했다.

2010년, 개발팀은 결국 비싼 레이더를 버리고 스테레오카메라와 독자 3D 화상처리 엔진만으로 이루어진 아이사이트2를 완성했다. 론칭 메시지는 단순했다. "부딪히지 않는 차." 결과는 대성공이었다.

출시 첫 달에 목표보다 네 배나 많은 판매를 기록했고, 고객의 96.5퍼센트가 높은 평가를 내렸다. 이 시스템은 스바루의 안전 이미지를 끌어올리는 결정적인 계기가 됐다.

임프레자의 재도약과 아이사이트의 성공 사례는 스바루의 고객제일주의가 연구소부터 영업까지 전 부문에 스며든 실천철학임을 증명했다. 원가절감을 위해 고객 가치를 희생하는 대신 고객이 기꺼이 비용을 지불할 만한 가치를 설계했다. 스펙이 아닌 생활 장면으로 상품을 설명했고, 안전을 브랜드의 정체성으로 끌어올렸다. 이것이 바로 위기 상황에서도 고객을 떠나지 않게 만든 스바루의 힘이었다.

IQS보다는 〈컨슈머 리포트〉의 높은 평가

⚙⚙⚙

스바루가 고객들에게 핵심적으로 전달하고자 한 '안심'이라는 가치는 숫자로, 그리고 고객 태도로 입증됐다. 아이사이트를 탑재한 차량은 차기 구입 의향, 차량 구입 후 이미지 변화, 탑승 시 감성 반응 등 모든 항목에서 높은 평가를 받았다. 안심이 안전 기술의 결과가 아니라 고객이 느끼는 감정적 신뢰의 언어가 된 것이다.

더 큰 변화는 고객층의 이동이었다. 원래 스바루 구매자는 대부분 남성이었다. 그들은 아버지 세대의 스바루를 기억했고, 스키나 캠핑을 즐기며 운전의 즐거움과 주행 안정감, 그리고 수평 대향 엔진의 독특한 사운드에 매력을 느꼈다. 그런데 아이사이트 도입 이후 완전히 새로운 고객층이 유입되기 시작했다. 디자인을 어느 정도 고려하되, 성능이나 엔진 기술보다 안전을 최우선으로 생각하는 여성, 특히 엄마들이었다. 주로 폭스바겐이나 아우디 같은 유럽 브랜드를 구입하던 30~40대 여성 고객이 스바루로 갈아타기 시작했다. 이것이 바로 아이사이트가 만든 고객 변화의 힘이었다.

스바루의 아이사이트 개발과 마케팅 과정은 우리 업계가 반드시 배워야 할 교본이다. 물론 한국 자동차 회사들도 첨단 안전 기술을 꾸준히 개발하고 있다. 문제는 기술을 고객에게 전달하는 방식이다. 우리나라 자동차 회사들의 웹사이트나 카탈로그를 보면 여전히 설명이 지나치게 복잡하고 어렵다. 예를 들어 기아 차량의 안전 기능 설명에는 11가지 기능이 나열돼 있다. 기능의 이름과 원리를 소개하고, 이 중 몇 가지 기능을 영상으로 홍보한다. 이는 고객의 공감을 끌어내지 못하는 비효율적인 마케팅이다.

스바루는 다르다. 처음부터 안심과 즐거움이라는 브랜드 핵심 가치에 집중한다. 그래서 기술이 아니라, 이 차를 타면 어떤 기분이 드는지를 이야기한다. 이 차이가 브랜드의 힘을 만든다.

흥미로운 점은 스바루가 현대차나 기아처럼 제이디파워의 IQS 점수에 집착하지 않았다는 것이다. IQS 평가에서 스바루는 늘 업계 평균보다 낮은 수준이었다. 그러나 미국 고객들이 가장 신뢰하는 〈컨슈머 리포트〉에서는 결과가 전혀 달랐다. 임프레자는 2012년부터 2016년까지 5년 연속 최고 평가를 받았다. 포레스터는 2014년부터 2025년까지 12년 연속 수상했다. 반면 현대차는 2010년, 2011년, 2013

년 엘란트라, 2012년 소나타, 2014년 싼타페 이후 뜸하다가 2023년에 싼타페 하이브리드가 오래간만에 수상했다. 기아는 2011년과 2016년 두 차례 쏘렌토로 수상한 뒤로 2020년 텔루라이드가 수상할 때까지 기다려야 했다. 기아는 텔루라이드가 2020년부터 2025년까지 연속 수상한 가운데 스포티지 PHEV와 HV 차종, 셀토스, 전기차 EV9까지 폭넓게 수상했다.

매년 로드 테스트 점수, 신뢰성 예측, 고객 만족도, 안전성을 종합해 순위를 발표하는 〈컨슈머 리포트〉의 최고 자동차 브랜드(Best Car Brand) 평가에서도 스바루는 항상 상위를 차지했다. 2026년에는 전년에 이어 1위(82점)였다. 현대차는 8위(74점), 기아는 12위(72점)였다.

이는 품질이 아니라 브랜드 일관성의 문제다. 스바루는 고객이 기대하는 감정적 가치인 '안심'을 꾸준히 전달했고, 그 일관성이 신뢰로 이어졌다. 기술 나열에 치중하는 국내 업계가 눈앞의 점수보다 고객의 마음속에 쌓이는 일관된 가치에 더 집중해야 함을 스바루의 성공은 여실히 증명한다.

러브 캠페인의 힘, 감정으로 승부한 스바루의 마케팅

❖ ❖ ❖

스바루는 미국 시장에서 1985년까지는 저가격을, 1995년까지는 4WD 기능을, 그리고 2005년부터는 성능을 강조해왔다. 늘 기능과 수치 중심의 커뮤니케이션이었다. 2007년, 신차 론칭을 앞두고 스바루미국법인은 광고대행사 카마이클 린치(Carmichael Lynch)와 함께 대대적인 시장조사를 했다. 그 결과는 충격적이었다.

스바루는 고객들이 여러 브랜드를 비교하다가 기능적으로 우수한 스바루를 선택한다고 믿고 있었다. 그런데 조사 결과, 소비자 대부분이 스바루라는 브랜드 자체를 몰랐다. 뿐만 아니라 스바루 고객의 특성도 일반적인 통념과 달랐다. 보유 기간이 시장 평균보다 두 배 이상 길었고(6~7년), 구매 형태도 리스나 할부가 아닌 현금 비율이 높았다. 눈이 많이 오는 스노벨트 지역에 사는 의사, 변호사 등 고소득 전문직이 많았다. 흥미롭게도 이들은 더 비싼 차를 살 수 있음에도 굳이 스바루를 선택했다. 이들의 공통점은 명확했다. 자기 인생에 열정적이며, 새로운 것을 시도하고, 자연과 도전을 즐겼다. 즉 스바루는 자동차 브랜드가 아니라 자기 삶의 태도를 표현하는 매개체로 인식되고 있었다.

그냥 스바루가 좋아서요, '러브'에 주목하다

스바루는 2006년부터 "It's what makes a Subaru, a Subaru(스바루를 스바루답게 만드는 것)"이라는 태그라인을 써왔다. 회사는 당연히 그 대답이 수평 대향 엔진과 4WD 시스템 같은 기술에 있다고 믿었다. 그런데 고객의 답변은 완전히 달랐다. "그냥 스바루가 좋아서요." "내 생활에 딱 맞아요." 기술 때문이 아니라 감정적 이유로 선택한다는 것이었다. 심지어 고객 앙케트와 자동차 잡지 투고란에는 '러브'라는 단어가 반복적으로 등장했다.

이 조사 결과를 바탕으로 스바루는 전례 없는 시도를 준비했다. '러브'라는 감정을 브랜드 메시지로 삼은 캠페인을 제작한 것이다. 당시 대다수 자동차 제조사가 성능, 연비, 안전, 가격 등 숫자로 증명되는 가치를 광고의 중심에 두고 있었다. 스바루는 그런 관행을 거슬러 사람이 차를 사랑하는 이유를 이야기하기로 했다. 내부 반대도 거셌다. 판매 부진이 계속되던 시점에 감성 캠페인이 효과 있을 리 없다는 회의론이 지배적이었다. 현장 영업 부대는 할인 광고가 가장 빠른 해결책이라며 반발했다. 그러나 스바루는 결단했다. "지금까지와는 전혀 다른 접근이 필요하다. 남들이 다 하는 숫자 경쟁으로는 더 이상 살아남을 수 없다." 그렇게 해서 2008년, 러브 캠페인이 시작됐다.

250달러 기부 vs 1,500달러 할인

2013년 당시 일본 방송사 TV도쿄는 〈스바루 쾌주의 이유(スバル快走の理由)〉라는 특집 프로그램에서 스바루와 현대차의 미국 광고를 비교했다. 현대차 광고는 "10년·10만 마일 보증", "실직 시 환불 보장(Assurance Program)", "1,500달러 할인" 등 가격과 혜택 중심의 메시지였다.

스바루 광고는 전혀 달랐다. 고객이 스바루 차량을 구입하면 회사가 고객이 지정한 자선단체에 250달러를 기부한다는 내용이었다. 광고비는 현대차의 5분의 1 수준이었지만 메시지는 훨씬 강렬했다. 스바루는 고객과 함께 세상을 따뜻하게 만드는 브랜드로 인식되기 시작했다. 이 캠페인을 통해 5년 만에 총 2,500만 달러가 자선단체에 기부됐다. 러브 캠페인은 2008년 시작된 이후 20년이 돼가는 지금까지도 동일한 콘셉트로 이어지고 있다. 스바루는 한 번도 '러브'라는 단어를 버리지 않았다.

2010년에는 고객의 70퍼센트가 반려견을 키운다는 사실에 착안해 개를 등장시킨 광고를 선보였다. 광고 속 개들은 단순한 연출 요소가 아니라, 가족과 함께하는 행복한 삶을 상징했다. 2011년에는 '아기 운전자(Baby Driver)' 편을 내보내며 사랑의 대상을 반려동물에서 자녀로 확장했다. 핵심 메시지는 여전히 같았다. "It's not just a car. It's love(그냥 차가 아닙니다. 사랑입니다)."

스바루는 자동차의 성능이나 기술을 설명하지 않았다. 대신 사람, 가족, 삶의 이야기를 통해 브랜드가 주는 감정의 가치를 전달했다. 그 결과 러브 캠페인은 스바루의 브랜드인지도를 폭발적으로 높였고, 고객충성도는 업계 최고 수준으로 올라섰다. 스바루는 기술에서 출발했지만 감정으로 완성된 브랜드다. 그들은 기능을 버리지 않았고, 대신 그것을 사람의 언어로, 사랑의 언어로 이야기했다. "사람은 숫자를 기억하지 않는다. 그러나 마음을 움직인 경험은 평생 기억한다." 이 철학이 바로 스바루를 작지만 강한 브랜드로 만든 진짜 비밀이다.

앰배서더와 기부, 소비자가 브랜드 전도사가 되다

✿✿✿

스바루 마케팅의 또 다른 특징은 딜러와 함께하는 공동광고 제도였다. 이는 현대차와 기아도 시행하는 방식이었다. 본사가 전국적으로 텔레비전광고를 내보내더라도, 지역 딜러가 예산의 한계로 지역 광고를 충분히 하지 못해 노출이 부족한 경우가 많았다. 이 문제를 해결하기 위해 스바루미국법인은 지역 딜러와 광고비를 분담해 공동 캠페인을 운영했다. 이는 신차 정보나 프로모션이 지역 고객에까지 도달하도록 돕는 동시에 전국 광고의 파급 효과를 강화하는 역할을 했다. 즉 중앙의 메시지와 지역의 실행을 연결한 시스템적 협력 모델이었다.

스바루의 러브 캠페인에는 기아 쏘울 광고 사례에서 설명했던 것처럼 광고 성공의 3C 원칙이 철저히 반영됐다(132쪽 참고). 이는 내가 글로벌마케팅 현장에서 강조해온 기본 원칙이기도 하다. 대다수 기업은 판매 상황이 변하거나 담당자가 교체되면 광고 방향이 쉽게 바뀌었다. 그 결과, 돈을 써도 효과가 누적되지 않았다. 스바루는 이 점을 경계하며 10년 이상 러브 캠페인을 유지했다. 기아도 햄스터를 이용한 쏘울 광고를 2009년부터 2020년까지 지속해왔다. 이것이 바로 브랜드인지도와 이미지 구축의 핵심이다.

스바루에 비해 예산이 많았던 현대차와 기아는 매년 슈퍼볼 광고로 큰 주목을 받았으나, 일관성과 지속성 측면에서는 한계가 있었다. 구글 트렌드 분석을 보면 슈퍼볼 기간에는 검색량이 급증하지만, 한 달도 지나지 않아 끝나고 한 달도 되지 않아 관심이 급격히 하락했다. 메시지가 일시적 흥미로 끝나고, 브랜드의 지속적 기억으로 이어지지 못한 것이다.

슈퍼볼 광고가 높은 평가를 받는다면, 그 메시지를 다른 차종에도 일관되게 확장하고 1, 2년 이상 지속 노출해야 한다. 예산이 한정된 경우라면 대표 차종 하나에 집중해 브랜드 아이콘으로 육성해야 한다. 이것이 바로 3C 전략의 요체인데, 실행력이 약했다.

1만 1,000명의 브랜드 전도사, 앰배서더 프로그램

2005년 시작된 앰배서더 프로그램도 스바루가 미국 시장에서 성공하는 데 큰 역할을 했다. 이 프로그램의 목적은 고객의 구매 결정 여정에서 구매 단계까지의 도달을 극대화하는 것이었다.

앰배서더는 신차를 고려하는 예비 고객에게 스바루의 실제 경험을 공유하는 비공식 브랜드 전도사로, 2025년 말 기준 약 1만 5,000명이 활동했다. 선정 기준은 매우 까다로웠다. 스바루를 진심으로 사랑하고, 브랜드에 대한 깊은 이해와 지식을 가진 사람만이 2년에 걸친 심사 끝에 선정됐다.

앰배서더는 매월 활동 리포트를 제출해야 했으며, 미제출 시 자격이 박탈됐다. 보수는 금전이 아니라 3개월마다 300달러 상당의 쿠폰을 받았다. 이 쿠폰은 스바루가 제작한 한정판 굿즈나 노벨티 상품으로 교환할 수 있었다. 모터쇼 초대권과 신차 우선 시승권 등의 혜택도 주어졌다. 즉 스바루는 고객을 소비자로 두지 않고, 브랜드와 함께 성장하는 동반자로 대우했다. 이 프로그램은 2026년, 새로운 프로그램으로 개편된다고 한다.

고객이 주인공인 기부와 소유의 증표

앞서 언급한 러브 캠페인의 핵심은 '러브 프로미스(Love Promise)'라는 독특한 기부 프로그램이었다. 고객이 신차를 구입하면, 스바루가 고객이 선택한 자선단체에 250달러를 대신 기부했다. 스바루는 이를 기업의 CSR 활동이 아니라 고객의 주도적 행동이라고 정의했다. 즉 회사가 주인공이 아니라 고객이 주인공인 캠페인이었다. 이 철학은 '차를 파는 브랜드'가 아닌 '좋은 마음을 전하는 브랜드'라는 이미지를 확립했다.

스바루는 또한 고객과의 감정적 연결을 강화하기 위해 2010년부터 배지(Badge of Ownership) 프로그램을 운영해오고 있다. 자신이 스바루 오너임을 자랑스럽게 표현하는 동시에 자신의 라이프스타일과 가치를 시각적으로 드러내는 캠페인이다. 스바루 고객은 전용 웹사이트에서 제공되는 여러 가지 배지를 차량 뒷면에 자랑스럽게 붙이고 다닌다. 배지는 크게 두 종류다. 하나는 지금까지 스바루를 몇 대 보유했는지를 나타내는 숫자 배지(1~10+)다. 나머지 하나는 라이프스타일 아이콘으로 취미(야구, 스노보드, 요가, 요리 등), 가족과 사랑 등 삶의 가치를 상징하는 배지가 30종 이상이 있다.

배지는 단순한 장식이 아니라 '이 차를 사랑하는 내가 스바루의 일부임을 표현하는 방식'이다. 즉 스바루는 고객을 하나의 커뮤니티로 연결해 브랜드를 공동체적 경험으로 확장했다. 스바루의 마케팅은 광고의 기술이 아니라 사람과 사람을 연결하는 철학이다. 공동광고는 본사와 딜러를 연결하고, 러브 캠페인은 고객의 감정을 연결하

며, 앰배서더와 배지 프로그램은 고객과 브랜드의 관계를 하나의 문화로 발전시켰다. 브랜드의 힘은 광고비가 아니라, 그 브랜드를 믿고 말해주는 사람의 입에서 나온다. 스바루는 이 단순한 진리를 가장 꾸준히 실천하는 브랜드다.

딜러가 이익을 내야 스바루도 산다

미국 시장에서 스바루가 택한 가장 중요한 전략은 딜러 구조의 독립화였다. 미국의 많은 딜러가 여러 브랜드를 함께 판매하는 멀티 프랜차이즈 형태를 취한다. 이런 딜러 체제에서는 브랜드의 철학이나 정책이 일관되게 실행되기 어렵다. 이런 상황에서 스바루는 2002년부터 독립 딜러 체계와 통일된 쇼룸 CI 구축을 추진했다. 당시로서는 파격적인 시도였다. 현대차와 기아가 본격적으로 딜러망 투자를 시작하기 전, 스바루는 이미 브랜드경험의 일관성을 확보하려는 시스템적 관리에 착수한 것이다.

2005년에는 스바루 본사가 직접 투자해 딜러 시설을 개발·관리하는 '전략 거점 확보 프로그램(Site Control Program)'을 도입했다. 기술자 중심 기업이었던 스바루가 이 시기에 유통망에 자금을 투입한 것은 대단히 이례적인 일이었다. 이 프로그램은 단순한 매장 개발이 아니라 스바루다움을 판매 현장에서 구현하기 위한 전략적 인프라 투자였다. 스바루미국은 영업 조직을 전면 재편했다. 기존의 5개 지역 본부 체제를 3개로 통합하고, 그 아래에 존 오피스(Zone Office) 12개를 신설했다. 각 오피스는 동일 지역 내 50~60개 딜러를 밀착 지원하도록 설계됐다. 이 체계 덕분에 대형 딜러뿐 아니라 중소 규모 딜러까지 균형 잡힌 지원을 받을 수 있게 됐다. 또한 성과가 낮은 약 30퍼센트의 딜러를 과감히 교체함으로써 네트워크의 효율성을 끌어올렸다. 이 시기 스바루가 미국 시장에 직질한 사이즈·스타일·가격을 갖춘 신차를 투입하면서 딜러의 수익성이 급격히 개선됐다. 결과적으로 90퍼센트 이상의 딜러가 흑자 운영을 달성했고, 2010년에는 평균적인 딜러가 연간 100만 달러의 영업이익을 올릴 수 있게 됐다.

스바루미국은 딜러를 단순한 판매망으로 보지 않았다. 딜러가 이익을 내지 못하면, 스바루도 이익을 낼 수 없다. 이 단순한 진리를 실천한 것이다. 스바루는 신차 판매 지원뿐 아니라 중고차, 부품, 서비스, 금융, 보험, 광고 등 딜러의 전체 비즈니스 포트폴리오를 지원했다. 딜러 경영을 스바루 사업의 일부로 보고, 딜러를 함께 성장하는 파트너로 대우했다. 이런 구조적 지원은 결국 딜러의 충성도와 신뢰를 낳았다. 그 결과, 미국 자동차딜러협회(National Automobile Dealers Association, NADA)의 딜러 만족도 조사에서 스바루는 전 자동차 브랜드 중 2위, 브랜드가치 항목에서는 전 산업 1위를 차지했다.

적정 생산과 확실한 판매의 선순환

스바루는 대규모 생산을 할 수 있는 회사가 아니었다. 공격적으로 생산능력을 확충할 여력도 제한적이었다. 그래서 기존 공장을 최대한 활용하며 '적정 생산·확실한 판매'라는 보수적 전략을 유지했다. 그 결과, 항상 공급이 수요보다 부족했다. 2016년 말, 스바루의 현지 재고는 평균 24일치로 업계 평균(78일)의 3분의 1 수준이었다.

공급이 부족하니 자연스럽게 대당 인센티브도 낮게 유지할 수 있었다. 2012년 이후 스바루의 인센티브는 약 1,000달러 수준에 머물렀고, 이는 업계 최저 수준이었다. 수요가 항상 공급을 초과했기 때문에 스바루 차량은 높은 잔존가치를 유지했다. 그 결과 자동차 정보 플랫폼인 켈리블루북(Kelly Blue Book)의 최고 잔존가치상(Best Resale Value Award)을 2011년, 2015년, 2016년 세 차례 수상했고, 주요 세 개 차종은 3~5년간 세그먼트 1위를 유지했다. 이는 단순히 재판매가 잘되는 브랜드가 아니라, 한 번 산 고객이 다시 찾는 브랜드임을 의미했다.

스바루의 미국 영업 전략은 규모의 경쟁을 거부하고 신뢰의 경쟁을 선택한 사례였다. 그들은 딜러를 통제하지 않고 지원했고, 시장점유율보다 고객충성도와 재구매율을 우선시했다. 무엇보다 "수익보다 관계를 먼저 세운다"라는 원칙을 끝까지 지켰다. 이런 스바루의 행보는 외형 확장에만 매몰됐던 수많은 글로벌 제조사들에게 진정한 지속가능경영에 대한 묵직한 질문을 던진다.

기아의 플랜S와 새로운 브랜드전략

2018년, 기아를 전기차 중심으로 재편하라는 회장 방침 아래 플랜S를 시작, 1년의 준비 기간을 거쳐 2020년 발표했다. 그리고 2021년, 오랜 이름이었던 기아자동차(Kia Motors)를 버리고 기아(Kia)라는 단일 사명으로 변경하는 것을 포함한 브랜드전략을 다시 수립했다.

브랜드전략을 검토하는 과정에서 기존 브랜드 에센스와 핵심 정체성 방식은 근본적으로 한계를 드러내고 있다고 판단했다. 기아는 브랜드전략 체계를 전면적으로 재정비해 브랜드 슬로건 및 목적 기반 체계로 전환했다. 브랜드 슬로건은 20년 가까이 사용해온 '더 파워 투 서프라이즈'에서 '무브먼트 댓 인스파이어즈(Movement that Inspires, 영감을 주는 움직임)'로 변경됐다. 그리고 브랜드 목적은 사람들에게 영감을 주고, 그들의 삶에 가치 있는 시간을 제공하는 지속가능한 모빌리티 솔루션을 만드는 것으로 정리됐다.

이 방향에 맞춰 BI, CI, DI가 모두 재정비됐다. 내가 특히 주목한 것은 DI였다. 오랜 기간 기아의 브랜드이미지를 구축해온 피터 슈라이어에 이어, 2019년 새 디자인 총괄로 카림 하비브가 부임했기 때문이었다. 하비브가 제시한 새로운 디자인 철학 '오퍼짓 유나이티드(Opposites United, 상반된 개념의 창의적 융합)'는 다섯 가지 핵심 가치(Bold for Nature, Joy for Reason, Tension for Serenity, Technology for Life, Power to Progress)로 구성돼 있었다.

철학을 자세히 들여다보면 유럽과 본사에서 강조했던 기아의 본질 가치인 신뢰, 역동성, 즐거움과 맥락적으로 이어져 있었다. 즉 새로운 DI는 이전 가치의 확장판이었으며, 기아가 오랫동안 추구해온 감성 및 역동성 중심 전략과 자연스럽게 연결되는 철학이었다. 나는 이 디자인 철학에서 기아가 BMW나 스바루처럼 기아다움을 구축할 가능성을 봤다.

브랜드 인식과 포지셔닝의 과제

2023년, 나는 기아 국내영업본부 강연에서 조사 데이터를 기반으로 분석한 젊은 층의 브랜드 인식을 발표했다. 네이버에 근무하는 30~40대가 인식하는 기아는 디자인이 좋은 제2의 국민차, 남성적이고 튼튼한 RV 이미지 등 긍정적인 면이 있었다. 반면 카니발 브랜드로만 인식되는 편향, K7나 K9 등 승용차의 약한 존재감, 현대차보다 못 만든다는 고정관념 등 부정적인 이미지도 있었다.

이 인식은 기아가 브랜드 포지션을 더 명확하게 할 필요가 있다는 방증이었다. 전동화·지능화 경쟁이 본격화하는 시대에 브랜드 포지션을 감성·프레스티지 영역으로 한 단계 이동해야 할 이유가 더욱 분명해졌다. 기아가 정의한 목적인 '영감과 값진 시간을 제공한다'는 멋지지만 지나치게 광범위했다. 브랜드이미지는 추상적 목적으로는 형성되지 않는다. 고객이 구체적으로 떠올릴 수 있는 이미지가 필요하다.

테슬라는 하이테크 이미지를, 니오(NIO)는 프리미엄 라이프스타일을, 스바루는 안심과 안전을 명확한 브랜드가치로 잡고 있었다. 나는 이들을 벤치마킹해 기아도 더 세밀하고 차별화된 감성적 가치, 즉 프레스티지한 정체성과 정서적 어필을 명확히 해야 한다고 주장했다.

2018년부터 2020년까지는 기아가 전략 수립과 함께 재고를 줄이며 턴어라운드를 해야 하는 어려운 시기였다. 코로나19 팬데믹과 반도체 부족이라는 이중 위기 속에서도 기아는 멋진 V자 회복을 보여줬다. 기아의 턴어라운드 전략은 GM, 토요타, 스텔란티스의 대폭적인 구조조정과 달리, 가장 문제가 많았던 기아미국의 재고 줄이기부터 시작됐다.

기아미국, 3년간의 구조조정

기아미국은 적자에 빠졌지만, 2017년 말에 론칭한 스팅어가 언론으로부터 높은 평가를 받는 한편 각종 상을 수상하며 분위기를 바꾸고 있었다. 아울러 2017년 말부터 권역별 지역 책임제가 실시되면서 시장수요 구조와 재고 상황을 고려한 판매 전략으로 전환됐다. 2018

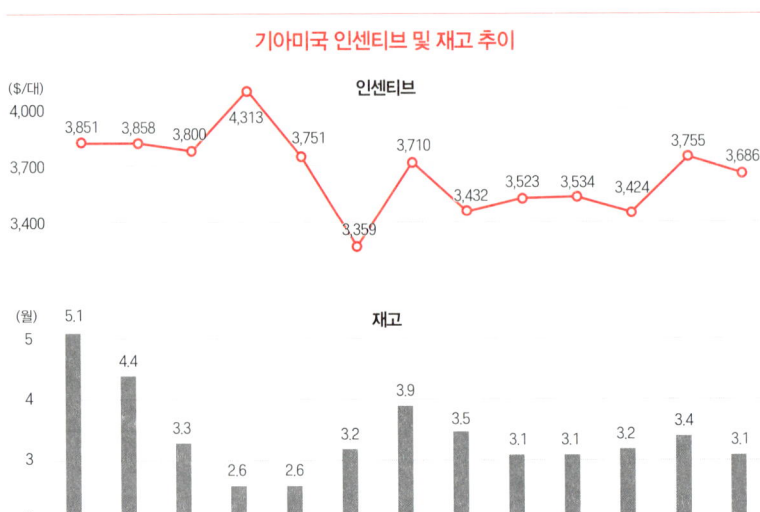

기아미국 인센티브 및 재고 추이

인센티브 ($/대)

년 전략은 명확했다. "적정 재고를 유지하고, 인센티브를 낮춰 수익성을 회복한다." 2018년 1월 기준 기아의 미국 재고는 5.1개월치였는데, 2019년 말에는 3.1개월까지 낮추며 2개월분(약 12만 대)의 재고를 감축했다.

이 재고 감축을 위해 2018년 상반기에는 밀어내기식 생산 및 선적을 전략적으로 줄였고, 특히 시장수요가 감소한 세단 세그먼트에 속한 옵티마와 포르테 물량을 축소했다. 높은 판매 목표를 달성하기 위해 많은 인센티브를 들였던 렌터카 등 플릿 판매 비율도 줄였다. 그 결과 시장에 저가 물량이 쏟아지지 않으면서 중고차 잔존가치가 상승했고, 이는 다시 신차 구매 매력도를 높이는 선순환 구조로 이어졌다.

재고 정상화, 플릿 판매 비율 축소, SUV 강화 전략이 효과를 내면서 할인 판매에 따른 딜러의 부담이 줄었고, 딜러 수익성이 개선되자 기아에 대한 신뢰가 다시 상승했다. 수년간 누적됐던 딜러 불만과 불신이 해소되니 영업 조직은 오히려 더 적극적인 판매 전략을 구사할 수 있게 됐다. 무조건 대수를 늘리라는 압박이 사라지자, 현장은 오히려 더 생산적으로 움직이기 시작했다. 2019년에도 이 기조를 유지하며 적자폭을 줄이는 데는 성공했지만, 흑자전환까지는 이르지 못했다.

2020년, 코로나19 팬데믹이 미국 자동차 시장을 강타했다. 미국 전체 자동차 판매가 전년 대비 약 18퍼센트 감소하는 초유의 위기 속에서 현대차와 기아의 감소 폭은 상대적으로 작았다. 현대차와 기아는 글로벌 공급망을 빠르게 복구하고, 다른 OEM이 생산 차질을 겪는 시기에 선제적으로 차량 공급을 재개했다.

놀라운 것은 이 시기의 신차 효과였다. 2018년부터 2020년까지 현대차는 코나, 팰리세이드, 베뉴, 넥쏘를, 기아는 텔루라이드, 셀토스를 투입했다. 이 효과로 현대차 판매는 전년 대비 10퍼센트 감소, 기아는 5퍼센트 감소로 업계에서 가장 선방했다. 현대차는 인센티브

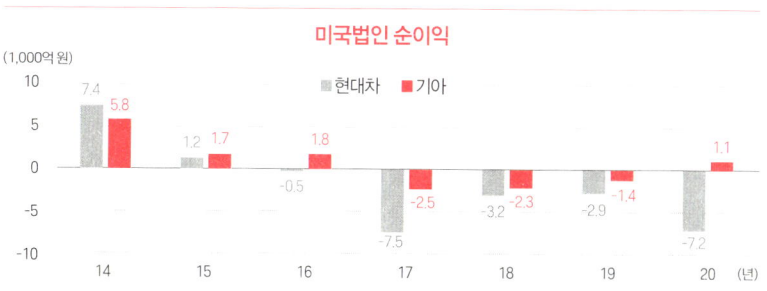

미국법인 순이익

를 많이 쓰다 보니 적자가 7,200억 원이었지만, 기아는 2020년 마침내 3년 연속 적자에서 벗어나 흑자를 기록하며 V자 회복의 출발점을 만들어냈다. 팬데믹이라는 전대미문의 위기 속에서 거둔 성과였기에 그 의미는 더욱 컸다. 호세 무뇨스 사장은 매달 열리는 현대차미국 회의에서 지금 기아가 뭘 하는지부터 물었다고 할 정도로 기아의 성과를 경계했다. 기아는 더 이상 현대차를 뒤쫓는 브랜드가 아니라, 스스로의 생존 전략으로 시장을 선도하는 강력한 도전자이자 리더로 거듭나고 있었다.

반도체 부족의 역설 속에서 역대 최대 성과

⚙ ⚙ ⚙

2021년부터 본격화한 글로벌 반도체 부족 위기는 대다수 자동차 브랜드에 심각한 타격을 줬다. 그러나 기아에게는 오히려 도약의 기회가 됐다. 수요자 시장에서 공급자 시장으로 구조가 급변하면서 기아의 재고 수준이 90일 수준에서 불과 15일로 낮아졌다. 운영 효율성과 재고 축소로 1조 원 이상의 현금흐름이 개선됐다.

인센티브 비용도 급감했다. 대당 4,000달러 이상이던 것이 2022년 초에는 1,000달러로, 2023년에는 500달러 수준까지 떨어졌다. 여기에 텔루라이드 등 고수익 전략 차종이 기대치를 뛰어넘는 판매를 기록하면서, 2023년 기아미국의 순이익은 4조 9,300억 원으로 역대 최대치를 달성했다. 기아미국의 V자 회복은 단순한 실적 반등이 아니었다. 재고

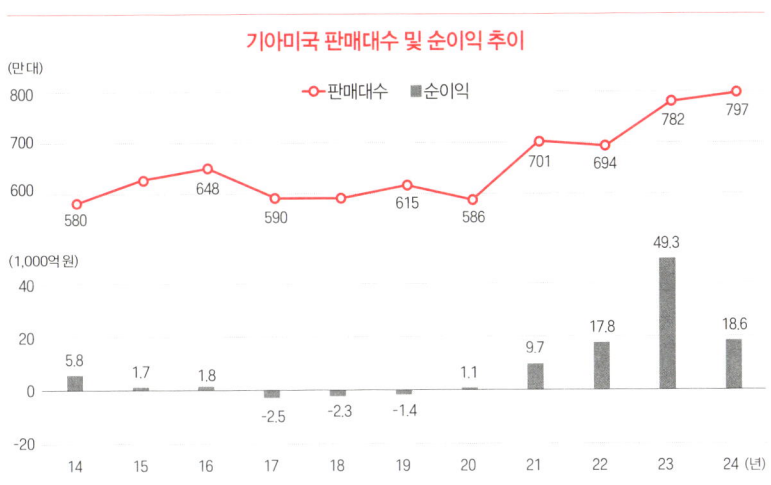

기아미국 판매대수 및 순이익 추이

최적화와 고수익 모델 집중이라는 전략적 노력에 반도체 부족이라는 역설이 만들어준 운이 더해진 결과였다.

이 시기 글로벌 자동차산업은 반도체 부족이라는 초유의 위기에 직면했다. 그러나 현대차, 기아, 토요타는 사전 대비 전략 덕분에 생산 차질을 최소화하며 경쟁우위를 확보했다. 토요타는 2011년 후쿠시마 지진 이후, 부품 비축 중심의 사업 연속성 계획을 수립했다. 협력사들에 2~6개월지 반노제 재고를 확보하도록 한 조치가 결정적으로 주효했다. 덕분에 토요타만이 제대로 대비돼 있었다는 평가를 받았다. 이런 준비 태세는 2021년 사상 처음으로 GM을 제치고 미국 판매량 1위를 차지하는 힘이 됐다.

현대차그룹은 2020년 말부터 반도체 확보에 선제적으로 대응했다. 대다수 업체가 코로나19 팬데믹으로 발주량을 줄이는 상황에서 오히려 주문을 늘린 것이다. 사드 사태와 일본 수출규제로 겪었던 생산 차질의 교훈을 바탕으로 한 전략적 판단이었다. 또한 구매 담당자들은 그 어떤 글로벌 업체도 상상할 수 없는 방법으로 부족한 반도체 부품을 목숨 걸고 조달했다.

그 결과 2021년 초 대다수 경쟁사 공장이 멈춘 사이, 현대차그룹은 공장을 정상 가동할 수 있었다. 현대차그룹의 미국 내 시장점유율은 2019년 7.9퍼센트에서 2021년 9.7퍼센트로 급등했고, 2022~2023년에는 10퍼센트를 돌파하며 GM, 포드, 토요타에 이어 미국 내 4위 그룹으로 올라섰다.

고수익 차종 집중과 수익성 극대화

반도체가 부족한 상황에서 완성차 업체들은 고수익 차종에 먼저 반도체를 배정했다. 현대차그룹은 팰리세이드와 텔루라이드 등 고수익 SUV의 생산을 유지하면서, 수요가 낮은 쏘나타 등의 생산을 줄이는 방식으로 반도체 활용 효율을 끌어올렸다. 이런 전략은 수익성을 극대화하는 동시에 시장변화에 빠르게 적응하는 유연성을 보여줬다.

현대차와 기아는 반도체 위기 속에서도 유일하게 연평균 플러스 성장을 이어갔다. 2019년부터 2024년까지의 연평균 성장률은 현대차 4.0퍼센트, 기아 5.3퍼센트로 나타났다. 토요타(-0.4퍼센트), 혼다(-4.3퍼센트), 닛산(-6.8퍼센트) 등 주요 경쟁사를 압도하는 수치였다. 혼다와 닛산도 유사한 고수익 모델 집중 전략을 시도했으나, 공급망 대응력 차이로 인기 차종의 재고 부족 사태를 겪었다. 혼다는 2022년 미국 시장에서 40년 만에 최저 판매실적을 기록하며 충격을 받았고, 닛산 역시 시장점유율이 지속적으로 하락했다.

결과적으로 선제적 위기 대응, 재고 최적화, 고수익 모델 집중 생산이라는 다층적 전략이 코로나19 팬데믹과 반도체 부족에 따른 위기를 기회로 바꾸면서 미국 시장에서 V자 회복을 할 수 있게 했다. 이는 기아가 단순히 운에 기댄 것이 아니라, 지난 실패에서 얻은 뼈아픈 교훈을 시스템적 강점으로 승화시켰음을 증명하는 역사적 순간이었다.

V자 회복의 선봉 역할을 한 텔루라이드

기아가 미국에서 V자 회복에 성공한 것은 반도체 부족의 역설적 혜택과 함께 양이 아닌 질을 추구하는 경영 전환, 그리고 플랜S 이전에 기획한 텔루라이드와 셀토스의 신차 효과가 결정적이었다. 상품 전략에서는 플랜S에 의한 전기차 우선 정책으로 선택과 집중이 이뤄졌다. 세그먼트 수요가 감소하는 가운데 많은 인센티브를 쓴 리오, 카덴자, 스팅어, K900은 과감하게 단종했다. 여기에 주요 전략 모델들의 풀 모델 체인지 주기를 단축하면서 2019년부터 2024년까지 황금 사이클을 만들었다. 스포티지와 K4는 지금까지와는 다른 상품콘셉트로 상품력을 크게 끌어올렸다. 아울러 신형 스포티지도 미국 현지생산 리스트(옵티마, 쏘렌토, 텔루라이드)에 추가하면서 미국 공장 가동률을 100퍼센트 유지할 수 있었고, 이는 판매와 수익성 면에서 좋은 결과로 이어졌다.

2024년까지 기아는 연평균 5.3퍼센트 성장했다. 성장을 이끈 것은 텔루라이드로 대표되는 신차들로, 연평균 30퍼센트 성장하면서 전체 판매의 28퍼센트를 차지했다. BMW에 노이에 클라세가 있고 스바루에 아웃백이 있다면, 기아에는 텔루라이드가 있다. 텔루라이드의 성공은 신차 출시 이상의 의미를 지녔다. 이 모델은 수많은 우여곡절과 전략적 결정, 그리고 기아 브랜드의 방향성 전환 속에서 탄생했다.

텔루라이드 프로젝트는 기아의 미국 현지 공장 운영 논의 과정에서 시작됐다. 현대차가 앨라배마에 조기 진출해 성공을 거두자, 기아 내부에서도 현지생산 필요성이 제기됐다. 그러나 이미 유럽 슬로바키아에 대규모 공장을 건설한 상태였고, 자금 여력상 미국 공장에 투자하기 힘들었다. 이런 상황에서 기아는 2010년 현대차 및 모비스의 투자를 유치해 조지아 공장을 건설할 수 있었다. 30만 대 생산능력을 갖추고, 현대차 싼타페 일부를 조지아 공장으로 이전 생산해 가동률을 높인다는 조건에서였다. 하지만 차기 싼타페는 다시 현대차의 앨라배마 공장으로 이관해야 한다는 단서 조항이 포함돼 있었다.

이에 기아 부회장은 싼타페 생산의 빈자리를 대체할 미국 전용 모델 개발을 지시했다. 기아다움을 주장할 수 있는 SUV를 만들자는 목표 아래, 기아는 쏘렌토 플랫폼을 활용한 3열 시트 대형 SUV를 기획했다. 국내시장을 고려하지 않았기 때문에 디젤을 제외한 가솔린 전용 파워트레인을 채택함으로써 개발 부담도 줄일 수 있었다.

그러나 기아미국은 2008년 모하비 판매 실패 경험도 있었고, 아직 기아 브랜드로 팔기 어렵다는 의견을 강하게 냈다. 그들이 제시한 판매 물량은 연 3만 대밖에 되지 않았다. 몇 차례 회의를 했지만, 기아미국의 강경한 부정적 견해로 앞으로 나가지 못했다. 기아 부회장은 말도 안 된다면서 5만 대 능력으로 라인을 편성하라고 지시했다. 다행히 5만 대 판매로도 이익을 낼 수 있다는 재경본부 검토가 있었다.

그런데 또 문제가 생겼다. 완성된 모델을 본 기아미국의 반응이 매우 부정적이었다. 이런 차를 누가 개발했느냐, 어떻게 파느냐면서 지나가는 사람마다 못 파는 이유만 대기 시작했다. 너무 부정적이어서 마케팅에서는 불만을 잠재울 대책을 수립하지 않으면 안 됐다. 그중 하나가 텔루라이드 레터링을 후드에 붙이는 아이디어였다.

예상을 뛰어넘는 대성공과 프리미엄의 탄생

2019년 출시 첫해, 텔루라이드는 5만 8,000대가 판매되며 목표를 초과 달성했다. 공급 능력을 확대해 딜러의 재고 부족 문제를 해결해야 했다. 생산능력은 2019년 11월에 8만 대로 확대됐지만, 2020년 7월에는 10만 대까지 늘려야 했다. 이렇게 단기간에 생산능력이 증대된 차는 텔루라이드가 처음이었다.

텔루라이드 신차에는 웃돈이 붙었다. 미국 〈컨슈머 리포트〉에 따르면 2021년형 텔루라이드EX의 신차 평균 거래 가격은 4만 1,547달러로, 생산자권장가격(Manufacturer's Suggested Retail Price, MSRP)인 3만 8,815달러보다 2,732달러 높았다. 지역에 따라서는 4,600달러 이상의 프리미엄이 붙기도 했다. 소비자 사이에서 텔루라이드가 동급 대비

텔루라이드, 〈컨슈머 리포트〉 최고의 차 4년 연속 수상

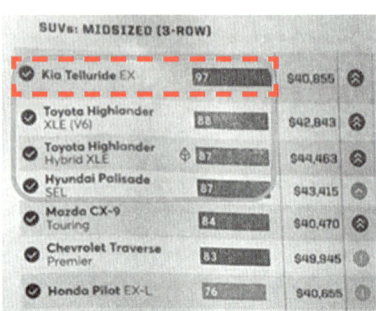

가성비가 높은 모델로 인식되면서 나타난 현상이었다. 경쟁 모델인 토요타 하이랜더나 혼다 파일럿이 MSRP보다 낮거나 비슷한 가격에 거래되는 것과 극명하게 대비됐다.

2022년부터는 10만 대 이상을 판매하며 기아미국의 최대 수익 창출 모델로 확고히 자리 잡았다. 대당 이익도 높았으며 디자인, 공간, 품질, 상품성 모두 경쟁 모델을 압도했다. 특히 2020년부터 5년 연속 〈컨슈머 리포트〉 최고의 차(Top 10 Picks)에 선정됐다. 2022년에는 97점을 기록하며 포레스터, 하이랜더, 팰리세이드보다 월등히 높은 평가를 받았다.

기아는 제이디파워 품질상 수상 등을 통해 주목받았지만, 그것만으로는 브랜드이미지 개선에 한계가 있었다. 그런데 텔루라이드가 비영리 평판 기관인 〈컨슈머 리포트〉로부터 최고의 차로 연이어 인정받으면서 기아가 북미 소비자에게 신뢰할 수 있는 브랜드로 자리 잡을 수 있게 해줬다. 스팅어에 이은 텔루라이드의 성공은 구글 검색량에서도 변화를 가져와 2019년부터 기아가 현대차보다 검색량이 많

미국에서의 구글 서치 트렌드양 추이

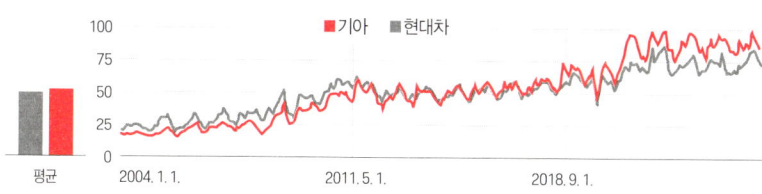

아지는 결과로 이어졌다.

    텔루라이드는 기아의 V자 회복을 선도한 첨병이었다. 상품 전략, 브랜드 혁신, 생산 전략이 모두 조화롭게 어우러진 모델이었으며, 내부의 회의적 시선에도 불구하고 추진된 용기 있는 선택이었다. 그리고 그 결과는 누구도 예상하지 못한 대성공이었다.

틈새의 역설, K4가 증명한 세단 방어 전략의 승리

⚙ ⚙ ⚙

    미국 시장에서 SUV와 크로스오버가 판매의 중심축으로 부상하면서, 전통적인 승용 세단 세그먼트는 수요가 빠르게 축소됐다. 이런 구조적 변화 때문에 2024년 기아가 미국 시장에 투입한 K4의 성공은 더욱 돋보였다. K4의 전신인 포르테는 한국 내 인건비 상승으로 2016년부터 멕시코 공장에서 생산돼 미국에 공급됐다. 이후 풀 모델 체인지가 이뤄지며 이름도 포르테에서 K4로 변경됐다. 이 세그먼트는 오랫동안 토요타 코롤라, 혼다 시빅, 닛산 센트라, 현대차 엘란트라가 주도한 전통의 격전지였다.

한때 엘란트라는 연간 25만 대를 기록하며 코롤라와 시빅을 위협하는 빅 3 진입을 꿈꾸기도 했다. 반면 포르테는 항상 뒷순위에 머무르며 안정적 판매를 넘어서지 못하는, 말 그대로 마이너리그에 속한 모델이었다.

그런데 코로나19 팬데믹과 반도체 부족 사태를 거치며 상황이 변하기 시작했다. 공급 차질로 경쟁 모델의 가용 물량이 줄어들면서 기아 세단이 반사이익을 얻었고, 2024년 K4가 론칭된 뒤에는 판매량에서 엘란트라를 넘어서는 이변을 만들어냈다.

K4는 기아가 플랜S를 발표하고, 본격적인 전기차 시대의 도래를 준비하는 과정에서 기획된 모델이다. 흥미로운 사실은 K4가 원래 옵티마 단종을 전제로 한 승용 세단 방어 전략의 일부로 기획됐다는 점이다. 실제로 여러 글로벌 대리점은 옵티마 단종 가능성에 대해 깊은 우려를 표했다. 2020년 이후 포드와 GM은 준중형 및 중형 세단 시장

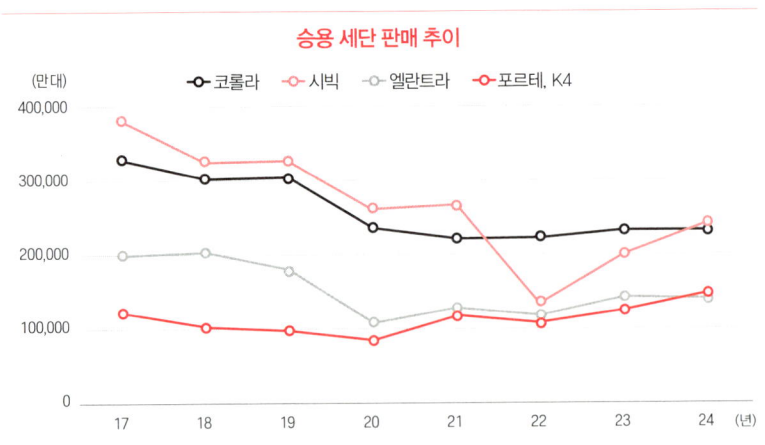

기아 브랜드 전쟁 30년

을 사실상 포기했고, 일부 일본 업체들 역시 후속 모델 출시를 늦춘 상황이었다. 이 공백 속에서 기아는 유일하게 K4를 전면 혁신 모델로 투입해 선점 효과를 누릴 수 있었다.

K4를 성공으로 이끈 결정적 요인은 단연 세그먼트를 넘나드는 상품 가치였다. K4는 준중형 세단임에도 옵티마 시장을 일부 커버하기 위해 전장을 4,710밀리미터까지 늘려 동급 최장 기록을 세웠다. 기존 포르테 대비 차체 규모를 대폭 확대했으며, 축간거리도 2,720밀리미터로 확보해 실내 공간을 중형 세단 수준으로 끌어올렸다. 이를 통해 고객은 차급 이상의 차를 산 느낌을 체감할 수 있었다.

기아의 최신 디자인 철학인 오퍼짓 유나이티드도 정교하게 반영됐다. 특히 2010년 옵티마 이후 기아가 유지해온 역동적 이미지를 한층 강화한 형태로 구현됐다. 패스트백 스타일의 4도어 쿠페 디자인, 스포티하고 세련된 비율, 시각적 존재감 강화, 기아 패밀리 룩인 스타맵 시그니처 라이팅 적용 등이 그것이다. 그 결과, K4는 일반적인 준중형 세단이 아닌 브랜드 상위 모델의 감성을 공유한 모델로 차별화됐다.

세단 고객층은 전통적으로 연비, 승차감, 가격을 가장 중요하게 여긴다. K4는 이 세 가지 핵심 요소를 충족하면서 최신 기술 요소를 대폭 도입해 '가심비'를 극대화했다. 준중형 세그먼트에서는 보기 드문 약 30인치급 통합 대형 디스플레이를 적용했고, 고속도로 주행 보조 2(Highway Driving Assist 2, HDA2)를 탑재했으며, 상위 모델에서나 제공하던 ADAS를 대거 채용하면서도 합리적 가격대를 유지했다.

즉 소비자들은 기존 포르테보다 훨씬 나은 상품성을 누리면서도 가격 측면에서는 큰 부담 없이 접근할 수 있었다. K4는 세그먼트의 한계를 넘어서는 가치 제공 방식을 선택했고, 이는 미국 시장에서 예상 밖 성공을 견인하는 핵심 동력이 됐다. 전기차 캐즘 현상으로 딜러들이 우려했던 옵티마 조기 단종은 당분간 없을 것으로 보인다. K4는 기아가 미래를 향해 나아가면서도 현재의 시장 주도권을 어떻게 놓치지 않는지를 보여주는 전략적 유연성의 상징이 됐다.

조연의 반란,
스포티지가 기아미국 판매 1위 차종으로

✿✿✿

스포티지가 속한 준중형 SUV 세그먼트는 승용 세단에서 이탈하는 수요를 흡수하며 지속적으로 성장해왔고, 마침내 미국 시장 최대 SUV 세그먼트로 자리 잡았다. 그런데도 스포티지의 판매 성적은 기대에 미치지 못했다. 기아미국이 현지생산 차종을 우선하는 마케팅전략을 유지하면서 스포티지는 연간 10만 대를 넘지 못했고, 동급 세그먼트에서 티어 4에 머물렀다. 그런데 2024년, 상황이 완전히 달라졌다. 16만 대 이상이 판매되며 기아미국 내 판매 1위 차종으로 올라선 것이다. 상품·생산·커뮤니케이션 전략이 동시에 맞물린 결과였다.

2024년 당시, 이 세그먼트에서는 차종별로 극명한 성과 차이가 나타나고 있었다. 토요타 라브4와 혼다 CR-V는 역대 최고 판매 기록을 경신하며 고공 행진을 이어갔다. 반면 닛산 로그는 하이브리드 부재로 판매가 약 40퍼센트 감소했고, 포드 이스케이프는 브롱코스포츠와의 카니발라이제이션으로 급감했다. 한편 쉐보레 이쿼녹스는 기존 내연기관 모델의 경쟁력 약화로 판매가 감소했지만, 최근에는 이쿼녹스EV가 테슬라를 제외한 전기차 시장에서 압도적인 판매를 기록하며 브랜드 자체는 역설적으로 부활하고 있다.

스포티지의 급성장은 5세대(NQ5)부터 미국 사양에 롱 휠베이스를 표준 적용한 결정에서 비롯됐다. 과거 스포티지는 라브4나 CR-V 대비 차체가 작다는 평가를 받아왔다. 신형 스포티지는 이 약점을 정면으로 극복했다. 전장은 이전 세대 대비 약 180밀리미터, 휠베이스는 약 85밀리미터 확대했다. 그 결과, 동급 최고 수준의 2열 레그룸과 적재 용량을 확보했고, 크고 넓은 차를 선호하는 미국 소비자

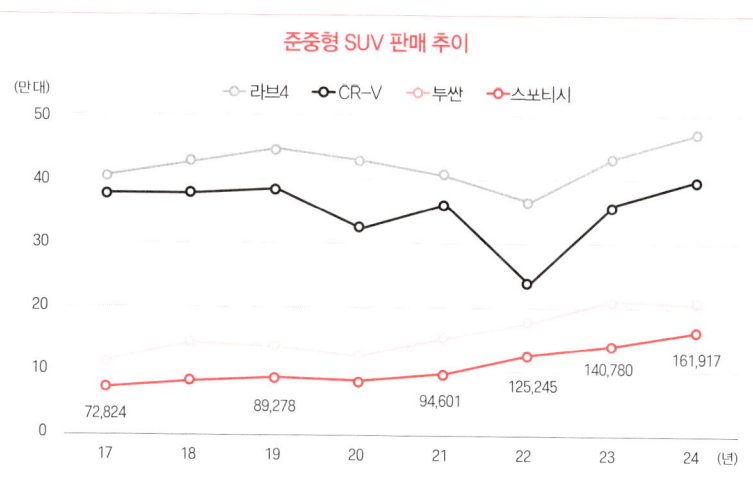

준중형 SUV 판매 추이

9장. 경영패러다임 전환과 구조조정

의 핵심 니즈를 정확히 겨냥할 수 있었다. 이 변화는 기존 소형 SUV 고객뿐 아니라 중형 SUV를 고민하던 고객층까지 흡수하는 효과를 낳았다.

여기에 결정적인 변화가 하나 더 있었다. 스포티지는 2022년부터 미국 조지아 공장에서 현지생산을 시작했다. 한국 수입 방식에서 벗어나 현지 수요 변화에 즉각 대응할 수 있는 체제가 마련되면서 판매량이 비약적으로 증가한 것이다. 전장이 길어지며 넓어진 플랫폼은 전동화 전략 강화로도 이어졌다. 미국 시장의 하이브리드 선호 흐름과 맞물려, 넉넉한 공간과 높은 연비를 갖춘 스포티지HEV는 품귀 현상을 빚을 정도로 큰 인기를 끌었다.

기아는 스포티지의 타깃 고객을 아웃도어를 지향하고 라이프 스테이지 변화를 중시하는 소비자로 명확히 설정했다. 이와 함께 기술 우위 강조, 안전 사양 표준화, 경쟁력 있는 가격 설정이라는 일관된 메시지를 구축했다. 스포티지의 마케팅커뮤니케이션은 '킵 더 어드벤처 고잉(Keep the Adventure Going(모험은 계속돼야 한다)'이라는 슬로건 아래, 클래식한 아메리칸 로드 트립의 즐거움과 모험을 전면에 내세웠다. 캠페인은 솔로 운전자에서 커플, 그리고 가족으로 이어지는 라이프 스테이지 변화를 함께하는 다재다능한 파트너로서의 스포티지를 그려냈다.

특히 X-Line, X-Pro 등 오프로드 지향 트림은 미국 소비자에게 명확한 메시지를 전달했다. '모험을 떠날 준비가 된 SUV', '도시와 아웃도어를 아우르는 라이프스타일 차량'이라는 감성적 메시지는 라브4

의 어드벤처 이미지, 포레스터의 아웃도어 영역을 정면으로 건드리며 시장을 흔들기 시작했다. 스포티지가 단독 캠페인으로 소비자 인식을 주도한 것은 이번 세대가 처음이었다.

기아는 커뮤니케이션 전반에서 스포티지의 테크-포워드 캐빈(Tech-forward cabin)과 첨단 무선 연결성을 핵심 가치로 내세웠다. 대형 디스플레이, 무선 연결성, UVO 인포테인먼트 시스템은 보수적인 디자인과 구식 인포테인먼트로 평가받던 경쟁 모델들과 명확한 대비를 만들어냈다. 기아는 '레거시 대 혁신'이라는 구도를 통해 신규 구매층의 인식을 빠르게 잠식했다.

안전 측면에서도 스포티지는 기아 드라이브 와이즈(Kia Drive Wise)를 통해 광범위한 ADAS를 기본 사양으로 제공했다. 기아의 ADAS 전략은 단순 경고를 넘어 능동적으로 개입해 사고를 예방하는 기술에 초점을 맞췄다. 경쟁 모델에서 옵션이거나 상위 트림에만 제공되는 기능들이 스포티지에는 기본으로 포함되며, 첨단 기술 기반의 능동적 안전이라는 명확한 경쟁 우위를 구축했다. 듀얼 존 자동 온도 소절, 커넥티비티 성능, 고급 ADAS 등을 기본화함으로써 스포티지는 가치 밀도를 현저히 끌어올렸다. 소비자는 같은 예산으로 더 많은 기능을 얻는다고 느꼈고, 스포티지의 가치 제안은 그 어느 때보다 강력해졌다.

이러한 성능과 품질로 스포티지는 2024년과 2025년에 〈컨슈머 리포트〉 평가에서 10년 이상 최고의 차를 수상했던 포레스터를 제치고, 고객들로부터 강력한 지지를 받는 존재가 됐다.

멈춰버린 시계,
중국 시장의 격변과 기아의 실기(失機)

✿ ✿ ✿

2018년부터 2020년까지의 중국 자동차산업은 고속 성장의 종말과 격변의 시작으로 요약된다. 폭발적인 성장세가 마침내 꺾이기 시작했고, 동시에 전기차와 플러그인 하이브리드를 포함하는 NEV로 패러다임전환이 본격화되면서 시장 환경이 급변했다. 2018년은 특히 충격적인 전환점이었다. 미중 무역 전쟁으로 인한 경기둔화, 소형차 구매세 인하 혜택 종료, P2P 금융 규제 등이 복합적으로 작용한 결과, 중국 자동차 시장은 전년 대비 2.8퍼센트 감소하며 1990년 이후 처음으로 마이너스성장을 기록했다. 이후 2019년(-8.2퍼센트), 2020년(-1.9퍼센트)까지 감소세는 3년간 지속됐으며, 이는 만들면 팔리던 시대의 종말이자 생존경쟁의 서막을 알리는 계기가 됐다.

내연기관차 시장이 축소되는 와중에도 NEV 시장은 질적으로 성장했다. 2019년 테슬라의 상하이 기가팩토리가 완공되고, 2020년부터 모델3가 양산되면서 중국 전기차 시장 판도가 완전히 달라졌다. 중국 시장에 진출한 테슬라는 새로운 경쟁자가 아니라 기준을 끌어올리는 벤치마크로 인식됐으며, 이에 자극받은 중국 업체들의 기술 경쟁도 더욱 치열해졌다. 이를 기점으로 중국의 전동화 경쟁은 단순한 수량 경쟁에서 제품·소프트웨어 경쟁으로 전환됐다.

이 시기에 니오, 샤오펑, 리오토 등 중국 전기차 스타트업들은 양산 모델을 출시하며 시장에 안착했고, 역량이 부족한 업체들은 도태

됐다. 2019년부터 시행된 NEV 크레디트 제도는 제조사들이 내연기관차와 NEV를 반드시 병행 판매해야 하는 구조로 시장 질서를 바꿨으며, 브랜드 간 격차를 더 벌리는 요인으로 작용했다. 프리미엄 브랜드인 메르세데스-벤츠, BMW와 일본계 토요타, 혼다는 내구성과 브랜드파워를 바탕으로 점유율을 늘렸다. 반면 현대차와 기아는 사드 여파와 라인업 노후화로 점점 경쟁력을 잃었고, 포드와 푸조 등 미국 및 프랑스 브랜드도 역시 부진에 빠졌다.

2020년 1분기에는 코로나19 팬데믹으로 공장 가동이 중단되고, 판매가 40퍼센트 이상 폭락했다. 하지만 정부의 강력한 부양책과 보복 소비심리에 힘입어 하반기부터 빠르게 반등하며 V자 회복세를 보였다. 이 과정에서 온라인 판매와 비대면 서비스가 확대됐고, 대중교통보다 자가용을 선호하는 분위기가 형성됐다. 이런 흐름은 중국 자동차 시장이 기존 오프라인 딜러십 중심에서 소비자 직거래(Direct to Consumer, D2C) 중심으로 전환되는 계기가 됐다.

그런데 일본계 기업들은 코로나19 팬데믹으로 경영진이 중국 출상을 가시 못하면서 시대 흐름을 제대로 피악히지 못해 NEV 개발이 늦어졌다. 기아도 상황은 비슷했다. 중국 자동차산업이 격변하는 동안 기아는 변화의 신호를 읽지 못하거나, 읽었다 하더라도 이를 대응할 전략적 실행력이 부족했다. 사드 사태 이후 판매가 급감했는데, 그 감소세는 언덕길에서 브레이크가 아닌 가속페달을 밟는 듯했다.

2018년부터 2020년까지는 기아중국이 문제를 정확히 인식하고 강력한 구조조정을 추진해야 할 시기였지만 현실은 달랐다. 2019년 기아중국법인장이 한국인에서 중국인으로 교체됐다. 중국 사업 관계자들이 새로운 법인장의 능력에 부정적인 시선을 보내기도 했지만, 새로운 변화를 기대하며 내린 결정이었다. 새로 임명된 법인장은 나름 개선하려 노력했지만 구조조정 전략 실행력은 약했다. 또 본사가 시장상황에 맞지 않는 카니발 론칭을 결정하는 등 억지 의사결정을 내리기도 했다. 사드 사태 이후 매년 판매 목표는 하향 조정됐지만 실적과의 괴리는 여전히 컸다. 문제의 본질을 짚기보다는 올해만 버텨보자는 분위기가 팽배했다.

새로운 구조조정을 제안하거나 목표를 현실화하자고 말하는 이는 거의 없었다. 오히려 그런 제안을 하면, 의지도 없이 포기하는 거냐는 비판을 받기 쉬운 풍토였다. 브랜드 회복에는 시간과 자금 그리고 일관된 전략이 필요한데, 이를 끈기 있게 추진할 전문가가 사내에 부재했다. 매년 발표되는 기아의 중국 시장 전략에는 구조조정이라는 단어조차 등장하지 않았으며, 효율 낮은 차종을 단종하는 수준에 머

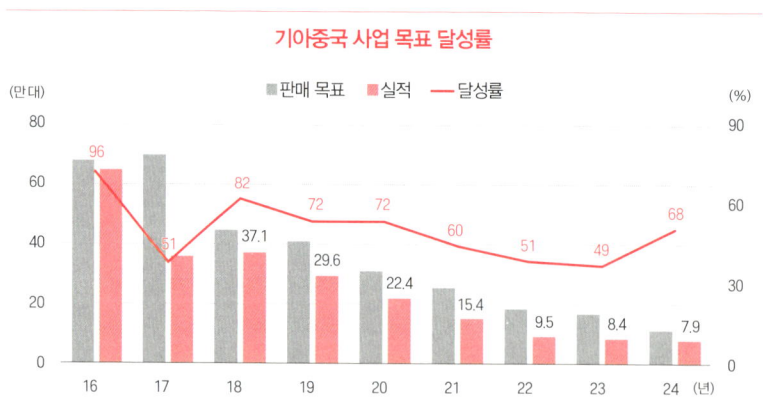

기아중국 사업 목표 달성률

물렀다. 이 멈춰버린 3년은 기아가 중국이라는 거대 시장에서 주도권을 완전히 상실한 시기였으며, 중국 공장을 해외 수출 기지로 전환해야 하는 뼈아픈 기록으로 남았다.

화려한 버블의 종말, 중국 K5가 남긴 마케팅의 역설
✿✿✿

기아는 중국 시장에서 대대적인 브랜드 반전을 노렸다. 사드 사태 이후 잃어버린 고객 신뢰, 급격히 무너진 딜러망, 중국 로컬 브랜드 부상 등 기아는 구조적으로 매우 불리한 위치에 놓여 있었다. 이런 상황에서 본사와 합작법인은 K5카이쿠(K5凱酷, K5의 중국명)를 중국 시장 내 이미지 회복과 판매 반등을 위한 핵심 전략 차종으로 삼았다. K5카이쿠가 기아 브랜드의 재도약 여부를 가늠하는 테스트 베드이자, 중국 사업의 운명을 건 '브랜드 리빌딩 프로젝트'의 중심에 놓인 모델이 된 것이다.

K5카이쿠 출시 행사는 일반적인 자동차 론칭 수준을 훨씬 뛰어넘었다. 기아는 도우인, 빌리빌리, 텐센트, 콰이쇼우 등 중국을 대표하는 디지털플랫폼 네 곳에서 동시 생방송을 진행했다. 유명 왕홍과 인플루언서 수십 명이 참여한 이 슈퍼 론칭 행사는 당시 중국 자동차업계에서도 전례 없는 형식이었다. 화려한 조명과 음악, 젊은 타깃층을 정조준한 연출 방식, 실시간 댓글 참여형 구성은 K5카이쿠를 마치 테크 브랜드 신제품처럼 보이게 만들었다.

K5카이쿠의 주행 성능을 강조하기 위해 중국 주요 9개 도시를 순회하는 대규모 체험 이벤트도 열었다. 참가자들은 가속 실험, 슬라럼 테스트, 긴급 제동 체험 등 다양한 경험을 할 수 있었다. '한국 차 성능은 일본이나 독일 차 대비 열세'라는 당시 중국 소비자의 인식을 정면으로 반박하려는 시도였다.

또한 K5카이쿠의 핵심 소비층을 20~30대로 규정하고, LPL(중국 프로 LoL 리그)과의 협업도 진행했다. 중국에서 가장 파급력 높은 디지털 문화 중 하나인 e스포츠를 통해 전통적인 패밀리 세단 이미지를 탈피하고자 한 것이다.

기아는 왕홍 200명 이상을 동원해 짧은 영상 콘텐츠를 다양하게 제작했다. 특히 도우인에서 K5카이쿠 관련 해시태그는 론칭 초기 10억 회 이상의 조회수를 기록했는데, 이는 분명 마케팅적으로 큰 성과였다. 중국 소비자가 디지털 기능을 중시한다는 점에 대응해 12.3인치 듀얼 스크린, 바이두 아폴로 커넥티드 OS 등을 탑재하고 이를 집중 홍보했다. K5카이쿠 론칭 캠페인은 인지도 제고에 성공했고, 출시 직후 몇 개월 동안은 쇼룸 방문객이 늘고 초기 판매량도 일시적으로 반등했다.

론칭 다음 달인 2021년 9월, 1,500대가 판매되며 최고 성과를 기록했다. 그러나 초기 열기가 식자마자 K5카이쿠 판매량은 빠르게 내려앉았다. 그 하락 속도는 기아가 예상했던 수준보다 훨씬 가팔랐다. 왜 판매가 기대에 못 미쳤을까?

첫째, 브랜드 신뢰 기반이 붕괴했다. 사드 사태 이후의 딜러망 이탈

K5카이쿠 판매 추이

21년 4,521대
22년 6,548대
23년 3,116대
24년 1,503대
25년 1,770대

과 잦은 할인 판매는 "한국 차는 싸지만 오래 타기엔 불안하다"라는 이미지를 남겼다. 신뢰가 무너진 상태에서는 화려한 마케팅도 구매로 이어지기 어려웠다. 둘째, 시장 환경이 악화됐다. 2020년 이후 중국은 NEV와 차세대 SUV 중심으로 구조가 급변하고 있었다. 브랜드가 강력한 일부 일본 모델을 제외하면 내연기관 중형 세단 시장 자체가 축소되는 국면이었다. 셋째, 제품력이 미세하게 열세였다. 중국 소비자가 중시하는 정숙성, 넓은 뒷좌석, 하이브리드 라인업 등에서 경쟁 모델 대비 약점을 노출했다. 특히 하이브리드 모델 부재가 결정적이었다. 넷째, 딜러망이 약화됐다. 기아의 중국 딜러망이 급격히 축소된 상황에서 남은 딜러들조차 재고 부담으로 세단 판매를 꺼렸다. 판매 기반이 약화된 상태에서의 마케팅은 예산을 얼마나 투입하든 공허한 메아리일 뿐이었다.

결과적으로 마케팅은 화려했지만 제품력, 브랜드력, 유통 기반이 이를 받쳐주지 못했다. 마케팅이 일으킨 버블은 컸지만 이를 지속적으로 지지해줄 구조가 부재했다. K5카이쿠의 중국 실패는 마케팅 실패가 아니라 구조적 실패였다. 브랜드 역사상 가장 공격적인 전략을 동원했음에도 무너진 브랜드 기반과 NEV 중심으로 재편되는 시장 구조, 기초체력이 약한 합작법인이라는 근본적 제약을 넘어서지 못했다.

결국 K5카이쿠 사례는 마케팅이 브랜드, 제품, 유통이라는 필수 기반을 대신할 수는 없다는 중요한 교훈을 남겼다. 기아가 보여준 대규모 마케팅은 중국 소비자에게 새로운 이미지를 전달하는 데는 성공했지만, 브랜드 신뢰와 제품 가치가 뒷받침되지 못한 상황에서는 그 성과가 실제 구매와 장기적 점유율로 이어지지 않았다. 이는 기초가 흔들리는 성(城)에 화려한 단청을 올리는 작업이 얼마나 허망한지를 보여주는 뼈아픈 기록이었다.

하드웨어의 자만과 소프트웨어의 실기, EV5의 뼈아픈 교훈

✿⚙✿

기아중국은 옌청1공장을 임대 형식으로 전환해 실질적으로 매각하고, 중국인으로 법인장을 교체하는 등 구조조정을 해왔다. 그러나 마지막 히든카드였던 K5카이쿠마저 실패했다. 기아는 전기차를 우선한다는 플랜S에 따라 중국 시장을 의식한 전용 모델 EV5를 개발해

2023년 11월 판매를 개시했다. 그러나 2024년 5,700대를 판매하는 데 그치면서 다른 글로벌 업체들처럼 대실패를 맛봤다.

코로나19 팬데믹 기간, 중국 정부의 강력한 봉쇄정책으로 글로벌 업체들은 중국 시장의 흐름을 제대로 읽지 못했다. 기아도 예외가 아니었다. 실제로 EV5는 중국 로컬 업체들이 전동화, 지능화에서 한참 앞서가고 있는 흐름을 읽지 못한 상태에서 개발됐다. 조금 알았다 해도 중국 로컬 업체들의 소프트웨어 기술을 매우 가볍게 여겼다.

여기에 기아 경영진은 E-GMP(현대차그룹이 개발한 차세대 전기차 전용 플랫폼)의 하드웨어적 우수성을 맹신했다. 그도 그럴 것이 EV6는 자동차업계에서 가장 권위 있는 2022 COTY와 2023 세계 올해의 고성능 자동차(World Performance Car) 최고상을 수상하며 경쟁력을 입증하고 있었다. 이 초기 성공 경험이 중국에도 잘 팔 수 있다는 확신을 줬다. 이 오류로 EV5 최종 가격결정 단계에서 실무진이 제시하는 안보다 높게 설정하라는 지시가 있었다고 한다.

기아는 중국에서 내연기관차를 판매하는 과정에서 브랜드가 붕괴했다는 것을 인정할 수 없었다. 중국 로컬 업체들마저 내연기관차의 저가, 저품질 이미지를 탈피하기 위해 신규 브랜드를 론칭했지만, 이런 동향을 고려할 여유도 없었다. 기아의 낮은 브랜드이미지를 고려한다면 경쟁 차처럼 전기차는 신규 브랜드로 론칭했어야 한다. 그러나 중국 시장을 고려한 전기차 전략이 구체화되지 않았기 때문에 신규 브랜드 론칭도 할 수 없었다.

기아는 중국 고객의 변화를 제대로 읽지도 못했다. 중국 고객은 미국, 유럽, 한국처럼 나이 든 사람들이 아니라 20~30대의 젊은 층으로, 부모 세대와는 니즈가 달랐다. 중국 로컬 차들은 실내에서 보내는 시간과 경험을 매우 중요시했다. 이 핵심에는 스마트 콕핏(Smart Cockpit) 운영이 있다. 중국의 디지털 네이티브 세대는 디스플레이 아래 더덕더덕 붙어 있는 버튼스위치를 좋아하지 않았으며, 손가락, 음성, 제스처를 활용해 자유롭게 조절할 수 있는 인터페이스를 선호했다.

중국 업체들의 소프트웨어 기술력은 기존 글로벌 OEM을 5년 이상 앞서가고 있었다. BYD는 이미 독자적인 OS를 운영하며 테슬라와 유사한 전기·전자 아키텍처를 전개했다. EV5는 콕핏 도메인 컨트롤러를 개선했지만 여전히 크게 열세했다. 또한 중국 젊은 고객층은 자율 운전 레벨 2+의 NOA(Navigate on Autopilot) 기능이 없으면 구매 리스트에 넣지도 않았는데, EV5에는 이런 기능도 없었다. 제원 측면에서도 BYD의 송 플러스 대비 작았고, 전비와 전장을 중시하는 최근의 디자인 트렌드와도 거리가 있었다. 박시하고 견고한 EV5 스타일은 기아의 새로운 전략과는 일치했지만 중국 시장에서는 생소하게 비쳤다. 가격 또한 론칭 시점에 인하했음에도 BYD 등과 경쟁할 수 없는 수준이었다.

기아의 중국 사업은 이렇게 실패했다. 기아는 마지막으로 중국 공장을 수출 기지로 활용하는 고육지책을 쓰고 있다. 페가스, 스토닉, 셀토스 등을 중남미와 중동으로 수출하며, 인도 생산 차종인 쏘넷까지 중국 공장에서 생산하는 강수를 두고 있다.

폭스바겐, 토요타, 닛산은 중국 로컬 업체의 소프트웨어 기술과 가격경쟁력을 따라잡기 위해 현지 기술과 부품 사용을 확대하며 반격하고 있다. 이들의 전략을 벤치마킹하면서, 기술에 확신이 섰을 때 새로운 브랜드로 론칭하는 길, 기아에게는 오직 이 한 전략만이 남아있는 듯 보인다. 과거의 성공 방정식이 통하지 않는 시장에서 기아가 다시 일어서기 위해서는 뼈를 깎는 자기 객관화와 파괴적 혁신이 절실하다.

10장

자동차 대변혁기,
기아 플랜S 30년

게임의 룰을 바꾼 CASE 혁명

2016년 가을, 파리 모터쇼의 주인공은 멋진 콘셉트 카가 아니라 청바지를 입고 콧수염을 기른 메르세데스-벤츠의 디터 제체 당시 회장이 꺼내 든 단어 네 개였다. "커넥티드(Connected), 자율주행(Autonomous), 공유(Shared), 전기(Electric)." 제체는 이 네 단어를 차분하게 설명하면서, 메르세데스-벤츠의 미래는 이 네 기둥 위에 세워질 것이라고 선언했다. 그리고 네 단어의 머리글자를 따서 회사의 미래 전략이름을 'CASE'라고 붙였다.

CASE 선언이 강렬한 이유는 네 글자가 그냥 기술 트렌드를 나열한 것이 아니라, 생산 및 판매의 패러다임을 근본적으로 바꾸고 있기때문이다. 지금까지 자동차 비즈니스는 자동차 회사가 상품기획을하고 그 기획서대로 개발 설계를 하며, 부품 업체가 조달해준 부품을조립해 생산한 후 대리점과 딜러를 통해 판매해 이익을 내는 구조였

다. 그러나 CASE 개념이 도입된 이후 자동차 비즈니스는 판매 방식이 달라졌을 뿐만 아니라 라이프사이클에 걸쳐 무선 소프트웨어 업데이트(Over The Air, OTA)로 데이터와 자원을 피드백하는 계속 과금형으로 변하고 있다. 이 부분에서 테슬라와 중국 업체들은 글로벌 업체들을 앞서가고 있다. 개발 생산 방식에서도 글로벌 레거시 업체들은 100년 동안 지속해온 개런티형에서 벗어나지 못하고 있지만, IT 기반의 신생 업체들은 소프트웨어 기반의 베스트 에포트(Best Effort)형으로 개발 기간을 단축하고 비용을 줄이고 있다.

CASE의 C인 커넥티드는 단순히 내비게이션이 인터넷에 연결된다는 의미가 아니라, 자동차가 디지털생태계 일부가 되는 과정 전체를 뜻한다. 차량 상태 확인, 원격제어, 주행 데이터 분석, OTA 업데이트, 디지털 키, 음성 비서 기능이 모두 이 생태계 안에서 연결됐다. 과거에는 차량 구매 이후의 경험이 대체로 정적이었다. 차량은 인수하는 순간 성능과 기능이 사실상 고정됐고, 유지·관리도 고립된 경험에 가까웠다. 그런데 커넥티드 전략은 자동차를 지속적으로 진화하는 디지털 디바이스로 만들었다. 소프트웨어 업데이트를 통해 차량 기능과 UX가 달라지고, 고객 데이터 분석을 통해 개인별 맞춤 서비스가 가능해졌다. 이를 통해 차량의 가치는 이제 엔진룸이 아니라 클라우드와 데이터에 있다는 사실이 명확해지고 있다.

CASE의 두 번째 축은 자율주행이다. 개인의 운전 편의를 준비하는 기술뿐만 아니라 도시·물류·교통 전체를 바꾸는 인프라 기술로 전개되고 있다. 전통적인 자동차 회사는 파워트레인 중심 기술로 경쟁했지만, 자율주행이 본격화되면서 승부처는 센서, AI, OS, HD맵, 데이터 연결성으로 이동하고 있다. 테슬라와 중국 로컬 차는 FSD(-Full Self Driving)나 NOA 기능으로 운전이라는 행위가 줄어들면서 차에서 보내는 시간을 디지털 경험, 엔터테인먼트, 비즈니스 등 다양한 가치로 채우고 있다.

세 번째 축인 공유는 기존 자동차 회사의 사업 모델을 뒤흔드는 개념이었다. 이는 카셰어링을 넘어 차량 구독 모델, 온디맨드 이동 서비스, 차량 데이디를 기반으로 한 MaaS(Mobility as a Service) 전략을 포함한다. 이 축이 가진 진정한 의미는 자동차산업 구조를 판매 중심에서 서비스 기반으로 이동시킨다는 것이다. 과거 OEM은 차량 판매시점에 이익 대부분을 확보했지만, 공유 전략에서는 운행과 서비스이용 과정에서 새로운 수익 흐름이 만들어진다.

CASE 선언에서 전기차는 그냥 친환경 트렌드를 반영한 요소가 아니었다. 전기차를 브랜드의 새로운 정체성으로 재정의하면서 전용 아키텍처 개발로 전기차 연비 경쟁을 하고 있다.

지금 글로벌 자동차 회사들은 네 축에서 각각 경쟁하고 있지만 테슬라, 화웨이, 샤오미 등은 이 네 가지를 하나의 생태계로 연결하면서 앞서가고 있다. 커넥티드가 데이터를 모으고, 자율주행이 이동을 효율화하며, 공유가 차를 서비스로 만들고, 전기 파워트레인이 전체 시스템의 에너지전환을 완성하고 있다. 이 네 가지는 서로를 강화하는 구조다. 단일 기술이 아니라 미래 이동 생태계를 구성하는 네 개의 축이다. CASE는 바로 이 통합적 관점을 제시함으로써 자동차산업의 게임의 룰 자체를 바꾸는 전략이 됐다.

중국 업체, 미래를 재정의하다

❖ ❖ ❖

2024년 여름, 현대차그룹 남양연구소 PM이 강연을 요청했다. 중국 자동차 회사들의 기술혁신이 글로벌 자동차산업에 어떤 본질적 변화를 불러오고 있는지 정리해달라고 했다. 그때 강연한 내용을 토대로 당시의 핵심 논지를 여기에 다시 정리하고자 한다.

중국 자동차산업은 전통적인 OEM을 따라잡은 수준이 아니라, 자동차라는 산업의 미래를 재정의하는 단계에 들어섰다. 중국 자동차 회사들은 강력하게 지능화된 차를 만들고 있으며, 양산 면에서도 최고가 되고 있다. 이들은 중국에서 SDV 대중화를 실현하고 있으며 2~3년 내에 국제화를 이룰 것으로 보인다. 이제 중국 시장에서 SDV

는 더 이상 첨단 기술이 아니라 기본 요건으로 자리 잡았다.

SDV의 대중화는 가장 먼저 프리미엄 브랜드의 정의를 바꾸고 있다. 메르세데스-벤츠, BMW, 아우디, 포르쉐는 고유한 기술로 성능을 뒷받침하는 고도한 상품과 고품질 디자인, 그리고 축적된 역사로 프리미엄 브랜드의 대명사가 됐다. 중국 시장에서의 새로운 프리미엄 브랜드 기준은 이 요건에서 벗어나 매우 짧은 시간에 실현한 지능형 기술, 사용자 중심의 디지털 경험, 항공기 비즈니스 클래스와 맞먹는 편안한 실내에 있다.

중국 소비자들은 미국이나 유럽보다 디지털 네이티브 성향이 강하고 매우 젊다. 그들에게 차는 집과 직장에 이은 제3의 공간이며, 스마트 기능은 사치품이 아닌 기본 요구사항이다. 화웨이와 세레스(Seres)가 함께 만든 브랜드 아이토가 매우 짧은 시간에 50만 위안 이상의 프리미엄 세그먼트 판매 1위를 기록하며 포르쉐와 독일 3사를 몰아내고 있다는 사실은 놀랍다.

두 번째 핵심은 전기차가 일반적인 차량에서 SDV 기능이 강화된 바퀴 달린 스마트폰이라는 기술 플랫폼으로 전환되고 있다는 점이다. 샤오미는 가전, 스마트폰, 차량을 연결하는 기술을 구축했고, 화웨이는 전기차 플랫폼인 드라이브원(Drive One), 자율주행기술 ADS, 전용 OS 등을 제공하는 플랫포머(Platformer)의 지위를 굳혔다. 화웨이는 기존 중국 로컬 업체와 공동 브랜드를 론칭하는 HIMA 플랫폼을 통해 아이토 외에도 다섯 개 이상 공동 브랜드를 운영하고 있다.

화웨이의 공동 브랜드들과 샤오미는 고가 스마트폰을 판매할 때와 동일한 마케팅 방식을 취한다. 이 차들은 OS, 서드파티 생태계, 얼굴 인식, 고급 음성 제어 기능을 갖추고 소비자 디지털 생활의 연장선으로 포지셔닝하고 있다.

세 번째 핵심은 기술혁신과 압도적 개발 속도다. 중국에서는 이미 많은 업체가 기가캐스트를 운영하며, 알루미늄에서 마그네슘으로의 재료 혁신도 추진 중이다. 나는 강연 중 셀투팩(Cell to Pack), 셀투바디(Cell to Body), 다기능 통합형 전동 액슬(X in 1 e-Axle), 열효율 46퍼센트 이상의 엔진 기술, LFP 배터리, 나트륨 이온 배터리, 반고체 배터리, 전고체 배터리, NOA 기술개발 현황 등을 나열했다. 그리고 PM들에게 현대차와 기아는 어느 항목을 적용하는지 물었지만 답이 쉽게 돌아오지 않았다.

중국 업체들의 연구개발 환경은 레거시 업체들과 완전히 다르다. BYD는 연구원만 10만 명이 넘고, 매출 대비 연구개발 투자 비율도 세계 최고 수준이다. 한국 진출을 앞둔 지커는 전체 연구 인력 7,000명 중 5,000명이 소프트웨어 기술자다. 이들은 기존 레거시 업체의 개런티형이 아니라 IT 업체들이 주로 하는 베스트 에포트형 개발 방식을 취한다.

이런 개발 방식의 차이와 폭스바겐, 토요타 대비 2~5배 많은 잔업 시간은 신차 개발 기간을 획기적으로 단축했다. 여기에 한 시간 내 부품 조달이 가능한 공급망까지 갖췄다. 글로벌 자동차 회사들이 3~5년 걸려 신차를 개발할 때 중국 로컬 업체들은 15개월에서 22개월 만에 해내고 있다. 이는 빠른 속도를 넘어 산업 전체의 시계를 다시 맞추는 혁명적인 변화다.

중국 쇼크의 실체

✿❁✿

중국 자동차산업의 독주 현상은 단순히 기술개발과 신모델 출시 속도에 국한된 문제가 아니다. 중국의 업무 문화는 특허출원 건수에서도 그대로 드러난다. 특허출원의 양과 질을 보면, 지금 중국 업체들이 어떤 기술 분야에 집중하고 있고, 어떤 방향에서 글로벌 패권을 노리는지가 명확히 나타난다.

우선 전체 특허 건수는 BYD와 화웨이가 압도적으로 앞서고 있다. 두 기업은 이미 전동화·지능화 영역에서 사실상 국가급 전략 기업으로 자리 잡았다. 여기에 2023년 이후 지커와 샤오미가 빠르게 두각을 나타내고 있다. 이 두 회사는 구조적으로 IT DNA를 가진 만큼, 소프트웨어·UX 기반 특허에서 급격한 성장세를 보인다.

세부 기술별로 보면 그 우위는 더욱 뚜렷하다. BYD는 배터리 및 배터리 관리 시스템(Battery Management System, BMS) 분야 중 배터리 온도제어 기술에서 경쟁사와 비교 자체가 불가능할 정도로 압도적인 특허 포트폴리오를 갖췄다. BMS와 열관리 기술에서 BYD의 기술력은 이미 글로벌 톱티어 수준을 넘어섰다는 평가다. 전동 액슬에서는 BYD와 화웨이가 사실상 2강 체제를 형성하고 있다. 기존 글로벌

OEM들은 여전히 부품사 의존도가 높은 데 반해 두 기업은 직접 설계·제조·소프트웨어 통합까지 수행하고 있어 기술 축적 속도 자체가 다르다.

자율주행·AI 분야에서는 화웨이가 확실한 선두를 차지하고 있다. 센서 퓨전, 모델링, 맵핑, 차량 OS까지 전 분야에서 특허 기반이 압도적이었다. 반면 UX·UI 영역에서는 샤오펑이 독주하며 실사용 기반 혁신성을 인정받고 있다.

중국 쇼크에는 기술혁신 외에 더 무서운 핵심이 있다. 바로 원가 경쟁력이다. 그 중심에는 BYD가 있다. BYD는 테슬라와 마찬가지로 부품과 설비를 광범위하게 내재화한 수직통합 전략을 확고히 구축했다. 이는 원가절감에만 유리한 것이 아니라 품질 통제와 기술 독립성을 확보하고, 개발 속도를 비약적으로 단축하는 플랫폼으로 작동했다.

BYD의 진정한 경쟁력은 고가 첨단 차가 아니라, 저가 차에서의 혁신적 원가절감 능력에서 더 강하게 나타났다. 대표적인 사례가 세그먼트 A 전기차 시걸이다. 이 차량의 중국 출시 가격은 약 6.98만 위안으로, 한국 캐스퍼 가격의 절반에도 미치지 않았다.

	BYD 시걸	현대차 캐스퍼
전장×전고×전폭(mm)	3,780×1,715×1,540	3,825×1,610×1,575
배터리 용량 및 종류	30.08kWh(LFP)	42.00kWh(NMC)
1회 충전 주행 거리	305km(CLTC 기준)	278km(KR 기준)
가격	6.98만 위안(1,300만 원)~	2,740만 원~

시걸의 와이퍼 구조는 이들의 혁신 방식을 상징적으로 보여줬다. 대다수 자동차가 기본적으로 와이퍼 두 개와 링크 기구를 사용하는 반면 시걸은 와이퍼를 하나만 장착했다. 이 단순한 설계변경으로 모터, 부품, 조립 공정 비용을 절감했을 뿐만 아니라 차량 중량 감소 효과까지 얻었다. 이는 곧 배터리 용량 감소로 직결됐다. 와이퍼를 하나로 줄여, 전기차 원가의 상당 부분을 차지하는 배터리 사양을 최적화한 것이다.

이러한 혁신적 원가경쟁력과 기술 발전 속도는 판매대수에서도 확인된다. 2025년, 중국 시장에서 NEV 침투율은 마침내 50퍼센트를 돌파했다. 중국 정부가 원래 목표로 했던 2035년보다 무려 11년이나 빠르다. NEV 판매 상위 10개 업체가 전체 판매의 약 78퍼센트를 차지하는데, 테슬라를 제외하고 전부 중국 로컬 업체다. 글로벌 레거시 OEM의 중국 시장점유율은 2020년 64퍼센트에서 2024년 31퍼센트 수준으로 반토막 났다.

치열한 자국 내 경쟁을 발판 삼아, 2024년 중국은 일본을 제치고 세계 자동차 수출 1위에 등극했다. EU의 높은 관세 장벽에도 불구하고 현지생산 우회와 PHEV 공세 강화를 통해 수출은 계속 증가하고 있다.

물론 중국 자동차산업은 100개 이상 업체가 벌이는 과잉 경쟁으로 구조적 취약성도 드러내고 있다. 니오, 샤오펑, 지커 등 신생 업체 대부분이 여전히 적자를 기록 중이며, BYD조차 성장 속도에 비해 부채 수준이 높다는 지적이 있다. 결국 중국 시장은 7개 전후의 거대 OEM

으로 재편될 가능성이 높다. 바로 그 재편의 틈이 글로벌 레거시 메이커들에게는 자율주행 레벨 2+와 SDV 기술을 앞세워 반격할 마지막 기회가 될 것이다.

글로벌 OEM의 뒤늦은 중국 시장 반격 전략

⚙⚙⚙

글로벌 자동차 회사들은 전기차 캐즘 현상과 중국 시장 쇼크에 이어 트럼프의 관세 리스크까지 겹치면서 퍼펙트 스톰 상황으로 빠져들고 있다. 글로벌 OEM들은 전기차 관련 투자를 축소하고, 판매 목표를 낮춰 잡는 등 속도를 조절하고 있다. 중단하거나 포기했던 내연기관차 개발을 재개하고, 막대한 투자비와 시간이 소요되는 SDV 개발은 계속하지 않으면 안 되는 상황이다. 폭스바겐 등 유럽 업체들은 중국 판매 부진으로 이익이 줄어들면서 인원 감축 등의 구조조정도 병행하고 있다. 글로벌 자동차 회사들은 배터리, 자율주행 시스템, 그리고 SDV를 실현하기 위한 전기·전자 아키텍처와 차량 OS, 이 세 가지 핵심 기술에서 크게 앞서가고 있는 테슬라와 중국 업체들을 따라잡아야만 생존의 길을 찾을 수 있는 상황에 놓였다.

중국 업체의 배터리 기술혁신은 이제 주행거리 증대에서 초고속 충전, 열관리와 함께 재료 혁신 분야로까지 확대되고 있다. LFP 배터리에 더해 나트륨 배터리, 반고체와 전고체 배터리 기술 분야에서도 앞서가고 있다. 특히 중국 시장에서 ADAS 레벨 2+의 NOA 기술은 핵심 차별화 요소가 돼왔다.

 글로벌 자동차 회사들은 이에 대응하지 못하면서 시장점유율을 잃고 있다. 그동안 글로벌 자동차 회사들은 내연기관의 성공 경험에 취해 중국 로컬 기술을 무시했다. 토요타, 닛산, 폭스바겐은 글로벌 모델로 개발됐던 전략 전기차를 중국 법규 정도만 대응하는 방식으로 변경한 후 중국에서 현지생산해 판매했다. 내연기관차에 비해 이들 전기차 판매실적은 참담했다. 그런데도 이들은 중국 고객들의 변화하는 니즈를 알아차리지조차 못했다.

 토요타, 닛산, 폭스바겐은 이러한 안일한 개발 방식을 반성하고 중국 업체 대비 기술 수준이 떨어진다는 것을 솔직히 인정하면서 현지화전략으로 개발 방향을 틀었다. 이들은 중국 자동차 회사에 직접 투자하거나 로컬 부품 업체와의 협업을 통한 현지화전략을 발표하면서 반격 준비를 해왔다.

 이런 점에서 토요타의 현지화 사례는 여러 가지 시사점을 준다. 먼저 연구개발 조직을 통합하고 권한을 이양했다. 토요타는 중국 여러 곳에 산재해 있던 연구개발 조직을 2023년 8월 토요타지능전동차연구개발회사(IEM by TOYOTA)로 재편, 통합했다. 그리고 개발 책임자인 PM을 RCE(Regional Chief Engineer)로 변경하고 중국인 엔지니어를 임명해 차량 기획에서 판매까지 전권을 부여했다.

 로컬 플랫폼과 부품도 과감하게 채용했다. 토요타는 ADAS 레벨 2+의 기능 외에도 저가격과 개발 스피드가 중요하다고 판단했다. 이를 위해 토요타의 전기차 플랫폼인 e-TNGA 플랫폼 대신 합작 파트너인 광저우자동차의 AION V 플랫폼으로 개발하는 결단을 내렸다. 이를 통해 중국 로컬 부품을 일거에 65퍼센트 이상 사용하며 원가를 줄였고, 핵심 부품인 전동 액슬도 토요타계 부품 업체 대신 일본 업체 니덱(NIDEC)이 중국에서 생산하는 것으로 바꿨다.

소프트웨어 협력도 전격적으로 이뤄져 자율주행은 모멘타(MOMENTA)의 소프트웨어 기술을, 인포테인먼트는 화웨이의 하모니(Harmony) OS를 채용하며 중국 고객이 원하는 스마트카를 17개월 만에 개발했다. 그 결과 2025년 3월 론칭한 bZ3X는 2025년 7만 대를 판매했다.

반면 자전주의로 일관해온 혼다와 현대차그룹은 두세 번의 실수를 거듭해왔다. 혼다는 자기 기술을 맹신하며 e:와 Ye라는 서브브랜드까지 도입했지만 성능 열세와 고가격으로 처절하게 실패했다. 2025년 3월 론칭한 광저우혼다 P7, 둥펑혼다 S7의 Ye 시리즈는 2025년 6,051대를 판매하는 데 그쳤다. 결국 혼다도 향후 개발 전략을 토요타처럼 현지화전략으로 변경한다고 발표했다.

기아는 E-GMP 플랫폼의 우수성을 집결한 EV5를 론칭했지만 디자인, 스마트카 기능성, 가격에서 중국 NEV와 경쟁이 어려워 판매 확대가 어려운 상황이다.

현대차 역시 개발 중단했던 일렉시오를 EV5 기반으로 다시 개발해 2025년 10월 론칭했다. 그러나 론칭 초기 3개월간 평균 판매 대수는 200대가 안 됐다. 일렉시오는 27인치 4K 디스플레이와 최신 칩셋 등 하드웨어에 집중했으나, 중국 소비자가 필수 요소로 여기는 도심 자율주행 수준의 ADAS 기능은 탑재되지 않았다. 일렉시오는 시작 가격을 11만 9,800위안으로 하향 조정하며 기아 EV5 대비 3만 위안 낮췄지만, 연간 판매 목표 3만 5,000대 중 상당 부분을 수출에 의존하려는 계획을 볼 때 중국 내수 시장에서의 성공 가능성은 여전히 낮아 보인다. 이는 기술적 자존심보다 시장의 실제 요구(소프트웨어와 가격)를 우선시하지 않는 자전주의가 중국 시장에서 통하지 않는다는 실증적 사례가 되고 있다.

자율주행기술의 이원적 전쟁, 자전주의와 수평분업 사이에서

대다수 중국 업체는 자율주행 레벨 2+의 NOA 기능을 실현하고 있지만, 개발 방식은 크게 양분된다. 자사 개발 진영에는 테슬라를 비롯해 니오, 리오토, 샤오미, 샤오펑, 화웨이가 있다. 이들은 하드웨어뿐 아니라 AI 훈련, 차량 데이터 수집, 실시간 처리 등에 대규모 투자를 해왔다. 이렇게 독자적으로 개발한 업체는 쉽게 기술 차별화를 할 수 있지만, 개발비를 회수할 수 있는 규모의 경제 실현이라는 과제도 해결해야 한다.

기술 제휴를 한 기업으로는 토요타, 메르세데스-벤츠, 아우디 등과 다수의 중국 로컬 업체들이 있다. 이들은 화웨이, 바이두, 모멘타 등 중국의 전문 업체 기술을 이용하고 있다. 자율주행기술을 그리 중요시하지 않았던 BYD는 서둘러 독자 개발에 돌입하는 한편 화웨이와 모멘타의 기술을 이용하고 있다. 전문 업체를 이용하는 경우에는 경쟁사와 차별화하기 어려운 부분도 있고, 문제가 발생했을 때 적기에 개선하지 못해 고객 불만이 가중되는 위험도 있다. 자율주행기술을 개발하는 업체들은 테슬라가 선도한 엔드투엔드(End-to-End) 기술을 적용하면서 내비게이션에 목적지를 입력하면 P2P(Parking to Parking), D2D(Door to Door)까지를 커버하는 새로운 운전 지원 기능을 서비스하고 있다.

바이두와 지리의 합작법인인 지위에는 파산했다. 이 업체 차량에는 바이두의 아폴로 시스템 레벨 2+ 기능이 소위 블랙박스 형태로 탑재됐다. 지위에의 엔지니어가 문제를 발견하고 개선을 요청해도 바이두 측에서 이를 처리하는 데 시간이 오래 걸렸고, 결국 소비자 불만이 가중되며 판매 부진으로 이어져 파산에 이르렀다. 바이두는 중국 내 최고의 로보택시 기술을 보유했지만, 이런 배경 때문에 타 자동차 회사들은 바이두의 ADAS 시스템 대신 화웨이나 모멘타의 기술을 적용하는 편이다.

일부 중국 업체들은 경쟁사와 차별화하기 위해 시스템온칩(System on Chip, SoC)의 연산 능력을 키워서 자율주행 레벨 3를 확보한 차를 판매하기 시작했다. 창안자동차 산하 브랜드인 디팔의 SL03, 베이징자동차 산하 브랜드인 아크폭스의 알파S가 이 분야를 선도하고 있다. 글로벌 자동차 업체 중에서는 메르세데스-벤츠와 BMW가 레벨 3를 운영하고 있지만, 사용 가능 지역이 한정적이고 옵션 가격이

6,000유로 정도로 매우 비싸 대중화가 어려운 상황이다. 중국 업체들은 레벨 3 기능으로 글로벌 업체들과의 거리를 또 한 번 벌릴 것으로 예상된다.

글로벌 자동차 회사들은 로보택시를 개발해왔지만 성과는 부진한 편이다. 앞서가는 강자인 미국의 웨이모, 테슬라, 중국의 바이두, 포니AI, 위라이드 등을 따라잡기 위해 스타트업에 투자하는 방식으로 기술을 확보하려고 했다. 그러나 포드와 함께 아르고AI에 투자한 폭스바겐은 실패했고, 토요타와 현대차가 투자한 미국 스타트업들도 성과를 제대로 내지 못하고 있다. 반면 중국에서 토요타가 투자한 포니AI, 닛산이 투자한 위라이드는 상당한 성과를 보이고 있다.

토요타와 폭스바겐은 지정학적 리스크를 고려해 시장을 구분하고 자전주의(독자 개발)와 수평분업(협업)이라는 이원적 방법으로 개발하고 있다. 토요타는 중국용은 모멘타와 협업하고, 그 외 시장은 그룹 내 덴소가 개발한다. 폭스바겐은 중국용으로 샤오펑과 호라이즌 로보틱스를 활용하고, 그 외 시장에서는 미국의 리비안과 만든 합작 회사의 기술을 이용하기로 했다.

현대차그룹은 자회사 포티투닷을 중심으로 자전주의 전략과 함께 모셔널에 많은 투자를 해왔지만, 현재 시점에서는 웨이모, 테슬라, 중국 업체와는 격차가 큰 상황이다.

SDV, 앞서가는 테슬라, 따라가는 레거시 업체

✿✿✿

테슬라와 중국 자동차 회사들은 전동화와 지능화로 패러다임전환을 주도하고 있다. 내연기관차 시대에는 차를 판매하는 순간까지가 비즈니스의 중심이었다면, SDV 시대에는 차를 판매한 이후부터가 더 큰 비즈니스모델이 되는 방향으로 산업구조가 변하고 있다. SDV 개발을 위한 소프트웨어 중심 개발 방식으로 변하는 동시에 판매 방식도 달라지고 있으며, 이를 관통하는 데이터와 고객 경험 가치가 점차 중요해지고 있다.

글로벌 자동차 회사들은 내연기관 시대에 엔진, 서스펜션, 브레이크 등 각 요소의 최적 매칭 기술로 브랜드 정체성을 구축하고 안정된 품질을 기반으로 한 대량생산으로 부가가치를 창출해왔다. 그러나 SDV 시대에 이런 강점은 약화될 것이고, 단순 조립·판매 구조는 서플라이체인의 중류로 이동하면서 부가가치 창출력이 상대적으로 낮아질 것으로 예상된다. SDV 시대 서플라이체인의 상류에서는 배터리 등 원재료 부문에 강한 중국 업체들이 이미 주도권을 확보하고 있다.

판매 이후 SDV 기능을 중심으로 고객충성도와 커뮤니티를 키울 수 있는 하류 단계에서는 테슬라 등 신생 업체들이 앞서고 있다. 이들은 데이터 피드백 루프와 OTA를 활용한 플랫폼 전략을 통해 규모의 경제를 실현하며 경쟁을 배제하는 구도를 만들어가고 있다. 테슬라와 중국 업체들은 SDV 구현을 위한 중앙집중 존(Zone)형 전기/전자(E/E) 아키텍처와 차량 OS 개발에서 글로벌 업체들을 5~6년 앞서고 있다. 메르세데스-벤츠와 BMW는 CLA와 iX3에 차량 OS를 적용하고 있으나, 경쟁력이 어느 정도일지에 대해서는 지켜볼 필요가 있다.

그렇다면 글로벌 1, 2, 3위 업체인 토요타, 폭스바겐, 현대차그룹은 어떻게 대응하고 있을까? 토요타는 2024년 5월, 차량 OS인 아린 OS(Arene OS)가 아닌 아린 미들웨어를 라브4 신차에 우선 적용했다고 발표했다. 이는 메르세데스-벤츠나 BMW처럼 기기와 소프트웨어 전체를 제어하는 시스템이 아니라 개발 환경 중심 전략으로, 1단계에서는 ADAS와 인포테인먼트를 도메인 통합 구조로 제어할 수 있게 하는 개발 플랫폼 성격이 강하다. 중앙집중형 아키텍처 기반으로 모든 기능을 제어하는 완전한 아린OS는 2027년 렉서스 LF-ZC 전기차부터 적용하는 것을 목표로 개발이 진행 중이다.

폭스바겐은 중국 시장과 기타 시장을 구분해 이원화 개발 전략을 채택했다. 중국용 OS는 샤오펑 및 중국 로컬 부품업체들과 협력해 2026년 완성을 목표로 개발 중이며, 미국·유럽용은 미국 리비안의 기술을 기반으로 개발하고 있다. 이 OS가 최초로 적용되는 차량은 2027년 양산 예정인 세그먼트 A 전기차 ID.1(또는 ID.에브리1)이다. 가장 저렴한 차부터 SDV를 적용, SDV의 대중화를 일거에 이룩하겠다는 차별화된 전략을 수립했다.

현대차그룹의 SDV(차량 OS(ccOS))는 포티투닷이 주도하여 2026년 말 페이스 카(Pace Car)를 개발하고, 2027년 양산을 하는 일정이었다. 이 일정대로라면 도요타, 폭스바겐보다 1년 정도 늦었지만, 중국 시장

비중이 작고 미국과 유럽 시장에서의 SDV 대중화가 아직 더딘 상황을 고려하면 단기적인 불리함은 크지 않게 보였다. 그러나 최근 현대차의 소프트웨어와 자율주행을 주도했던 수장이 교체되었다는 것은 이런 목표 일정이 제대로 지켜지지 않고 있음을 보여주는 방증이라 할 수 있다.

2026년 기아 CEO 인베스터 데이에서 테슬라와 NVIDIA 출신으로 새로 영입된 AVP 본부장 겸 42dot 대표의 발표에 의하면 기아의 SDV 개발 목표 시점은 1년 후행 되었다. 2027년 SDV Pace Car를 개발하여, SDV 플랫폼과 자율주행기술을 실제 환경에서 검증한다. 양산 첫 SDV 모델은 2028년 일정 목표로 후행했다.

현대차그룹은 자율 운전 기술을 포함하여 그동안 자전주의 개발에서 탈피하여 글로벌 파트너십을 활용하는 방안을 강화하고 있다. 테슬라나 중국 자동차 업체가 선행하고 있는 운전자가 목적지를 설정하면 차량이 스스로 경로를 따라 주행하는 NOA(Navigate on Autopilot) 기능의 레벨 2++ 기술은 2029년 풀스택(Full Stack)이 적용된 SOV 차량과 함께 양산하는 목표이다.

현대차그룹의 소프트웨어 개발 공백기가 기아와 현대차에 '잃어버린 시간'이 될 것인지, 아니면 더 유연한 전략으로 선회하여 강력한 도전의 계기가 될 것인지는 향후 1~2년의 행보에 달려 있다고 보인다.

새로운 고객 경험 창출을 위한 상품기획

✿✿✿

SDV의 본질적 경쟁력은 소프트웨어 기반의 새로운 고객 경험을 창출하는 능력에 있다. 테슬라는 지금까지 FSD를 비롯해 도그모드 (Dog Mode), 센트리모드(Sentry Mode), 소환(Summon) 기능 등 안전·편의·퍼포먼스 기능을 통합적으로 제공하며 차별화된 이미지를 구축해왔다. 또한 오토파일럿 운행 데이터를 활용한 보험업 등 에코시스템 기반 수익 모델도 확보하고 있다. 반면 폭스바겐이나 기아의 수준은 테슬라나 중국 업체들과는 차이가 있다.

SDV 기능의 상당수는 향후 구독 모델을 통해 매출과 수익성이 강화될 가능성이 크다. 다만 명확한 전제조건이 있다. 고객이 지불 의사를 느낄 만큼 매력적이어야 한다. 테슬라는 FSD 등 경쟁사 대비 압도적인 기능에 구독 모델을 적용하고, 보험·충전·발전·에너지 저장 등 에코시스템 전체에서 수익을 창출하고 있다. 반면 BMW와 현대차그룹은 일부 기능을 고객 의사와 무관하게 구독 상품으로 만들었다가 시장 반발을 경험했고, 결국 그 일부는 판촉 프로그램 형태로 활용하고 있다.

중국 업체들은 테슬라와 유사하게 BaaS(Battery as a Service), 레벨 2+ NOA 기능 중심으로 구독 모델을 확장하고 있다. 늦게 뛰어든 토요타는 차별적인 구독 전략을 취하고 있다. 토요타의 구독 브랜드 킨토 (Kinto)가 중심이 돼, 신차 판매 이후에도 메이커 옵션을 장착할 수 있는 서비스를 시작했다. 이는 단순 기능 판매를 넘어 중고차 잔존가치 향상, 고객 유지율 제고 등 실질적인 가치를 강화하는 전략으로 평가된다.

SDV 시대의 상품기획 방향

중국 업체들은 지능화 기술을 앞세워 스마트 드라이빙과 스마트 캐빈을 중심으로 차를 이동 수단을 넘어 제3의 생활 공간으로 재정의하고 있다.

스마트 드라이빙에서는 레벨 2+ 수준의 NOA 기능, 360도 탱크 턴, 서스펜션 제어 기능 등이 경쟁적으로 개발되고 있다. 니오는 렉서스 LS400의 보닛 위 샴페인 잔 광고를 소환, 실제 주행 환경에서 성공시키며 기술 경쟁을 새로운 차원으로 끌어올렸다. 또한 실내 디스플레이와 액티브 서스펜션을 활용해 영화 내용과 차량 움직임이 연동되는 3D 영화관 경험까지 제공하고 있다. BYD는 차량과 드론을 연계해 혼자서 전문 촬영을 할 수 있도록 했다. 이처럼 중국 업체들은 단일 기능을 넘어서 기능 간 융합을 통한 새로운 경험 창출로 고객을 사로잡고 있다.

과거 내연기관 중심으로 일해온 글로벌 OEM의 상품기획자나 PM이 이런 소프트웨어 기반 상품 경험을 기획하고 설계하기란 쉽지 않을 것이다. 개발 사상의 차이를 먼저 이해하고 변화를 수용할 필요가 있다. 예를 들어 선바이저 개발에서도 글로벌 업체들은 햇빛 차단 기능과 안전성을 중심으로 접근하며 어두울 때를 대비해 램프 정도를 추가하는 수준에 머물러 있다. 반면 중국 업체들은 여성 탑승자의 기본 니즈에 집중, 선바이저에 LED 조명을 탑재해 얼굴을 밝게 볼 수 있게 했고, 디스플레이로 메이크업 콘텐츠를 보면서 화장을 하는 새로운 경험을 제공한다. 이는 단순 편의 기능이 아니라 고객의 일상 행동을 이해한 소프트웨어-하드웨어 결합 경험에 가깝다.

또한 AI 기반 에이전트 기능도 빠르게 강화되고 있다. 테슬라는 안전벨트를 매고 브레이크페달을 밟으면 자동으로 D단에 진입한다. 샤오펑은 탑승자 대화 내용, 실내 온도, 일사량, 체온 등 여러 변수를 종합해 사용자가 더워한다고 판단하면 에어컨 온도를 자동 조절하거나 차광 기능을 실행하는 시스템을 특허로 출원한 바 있다. 내연기관 시대 사람들보다는 소프트웨어에 특화된 인재들이 이런 일을 더 쉽게 할 것으로 예상된다.

기아 플랜S 30 목표

⚙ ⚙ ⚙

현대차그룹은 리먼사태 後 중국과 미국, 그리고 신흥국 시장에서 현대 속도로 팽창 성장하며 801만 대 고지를 돌파했다. 그러나 GM, 토요타, 폭스바겐이 이미 겪었던 팽창 성장의 저주로 영업이익률이 크게 떨어지는 경영 위기를 맞았다.

2017년 말 세대교체를 동반한 구조조정을 단행하면서 양이 아닌 질을 추구하는 경영전략으로 전환했다. 3년간 구조조정을 거치는 동안 코로나19 팬데믹과 반도체 부족이란 위기를 맞았지만, 신속한 대응, 신차 투입, 핵심 전략 차종들의 황금 사이클 돌입으로 V자 회복에 성공했다. 이제 현대차그룹은 토요타, 폭스바겐에 이어 전 세계에서 세 번째로 차를 많이 팔며, 영업이익률 면에서는 토요타와 함께 최고 수준을 자랑하는 우량기업이 됐다.

이 기간 중국 업체들은 중국 시장에서 NEV와 SDV 대중화에 성공하는 놀라운 성과를 보였다. 2025년은 중국 업체의 글로벌 시장 공세, 트럼프가 촉발한 관세 전쟁과 환경규제 완화 움직임, 그리고 테슬라의 FSD를 비롯한 SDV 국제화의 원년이라고 할 수 있다.

이런 상황에서 현대차그룹의 2030년 비전은 매우 중요한 의미를 갖는다. 2025년 4월, 양사의 CEO 인베스터 데이에서 발표된 2030년 판매 목표는 2024년 대비 33퍼센트 증가한 975만 대로 매우 공격적이다.

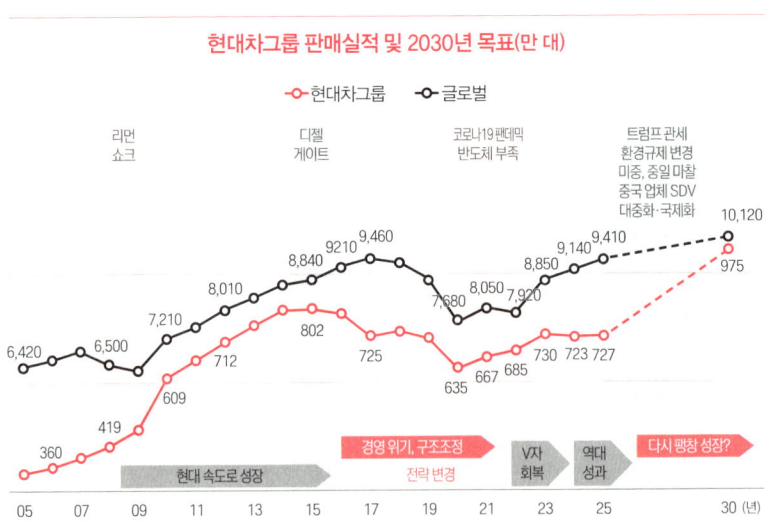

현대차그룹 판매실적 및 2030년 목표(만 대)

특히 기아는 현대차보다 높은 36퍼센트 성장률로 419만 대를 목표로 설정했다. 2014년 판매실적 대비 100만 대 이상 많다. 이를 위해 기아는 글로벌 생산능력을 현재 363만 대에서 62만 대를 늘려 425만 대 체제로 간다. 해외공장에서 42만 대, 국내 공장에서 20만 대의 능력을 확장한다.

기아는 지금까지 글로벌 시장을 주요 시장(북미, 유럽, 한국, 중국)과 신흥시장으로 구분해왔는데, 중국 사업이 부진한 탓에 글로벌 기준으로 변경해 선진시장(북미, 유럽, 한국)과 중국, 인도를 포함한 신흥시장으로 재정의했다. 이번 발표에는 인도 시장이 별도로 구분됐고 중국 시장은 일반 시장에 포함됐다.

환경규제 정책 및 시장 상황 변화를 반영해 지역별, 파워트레인별 판매 목표를 조정했고 PBV(Platform Beyond Vehicle) 판매 목표를 지역별로 명확히 했다. 그러나 이 목표는 트럼프 관세 정책 및 미국 유럽의 환경규제 완화 동향을 반영하여 2026년 CEO 인베스터 데이 발표에서 조정되었다. 시장별로 약간의 조정과 전기차 판매 감소, 하이브리드 판매 증가를 반영하여 2030년 판매 목표를 기존 419만 대에서 413만 대로 6만 대 축소했다. 전기차 판매는 100만 대로 축소했고 하이브리드 판매는 115만 대로 증가시켰다.

국내시장의 경우, 2030년에는 타스만 픽업 판매 확대와 PBV 추가로 2024년 실적보다 7퍼센트 성장한다는 목표다. 성장을 견인할 PBV의 성공 여부(2030년 7.3만 대 판매 목표)에 결과가 달려 있다.

유럽 시장은 EV3의 성공에도 불구하고 최대 세그먼트에 속한 리

기아 2030년 판매 목표 상세 및 지역별 수요 예상

구분	시장별	24년 실적	중장기 목표			
			25년	27년	30년	24년비
선진 시장	국내	542	550	565	580	7%
	북미	950	963	1,046	1,110	17%
	유럽	537	557	687	774	44%
	소계	2,029	2,070	2,298	2,464	21%
신흥시장	인도	245	300	365	400	63%
	일반	815	846	1,086	1,326	63%
	소계	1,060	1,146	1,451	1,726	63%
합계		3,089	3,216	3,749	4,190	36%
전동차	EV	201	324	783	1,259	526%
	HV, PHEV	438	573	–	1,074	145%
PBV		–	–	–	250	

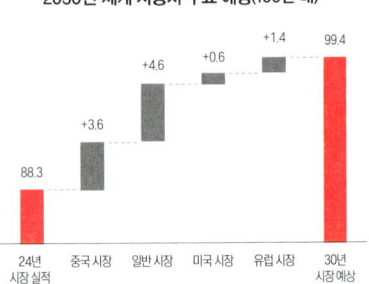

2030년 세계 자동차 수요 예상(100만 대)

출처: 2025 기아 인베스터 데이 발표 자료 및 기아 IR 자료

오의 단산과 스토닉 하이브리드 부재로 2년간 판매가 감소했다. 2030년까지는 44퍼센트 끌어올리겠다는 높은 목표를 세웠다. PBV 13만 3,000대를 판매하고 EV1, EV2 같은 소형 전기차를 투입해 대응한다는 전략이다. 소형 하이브리드 개발, 중국산 전기차에 대응할 수 있는 가격경쟁력 확보 전략이 시급하다.

북미 시장에서는 과거 몇 년 동안 성장 모멘텀을 확보할 수 있었다. 전동차 현지생산 전환과 전기 픽업을 추가해 2030년 9만 대를 판매한다면, 17퍼센트 성장 목표도 달성 가능하다는 판단이다.

S&P글로벌모빌리티의 예측에 의하면 2030년 글로벌 자동차 수요는 중국 시장과 일반 시장에서의 성장이 두드러진다. 중국 시장에서 큰 만회 전략 수립이 어려운 상황에서 인도 시장과 일반 시장에서 높은 판매 목표를 달성하려면 마루티스즈키와 인도 업체, 그리고 저가격과 신기술을 앞세운 중국 업체의 공세를 뛰어 넘어야 한다.

기아 플랜S 30의 판매 목표는 현재 상황을 고려하면 다시 팽창 성장 목표로 보일 수도 있다. 목표 달성의 관건은 100년 만에 찾아오는 자동차 대변혁기를 맞아, SDV 기술을 선도할 수 있는가에 달렸다. 하이브리드 차종 다양화를 포함한 전동화 전략 강화와 함께 기아가 주도적으로 개발한 타스만과 PBV를 성공적으로 론칭시키면서 일반 시장으로 확대해야 한다.

기아의 용기 있는 도전, 픽업트럭 타스만

신차 개발은 통상 상품기획, 연구소 PM, 그리고 마케팅이 합의한 결과를 최고경영진이 승인하는 방식으로 이루어진다. 경영자가 주도해 개발하는 경우도 있다. 그 대표적인 사례가 르노의 루카 데 메오 전 CEO가 주도해 개발한 르노5다. 그는 2020년 취임 당시 80억 유로(약 97억 달러)의 적자를 기록하던 회사를, 2025년 6월 퇴임 시점에는 흑자 구조로 전환시켰고, 유럽에서 가장 인기 있는 차종들을 만들어 냈다. 특히 르노5의 성공은 그의 공으로 알려져 있다. 그는 개발 막바지까지 수차례 설계를 되돌려 수정하도록 지시했으며, 이로 인해 해당 모델은 내부에서 사장의 차라는 별명을 얻었다. 구체적으로 어떤 변경을 요구했는지는 알려지지 않았지만, 결과적으로 이 모델은 시장에서 탁월한 성공을 거뒀다.

기아의 타스만과 PV5도 르노5처럼 CEO가 개발을 주도했다. 현대차그룹은 글로벌 시장에서 승용차, SUV, 미니밴 세그먼트로 확장하며 시장 커버리지를 넓혀왔다. 마지막까지 손대지 않은 공백 지대가 바로 픽업트럭 세그먼트였다. 현대차와 기아는 북미의 초대형 픽업 시장에 앞서 중동 지역의 실용형·저가형 픽업 시장을 중심으로 개발 프로젝트를 검토하기 시작했다.

그러나 현대차는 낮은 예상 판매량과 수익성 부족을 이유로 프로젝트를 조기에 포기했다. 반면 기아는 이를 새로운 성장전략의 한 축으로 판단하면서 픽업 개발을 강력하게 추진했다. 국내 2만 대, 호주 2만 대, 중동을 포함한 일반 시장에서 1만 대로 연간 총 5만 대 판매 계획을 수립했다.

픽업 시장은 국가별로 시장규모뿐 아니라 형태와 사용 방식까지 매우 다양하다. 이 차이를 정확히 이해하는 것이 개발 방향을 결정하는 핵심 요소다. 픽업 시장은 미국과 캐나다가 가장 크고, 이어서 태국, 브라질, 호주 그리고 중동 시장 순이라고 할 수 있다.

처음 기아가 그린 청사진은 토요타 하이럭스를 벤치마킹한 실용적인 픽업이었다. 중동 등 신흥시장에서 검증된 토요타 하이럭스의 가치, 즉 내구성과 실용성, 정비 용이성을 그대로 기아의 픽업에 이식한다는 전략이었다. 그런데 타스만의 기반이 돼야 하는 모하비 프레임 비용이 너무 높았다. 모하비 플랫폼 자체가 고급 SUV 기반이기 때문에, 이 플랫폼으로 실용형 픽업을 만들 때 수익성 확보가 어려웠다.

기아는 전략을 재검토한 끝에 방향을 완전히 새로 잡았다. 실용형 시장을 포기하고, 포드 레인저를 벤치마킹한 라이프스타일 픽업으로 포지션을 이동시킨 것이다. 이 결정은 타스만의 목표 가격 인상 이상의 의미를 지닌다. 라이프스타일 픽업은 캠핑, 아웃도어, 레저 활동을 중시하는 소비자층을 공략해야 한다.

전략 전환 이후 디자인 개발이 본격적으로 시작됐다. 그런데 곧 예상치 못한 갈등이 터져 나왔다. 마케팅은 정통 픽업 스타일로 가야 한다고 주장하고, 디자인은 정통 스타일로는 포드, 토요타와의 정면 승부에서 절대 승산이 없다고 맞섰다. 이 충돌 속에서 디자인팀은 차별화를 선택했다.

타스만은 기존 픽업들과는 다른 독특한 외관 요소들을 갖추기 시작했다. 라디에이터 그릴의 독특한 형태는 차별적이지만, 차체가 작아 보여 후드에 별도 악센트를 추가했다. 급격한 A필러 각도는 강한 개성을 주지만, 한국 고객들이 선호하는 헤드 업 디스플레이(Head Up Display, HUD)를 장착할 수 없다는 점도 감내해야 했다. C필러는 리어 쪽에 특수 장비를 장착할 수 있도록 직선형으로 하는 경우가 많은데, 기아는 라운드형으로 디자인했다. 여기에 사이드박스를 적용해 외관상 존재감을 강화했지만 역시 원가 부담이 커졌다. 타스만은 외관은 강한 디자인 아이덴티티, 실내는 고급 SUV 수준의 프리미엄 감성이라는 독특한 상품 구조를 갖게 됐다. 실용 픽업과는 완전히 다른 길이었다.

차별화는 실현됐지만 론칭 첫해인 2025년 판매실적은 기아의 기대에 못 미쳤다. 호주와 중동 시장에서 토요타, 포드 등의 강호들과 본격적인 경쟁을 하려면 시간이 필요할 것이다. 1년간의 판매 상황, 경쟁 상황을 종합 분석해 상품 전략, 가격 전략, 마케팅 포지셔닝을 재점검할 것으로 보인다.

BYD는 PHEV를 탑재한 샤크6라는 픽업으로 호주 시장에서 토요타와 포드의 아성에 도전해 성공하고 있다. 샤크6의 성공은 PHEV라는 시대적 전환점을 정확히 포착하고, 경쟁 모델 대비 압도적인 가격 경쟁력과 기술력을 결합한 전략이 호주 소비자들의 억눌린 수요와 맞아떨어진 결과로 분석된다. 기아가 철저하게 추진해왔던 경쟁사와의 차별화 전략, 시장 니즈의 적확화 전략을 다시 한 번 더 강하게 추진할 필요가 있다고 보인다.

기아 PBV 전략, 미래 모빌리티 패러다임전환에 도전
⚙ ⚙ ⚙

기아가 계획한 PBV는 새로운 차종 이상의 의미가 있다. 미래 모빌리티 패러다임의 전환을 기아 스스로 정의하겠다는 전략이다.

기아의 PBV 아이디어는 외부에서 먼저 불씨가 지펴졌다. 우버와 함께 북미 공유 모빌리티 시장을 양분하던 리프트가 현대차그룹에 공동개발을 제안해온 것이다. 리프트의 구상은 명확했다. 완전 자율주행 기반 로보택시인 동시에 고성능이 아닌 저비용·고효율 이동 수단으로 연간 5,000대 수준의 물량형 구매 모델이었다. 차량 크기는 전장 4,400밀리미터, 5인승이었다. 즉 차량 자체의 상품성보다 자율주행 하드웨어·소프트웨어 통합에 최적화된 플랫폼을 원했던 것이다. 리프트는 PBV를 대량 배치해 네트워크 운영 비용을 절감하려는 사업 모델을 구상하고 있었다.

그러나 현대차그룹의 당시 전략 방향은 이와 달랐다. E-GMP와 같은 범용 고성능 EV 플랫폼 개발에 집중하고 있었고, 많이 팔 수 있는 글로벌 승용 전기차 라인업 구축이 우선순위였다. 소량(연 5,000대) 맞춤형 저비용 차량은 플랫폼 전략과 충돌했고, 수익성도 담보되지 않았으며, 브랜드 방향과도 맞지 않았다. 결과적으로 리프트와의 공동 개발은 추진되지 못하고 중단됐다.

그러나 이 아이디어는 기아 최고경영자의 심리를 강하게 자극했다. 그는 전동화·지능화 시대가 오면 지금의 운송·물류 기준이 완전히 뒤바뀔 것이라고 확신했다. 리프트의 제안은 그가 구상하던 미래 전략, 즉 플랜S의 방향성과 정확히 맞아떨어졌다. 국내 1톤 트럭 시장, 즉 오랫동안 봉고 트럭이 담당해온 물류 기반 차량 수요를 PBV로 대체한다면 물량을 충분히 확보할 수 있다고 판단했다. 여기에 유럽 및 글로벌 일반 시장의 물류도 변하면 수요가 늘어날 것이라고 예상했다. PBV가 기아의 새로운 볼륨 모델로 성장할 수 있다는 확신이 강해졌다.

전동화·지능화 시대에 기존 소형 상용차(Light Commercial Vehicle, LCV)를 대체하는 새로운 개념을 기아는 PBV로 규정했다. LCV는 차량 총중량 3.5톤 이하로, 화물용인 밴과 승객용인 코치로 나뉜다. 아울러 크기에 따라 소형, 중형, 대형으로 더욱 세분화된다. 한국의 대표 모델은 현대차 포터2, ST1, 쏠라티와 기아 봉고3이었다. 학원 셔틀이나 택시 등은 카니발, 스타리아 등 MPV가 대체하고 있어 한국에 코치는 없는 편이다.

PBV 개발 초기에는 유럽 시장 요구를 반영해 소형도 검토됐으나 수익성 확보가 어려워 초대형으로 결정됐다. 자율주행기술 개발이 불투명해 가장 중요한 로보택시 기능을 실현한 파생 차도 제외됐다. 재구성된 PBV 라인업은 PV5(중형, 첫 양산), PV7(대형, 2027년 양산), 그리고 PV9(대형 플러스, 2029년 양산)로 이루어져 있다. 기아는 이 PBV 라인업 생산을 위해 화성에 2조 원 이상 투자했다. 2030년 판매 목표는 총 25만 대로, 유럽 13.3만 대, 국내 7.3만 대, 일본 포함 기타 시장 4.5만 대다. 이는 매우 공격적인 판매 목표이며, PBV 사업을 기아의 신성장 엔진으로 삼겠다는 의지의 표현이다.

기아는 PBV가 LCV 대비 경쟁우위에 있다고 강조한다. 첫째 기아는 목적 기반 최적 설계(Purpose-built)로 다양한 용도를 커버할 수 있고, 둘째 특장 전용 공장과 유연한 고품질 생산방식을 갖췄다. 한국 특장 업체들은 매우 영세하기 때문에, 현대차와는 분명한 차별화 요소다. 그러나 메르세데스-벤츠 등 유럽 업체들은 유럽 시장에서 오래전부터 매우 발달된 특장 전용 업체를 활용하면서 비즈니스를 해왔기 때문에 한국 시장처럼 큰 메리트는 되지 못할 것으로 보인다. 셋째 기아는 산업·도메인별 맞춤 솔루션(물류·라스트마일·셔틀 등)을 제공할 수 있다는 점을 경쟁우위의 근거로 들고 있지만, 유럽 업체들은 이 부분에서 앞서가고 있기 때문에 향후 소프트웨어 기술이 경쟁 축이 될 것으로 보인다.

특히 국내시장은 PBV 전략의 성패가 극적으로 갈릴 전장이다. 한국의 1톤 트럭 시장은 오랫동안 현대차 포터와 기아 봉고가 양분해왔다. 그런데 이 모델들은 캡오버(Cab-over) 구조를 유지하며 수십 년 간 풀 모델 체인지 없이 개선만 반복해왔다. 이유는 명확했다. 풀 모 델 체인지 시 충돌 안전 규제를 충족해야 하고, 그러면 캡오버 구조 를 유지할 수 없으며, 구조 변경은 비용 증가로 이어져 판매가격이 올라간다.

현대차는 기존 포터를 풀 모델 체인지해 1톤 트럭 시장을 유지한다 는 전략이다. 반면 기아의 전략은 봉고를 단산하고 PV5, PV7으로 대체 하는 것이다. 즉 1톤 트럭의 대체자를 PBV로 가져가겠다는 매우 공격 적인 전략이다. 결국 국내 1톤 상용차 시장은 현대차의 전통 지키기 대 기아의 패러다임전환이라는 대결 구도가 될 것으로 보인다.

PBV 경쟁력은 소프트웨어에 달려 있다

✿✿✿

기아가 PBV 전략을 미래 성장의 핵심축으로 삼은 순간, 글로벌 시 장에서는 이미 강력한 경쟁자와의 대결이 예고돼 있었다. PBV 시장은 LCV 시장의 진화형으로 유럽, 중국, 미국을 중심으로 산업 간 경계를 무너뜨리는 새로운 전장으로 변모하고 있다. 전동화(EV), 지능화(AV), 공유(Shared) 기술이 결합하면서 LCV는 단순한 운송 수단을 넘어 물 류, 라스트마일 배송, 셔틀, 로보택시, 모듈형 플랫폼으로 진화하고 있 다. PBV는 단순한 상용차가 아니라 미래 모빌리티 생태계를 구성하는 핵심 인프라 역할을 할 것으로 예상된다.

유럽의 LCV 시장은 오래전부터 플랫폼 공유, 배지 엔지니어링, 지역별 생산 협력이 활발하게 이뤄진 대표적 B2B 중심 시장이다. 예를 들어 폭스바겐과 포드는 상호 공급 체계를 갖췄고, 르노는 메르세데스-벤츠와 닛산에게 차량을 제공하며, 스텔란티스는 토요타에 LCV 공급 협력을 유지하고 있다. 이런 환경은 개발 비용을 절감해줄 뿐 아니라, 동일 차종을 각 브랜드전략에 맞게 변형해 판매할 수 있는 유연성을 제공한다.

스텔란티스는 세계 최대 규모의 LCV 포트폴리오를 구축한 그룹으로, 이미 다양한 전기 LCV 라인업을 갖고 있다. 이들은 PBV를 단순한 신차 사업이 아닌 그룹의 핵심 성장축으로 규정하고 2023년 프로 원(Pro One)이라는 전담 조직을 신설했다. 프로 원의 특징은 멀티 에너지 전략(BEV+수소 FCEV+내연기관을 지역별 수요에 맞게 혼합), 완성차와 서비스(차량 관제 및 운영) 통합 제공, TCO 절감 중심(고객의 총 운영 비용을 줄여주는 솔루션 방식)이다.

유럽 시장은 오랫동안 구급차, 냉장·냉동차, 캠핑카, 이동식 사무실 등의 PBV 형태가 특장 업체와 협력해 발전해왔다. 따라서 이 시장에서 전동화 기반 PBV로의 전환은 오히려 자연스러운 진화 과정에 가깝다. 유럽에서는 가격경쟁이 아니라, 산업적 완성도와 특장 생태계가 승부를 가를 것이다.

르노는 유럽 LCV 시장에서 오랜 기간 강자로 군림해왔다. 그들은 PBV를 별도의 새로운 영역으로 보지 않는다. 대신 기존 강점을 기반으로 하는 LCV의 진화형으로 PBV에 접근한다. 캉구와 트래픽은 도심형 물류, 라스트마일 배송, 지역 서비스 비즈니스의 핵심 플랫폼이며, 전기차(EV)로 빠르게 전환되고 있다. 이 플랫폼들은 컨버전(특장개조)에 최적화돼 있어 구급차, 냉장차, 이동식 사무실, 서비스 밴 등의 PBV 형태로 빠르게 변환할 수 있다. 또한 르노는 전 세계의 특장 파트너사들과 긴밀한 네트워크를 구축해, 다양한 맞춤형 솔루션을 신속히 시장에 공급할 수 있는 역량을 갖췄다.

르노는 PBV 신시장 개척자가 아니라 기존 LCV 왕국의 강력한 진화자다. 스텔란티스가 포기한 수소 연료전지 분야에서 마스터 기반의 대형 상용차를 중심으로 수소 FCEV 생태계를 독자적으로 구축하는 하이비아(HYVIA) 프로젝트를 진행 중이다.

유럽이 완성도 중심이라면, 중국은 가격과 양으로 승부한다. 그 중심에는 BYD가 있다. 배터리, 모터, 전력전자 등 모든 핵심 EV 부품을 자체 생산하기 때문에 PBV 개발에 최적화된 저원가·고효율 구조를 갖췄다. 이미 T3, 이딜리버리, EC 시리즈 등 다양한 전기 밴이 아시아, 중동, 남미에서 빠르게 확산되고 있다.

중국 PBV는 유럽 업체 대비 30~50퍼센트 낮은 가격으로 개도국에서 증가하는 라스트마일 수요를 흡수하면서 법인·물류 기업 중심의 초기 플릿 판매를 강화하고 있다. BYD는 아시아·중동·EU 외곽의 PBV 시장에서 기아와 반드시 맞닥뜨릴 가장 강력한 현실적 경쟁자가 되고 있다.

PBV 시장의 구조적 변화 속에서 기아가 직면한 환경은 기회와 위험이 동시에 존재한다. 기회요인으로는 유럽 친환경규제 강화로 인한 전기 PBV 수요 증가, 한국 1톤 시장 전환 주도 가능성, 화성 전용 공장 투자로 인한 품질·원가 경쟁력 확보, 전동화·지능화 결합을 통한 기아 브랜드 혁신의 전환점 마련이 있다. 리스크 요인으로는 중국 PBV의 강력한 가격 공세, 유럽 특장 생태계와의 경쟁, 국내에서 현대차 포터와의 정면 승부, PBV 특유의 B2B 시장 변동성과 계약 위험이 있다.

PBV는 단순한 상용 전기차가 아니다. 물류 혁신 플랫폼이며, 도시 이동의 기본단위고, 자율주행 시대 모빌리티의 핵심 인프라가 돼야 한다. 결국 PBV 시장의 승부는 누가 먼저 소프트웨어 기술과 자율주행기술을 안정적으로 접목하느냐에 달렸다. 기아가 NOA 수준을 넘어 PBV용으로 고도화된 ADAS 및 AV 기술을 빠르게 확보한다면, 시장 내 차별화는 명확해질 것이다. 반대로 자율주행기술 확보에서 뒤처질 경우, PBV는 단순 상용 EV와의 가격경쟁에 휘말릴 위험이 있다.

PBV 시장은 더 이상 틈새시장이 아니다. 유럽, 중국, 미국의 강자들이 본격적으로 개입하면서 새로운 경쟁 질서가 만들어지고 있다. 기아의 PBV 전략은 이러한 환경 속으로 뛰어드는 거대한 도전이다.

예측 불가능한 시대, 새로운 산업 표준을 향해

⚙⚙⚙

2026년의 자동차산업을 규정하는 유일한 진실은 바로 예측 불가능성이다. 수익 경고, 관세 충격, 전기차 보급 지연으로 점철된 2025

년을 지나오며, 오랫동안 시장을 지배했던 규모의 경제 시대는 막을 내렸다. 이제는 과거의 문제를 해결하는 수준을 넘어, 지정학적 긴장과 공급망 불안, 그리고 급격한 기술 전환이 동시에 전개되는 초복합적 위기에 대응해야 한다.

이런 환경에서 과거의 절대 병기였던 규모는 오히려 거대한 짐이 되곤 한다. 시장 변화 속도가 제품 사이클을 앞지르는 지금, 성공의 열쇠는 기업의 크기가 아닌 조직의 유연성에 있다. 고도화된 계획보다는 현장의 민첩한 대응이 더 큰 보상을 받는 시대로 변모한 것이다. 생존을 넘어 성장을 꿈꾸는 조직이라면, 유연한 사고와 즉각적인 실행력을 최우선 가치로 삼아야 한다.

혁신의 핵심 도구로 주목받는 AI 역시 냉정한 현실 인식의 단계를 맞고 있다. 지난 2년간의 AI 도취에서 벗어나, 이제는 실제적인 성과를 낼 수 있는 내재화된 역량이 시험대에 올랐다. 단순히 외부 기술을 도입하는 데 그치지 않고, 사이버 보안 리스크를 관리하며 조직의 DNA에 AI를 심어 넣는 기업만이 진정한 경쟁우위를 점하게 될 것이다.

글로벌 전장인 중국에서의 사투 또한 더욱 지열해질 전망이다. 중국은 기술혁신 속도에서 이미 서구권을 앞섰으며, 여전히 레거시 업체들에게 가장 험난한 시장으로 군림하고 있다. 중국에서 승리하는 기업이 글로벌 시장을 제패한다는 주장은 변하지 않는다. 폭스바겐과 아우디처럼 현지에서 설계하고 생산하는 철저한 현지화전략은 이제 선택이 아닌 생존을 위한 청사진이 됐다. 비록 중국 정부가 속도를 조절하고 내부 구조조정이 진행되고 있으나, 기술을 앞세운 그들의 공세는 멈추지 않을 것이다.

　자동차는 이제 기계장치에서 데이터와 지능의 결정체로 진화하고 있다. 지난 30년의 전쟁이 생존을 위한 투쟁이었다면, 앞으로의 여정은 표준을 지배하기 위한 개척의 길이 될 것이다. 이런 격랑 속에서 현대차그룹은 정면 돌파를 택했다. 회장은 시장변화를 선도하기 위한 5대 전략 키워드를 통해 그룹의 나침반을 명확히 했다. 고객 인사이트에 기반한 고객 중심 진화, 현장 중심의 민첩한 의사결정, 공급망 전체를 아우르는 생태계 경쟁력, 외부 파트너와의 대담한 협업, 그리고 기술과 품질의 글로벌 기준이 될 새로운 산업 표준 선도가 바로 그것이다. 시대의 흐름을 파악하고 대응 방향을 잘 설정했다고 보인다.

기아인이 새겨야 할 세 가지

　첫째, 잘 만든 차에서 선택받는 브랜드로의 진화다. 이제 상품력은 기본 조건이다. 기아는 현대차와 플랫폼을 공유하지만, 소비자에게는 감성적·문화적 차별화가 더욱 중요해지고 있다. EV에서 독보적 디자인 아이덴티티를 강화하고, 단순한 SUV 브랜드를 넘어 라이프스타일 브랜드로서 정서적 연결을 강화해야 한다. 브랜드 스토리가 약해지는 순간, 가격경쟁으로 다시 빨려 들어갈 수 있다.

　둘째, SDV로의 근본적 전환이다. 하드웨어 중심의 사고를 버리고 소프트웨어 경쟁력을 테슬라 수준으로 끌어올려야 한다. 차량 판매 이후에도 기능을 구독하거나 업데이트를 통해 가치를 높이는 시스템을 구축해야 한다. 잔존가치 유지 이상의 의미, 중고차 가치를 우 상향시키는 동력이 될 것이다.

마지막으로 볼륨의 유혹을 이겨내는 조직 역량이다. 성과가 좋아질수록 본사에는 조금만 더 팔아보자는 물량 확대의 유혹이 찾아온다. 그러나 기아가 진정으로 도약하기 위해서는 과거의 물량 중심 사고로 되돌아가지 않는 조직적 자제력이 필요하다. 단기 인센티브보다 장기 브랜드가치를 선택하는 용기는 전략의 문제가 아니라 경영 철학의 문제다.

"실패라고 생각하지 않으면 실패가 아니다"라는 창업 회장의 철학은 2026년 대전환기를 맞이한 기아를 포함한 현대차그룹에게 가장 필요한 등불이다. 현대차그룹의 진정한 힘은 끈기와 도전 정신에서 나온다. 전 임직원의 열정과 AI 기반 혁신을 통해 글로벌 자동차산업의 새로운 질서를 만드는 원년이 됐으면 한다.

길이 없으면 길을 찾고, 없으면 길을 만들어냈던 우리의 DNA는 여전히 살아 있다. 변화의 파도를 도약의 기회로 삼아, 현대차그룹이 다시 한 번 인류의 이동 경험을 새롭게 정의해나가길 기원한다.

위기를 기회로 바꾼 브랜드 전략의 본질

기아 브랜드 전쟁 30년

제1판 1쇄 인쇄 | 2026년 4월 20일
제1판 1쇄 발행 | 2026년 4월 27일

지은이 | 이순남
펴낸이 | 서정환
펴낸곳 | 한국경제신문 한경BP
출판본부장 | 이선정
책임편집 | 마현숙
교정교열 | 박선영
저작권 | 백상아
홍보마케팅 | 김규형·서은실·이여진·박도현
디자인 | 이승욱·권석중

주   소 | 서울특별시 중구 청파로 463
기획편집부 | 02-360-4556, 4584
홍보마케팅부 | 02-360-4595, 4562   FAX | 02-360-4837
H | http://bp.hankyung.com   E | bp@hankyung.com
F | www.facebook.com/hankyungbp
등   록 | 제 2-315(1967. 5. 15)

ISBN 978-89-475-0266-5 03320